跨学科视野下的易学丛书（第一辑）

丘亮辉 ◎ 主编

思维模式视野下的易学

欧阳维诚 著

华南理工大学出版社
·广州·

图书在版编目（CIP）数据

思维模式视野下的易学／欧阳维诚著．—广州：华南理工大学出版社，2017.8
（跨学科视野下的易学丛书／丘亮辉主编．第一辑）
ISBN 978-7-5623-5282-2

Ⅰ．①思… Ⅱ．①欧… Ⅲ．①《周易》-研究 Ⅳ．①B221.5

中国版本图书馆 CIP 数据核字（2017）第 193067 号

Siwei Moshi Shiye Xia De Yixue
思维模式视野下的易学
欧阳维诚 著

出 版 人：卢家明
出 版 发 行：华南理工大学出版社
（广州五山华南理工大学 17 号楼，邮编 510640）
http://www.scutpress.com.cn E-mail: scutc13@scut.edu.cn
营销部电话：020-87113487 87111048（传真）
项目负责人：卢家明
策 划 编 辑：罗月花
责 任 编 辑：吴翠微
印 刷 者：广州市新怡印务有限公司
开　　　　本：787mm×1092mm　1/16　印张：15　字数：320 千
版　　　　次：2017 年 8 月第 1 版　2017 年 8 月第 1 次印刷
印　　　　数：1～2 200 册
定　　　　价：65.00 元

版权所有　盗版必究　　印装差错　负责调换

"跨学科视野下的易学丛书"（第一辑）编辑委员会

主　编　丘亮辉

副主编　卢家明　王跃程

编　委　（以姓氏笔画为序）

　　　　王炳中　王俊龙　王跃程　王翼宁　丘　东

　　　　丘亮辉　卢家明　史少博　孙　涤　孙熙国

　　　　朱　波　朱彦民　李　定　李仕澂　吴克峰

　　　　杨效雷　罗月花　欧阳维诚　韩　伟

秘　书　王俊龙（兼）

作者简介

欧阳维诚,湖南教育出版社编审,现为国际易学联合会理事,专攻数学和易学研究。曾任《湖南数学通讯》杂志主编、湖南省政协常委。运用现代数学方法系统地研究《周易》,首先提出"易卦是六维布尔向量""易卦是古人思维决策的数学模型"等论点。其主要易学著作有《周易新解》《周易的数学原理》《易学与数学奥林匹克》《现代社会科学的数学方法》等。

总　序

易学文化是中华文明特有的、传承五千年从未间断的文化基因，深刻影响着中华民族代代相传的认知模式、思维范式和生活方式。在不同时代背景下，面对新的问题以及解决问题的条件和方式不同，经过历代易学家不断诠释和阐发，从而形成各具时代特色的易学。从科学的视角看，几千年来的易学研究主要集中于四大问题：一为卦的排序和变换以及卦画的起源问题，二为卦爻辞的解释和训诂问题，三为卦爻辞与符号对应的逻辑关系问题，四为筮法的意义及其推理可靠性问题。人类文明进入我们的时代，呼唤创建现代易学。

清末以来的百年易学研究仍未能建立起一个有别于农业文明时代的、能够适应工业文明乃至信息文明时代的现代易学体系，关键在于缺乏一种易学科学化的意识。正如董光璧所说，在科学文明主导时代的易学的生存和发展，在很大程度上取决于它能否适应科学化的当代社会。比特时代即将取代原子时代，作为比特先驱的古老的易学，面临着科学的考验，现代易学研究必须走科学化的新路。现代易学体系应该是一种模型论的、科学的理论体系。现代易学要继承易学经典的精华，吸纳先进的科学文化、现代文明的人文精神和各种人文关怀，从跨学科的视野研究易学经典，发现易学中潜在的科学智慧。

20世纪80年代末我跟随北京大学朱伯崑教授研习易学。在中国科学技术协会所属的中国自然辩证法研究会成立东方国际易学研究院和易学与科学专业委员会，倡导研究现代易学。经民政部注册成立国际易学联合会，团结海内外研究现代易学的学者群，开创国际易学研究的新阶段。2012年我和王跃程、龚心瀚等发起成立太湖书院，并确立"现代易学启智慧"为书院宗旨，团结一大批海内外易学界、科技界的精英，努力打造现代易学研究的学术重镇，以现代科学和人文理念研究易学经典、创建现代易学研究新范式、探索古老的易学思想融入现代生活实践的可行路径。书院先后召开了三次全国现代易学学术研讨会，在《太湖春秋》发表了一批现代易学研究的最新成果，并于2016年发起成立了国际易学联合会现代易学专业委员会。在此基础上提出编辑出版"跨学科视野下的易学"丛书，成立编委会，组织对易学研究有专攻、成就卓著的学者承担撰写工作。经过共同努力,"跨学科视野下的易学丛书"(第一辑)6种《思维模式视野下的易学》《数理视野下的易学》《符号学视野下的易学》《诠释学视野下的易学》《史学视野下的易学》《儒学视野下的易学》即将与广大读者见面。

2016年习近平《在哲学社会科学工作座谈会上的讲话》中提出"新兴学科和交叉学科创新发展""要提倡理论创新和知识创新,鼓励大胆探索,开展平等、健康、活泼和充分说理的学术争鸣,活跃学术空气。要坚持和发扬学术民主,尊重差异,包容多样,提倡不同学术观点、不同风格学派相互切磋、平等讨论"。在这个背景下,组织编撰"跨学科视野下的易学丛书"具有重要的意义。本丛书是一套引进理学研究方法,以跨学科、文理交融的学术视野阐述易学理论的现代易学丛书,倡导以科学精神和现代人文理念研究易学经典,通过中国优秀文化传播,让人们了解《周易》不是迷信之说,而其精髓是用哲学的思维、从辩证的角度揭示世间万物发展的大规律,以及人生大智慧。把这一文化作为"文明之旅""文化之旅"的使者,为中外文化交流,科技、经济等领域的合作传播正能量。因此,本丛书的出版既具有弘扬中国传统文化、挖掘优秀历史文化古为今用的文化传承价值,又具有研究易学在不同学科中的应用价值。同时,也有助于易学研究的国际交流与传播。

本丛书(第一辑)是从跨学科的视野研究易学的初步尝试,后续各辑将从现代科学各学科的视野、传统文化各学派的视野以及医、农、历法等专业层面的视野剖析易学,把丛书继续下去,充分展示科学释易的成果。

应当指出,古老的易学和现代科学所处的时代不同,研究的对象不同,研究方法各异,生成论和模型论体系的差别,等等,使得科学释易的任务十分艰难,作为第一次自觉地探索现代易学的本丛书,期盼更多的学者的参与以及读者的批评指正!

丘亮辉
国际易学联合会荣誉会长、中国自然辩证法研究会原副理事长、太湖书院山长
2017年8月2日

前　言

20世纪80年代中期，我从一所大学的数学系调到湖南教育出版社工作，刚一去便碰上要审读一本特殊的书稿。那本书稿讲的主要是《周易》与二进制数的一些关系，当然也涉及《周易》经传的一些内容。由于审读书稿的需要，迫使我不得不"五十以学易"。在学习了一些重要的有关《周易》的著作之后，便产生了两点体会：

第一，易卦符号系统有深刻的数学原理，比二进制数有更广泛的内涵和功能。它不仅与布尔向量之间具有同构关系，也与集合论、群论之间具有紧密的联系。

数可以作运算，从这一点着眼，分出了代数结构。一旦代数结构与数分离，它就成了更高一级的抽象物，它的运算就可以施于其他对象，如逻辑命题、几何变换、文字语言，等等。

数可以比较大小，从这里分出了序结构，序结构一旦与数脱离，就获得了更丰富的内容。如类的包容关系、生物的亲子关系、逻辑的蕴含关系，都可以放在序结构这一抽象概念之下讨论。

易卦集合有良好的代数结构和序结构，诸如卦序问题、卦变方法等都可以在易卦的代数结构中运算。

第二，易卦与二进制数是同构的，但与布尔向量则是在更严格的数学意义下同构，在理论上两者的运用功能也应该是等价的。布尔向量是现代人研究思维决策时常用的数学模型，如电路设计、综合评价、逻辑演绎等等。在将布尔向量用于实际问题的模型中时，它的两个符号（0和1）表示同一事物的两种对立状态，与易卦的"一阴一阳之谓道"完全相似。既然布尔向量是现代人思维决策的数学模型，易卦是否也是古人思维决策的数学模型呢？问题的回答应该是肯定的，不同的只是今人自觉地运用数学的工具，古人不自觉地遵循数学的原理而已。

根据这两点体会，我提出了一个大胆的观点：每一个易卦都是一个"六维布尔向量"，"是描述包含六个因素而每一个因素都有两种对立状态的事物的数学模型"。因而"易卦是古人思维决策的数学模型"，卦爻辞是"解释决策模型的例题"。并从这一论点出发写了《周易新解》一书，于1990年由岳麓书社出版，2016年由中国书店出版社再版。

这一观点提出以后，我国著名哲学家张岱年先生给予了肯定的评价。他在为《周易新解》写的序言中认为："此说为《周易》研究开辟了一条新途径，并依据这一新观点对于六十四卦的每一卦都作了新的诠释，可谓'持之有故，言之成理'，确然成一家之言。我读览之时颇受启发，时有豁然开朗之感。爰述所见，以为之序。"张先生这些奖掖后进的鼓励之词，更坚定了我沿着自己提出的这一论点进一步研究的信心和决心，继续"为周易研究开辟一条新途径"而努力。

1993年我梳理了易卦的数学内容，撰写了《周易的数学原理》一书，由湖北教育出版社出版。该书出版以后，很快得到了数学界的认可。湖北大学数学系教授汪江松先生在他的书中介绍说："欧阳维诚先生运用数学方法研究和'破译'易卦中的许多奥妙，开掘《周易》中的数学方法论和数学思想，取得了丰硕成果，并将其所获珍贵资料和研究成果汇成《周易的数学原理》一书，从而使易卦研究完全摆脱了传统的牵强附会的恶劣做法（《趣味数学》，湖北人民出版社，1996）。

2003年我又将易卦的数学原理应用于实际，撰写了《易学与数学奥林匹克》一书，作为"易学智慧丛书"的一本，由中国书店出版社和台湾大展出版社同时出版；2014年又作为"数学中的小问题大定理"丛书的一本，由哈尔滨工业大学出版社再版。该书利用易卦作为模型解答了国内外历年数学竞赛的正式试题100例。它是把易卦作为工具在现代自然科学中系统地运用的具体例证，对易卦作为"类万物"的模型具有突破性的意义。

2014年，以北京大学朱伯崑教授为首的国际易学联合会宣告成立，我有幸成为该联合会的理事。国际易学联合会的领导者倡议："以科学的精神和现代人文理念研究易学经典，形成科学和易学的学术共同体。"这一高瞻远瞩的倡议于我心有戚戚焉。多年来，我在这一思想的引导下，根据自己的"新途径"继续进行研究，发现易卦不仅能作为更多的事物的数学模型，能解决很多的实际问题和数学问题；而且为《周易》经传的诠释提供了强有力的工具。随着数学在社会科学中的渗透，易卦中的数学思想也越来越在易学研究中发挥作用。多年来，我把一些成果写成文章，零散地发表在一些不同的杂志上或学术会议上。我早就打算把它们集结整理成书，

前言

但由于种种原因，一直未能付诸实践。太湖书院从弘扬国学、推动易学新进展的理念出发，组织出版这套丛书，给我提供了宝贵的机会。我希望这本《思维模式视野下的易学》能作为响应这两家学术机构倡议的探索和实践。

本书共分九章四个部分：第一、二章用大量的案例论证了易卦符号系统可以作为许多实际问题的模型，揭示其"类万物"的功能，说明其数学的原理。第三、四、五、六章集中论证了《易经》的主要功能是建立了"周易思维模式"，它是东方模式化思维的基础，涵盖了当今所谓科学思维（逻辑思维、实证思维、计算思维）的主要精神。64卦则是运用"周易思维模式"的案例，案例的内容涵盖万有，纲纪群伦，涉及社会人生的各个方面，是古人智慧的结晶。第七、八章论述了周易思维对中国古代文化发展的影响，并探讨了所谓"李约瑟之谜"。第九章选择了《易经》中的若干卦例，在思维模式的视野下进行了解读，试图以此作为范例，推行一种阅读《易经》的合理的、有效的方式。

本书自成体系，论点虽新，但紧扣《易经》研究的传承，坚守科学演绎的严谨。而书中的错误或不妥之处，容或有之，希望读者不吝指正。

太湖书院的同仁们对组织、促成本书的出版做了大量的工作，特别是丘亮辉先生不仅确定本书为丛书选题，还在百忙中对本书稿进行了多次审阅，对原稿的思想和结构提出了许多宝贵的意见，谨在此对他们表示衷心的感谢。在学术著作出版困难的今天，华南理工大学出版社积极支持此书出版，实属不易。我在出版部门工作多年，深知此中艰苦，谨向他们表示由衷的感谢。

欧阳维诚
2016年12月于长沙

目　录

第一章　易卦符号系统的建模功能 ……………………………………………（1）
　一、记数模型 ……………………………………………………………（3）
　二、计算模型 ……………………………………………………………（7）
　三、分类模型 …………………………………………………………（10）
　四、编码模型 …………………………………………………………（13）
　五、立象模型 …………………………………………………………（15）
　六、决疑模型 …………………………………………………………（19）

第二章　易卦符号系统的数学原理 …………………………………………（24）
　一、易卦与集合论 ……………………………………………………（25）
　二、易卦与数的进位制 ………………………………………………（33）
　三、易卦与布尔向量 …………………………………………………（36）
　四、易卦与群论 ………………………………………………………（41）

第三章　易卦符号系统与易经的关系 ………………………………………（49）
　一、依象立意、由意生言的象数派 …………………………………（51）
　二、得意忘象、得意忘言的义理派 …………………………………（53）
　三、绝象弃意、言乃筮词的训诂派 …………………………………（54）
　四、凭象驰想、离意离言的科学派 …………………………………（57）
　五、太极三角形 ………………………………………………………（64）

第四章　易卦是思维决策的数学模型 ………………………………………（67）
　一、思维决策的数学模型 ……………………………………………（67）
　二、布尔向量的原型 …………………………………………………（72）
　三、逆命题的检验 ……………………………………………………（74）
　四、卦爻辞是解释决策模型的例题 …………………………………（91）
　五、天下之至变——易卦模型的复杂性 ……………………………（96）

第五章　周易思维与东方模式化思维 ……………………………………(99)
一、周易思维的标准范式 ………………………………………(100)
二、周易思维的科学基础 ………………………………………(101)
三、周易思维的哲学基础 ………………………………………(104)
四、周易思维的主要特色 ………………………………………(122)
五、两种思维模式的比较 ………………………………………(124)

第六章　对象数之学的重新评价 ……………………………………(128)
一、象数学中之象 ………………………………………………(128)
二、象数学中的数 ………………………………………………(134)
三、象数之学的启示和困境 ……………………………………(141)
四、对象数之学的重新评价 ……………………………………(143)

第七章　周易思维对中国古代文化的影响 ………………………(148)
一、周易思维对中国古代哲学思想的影响 ……………………(148)
二、周易思维对中国古代政治思想的影响 ……………………(155)
三、周易思维对中国古代兵家思想的影响 ……………………(161)
四、周易思维对中国古代文艺思想的影响 ……………………(162)

第八章　周易思维对中国古代科学的影响 ………………………(167)
一、中国古代数学模式化的形成 ………………………………(169)
二、中国古代数学模式化的特点 ………………………………(179)
三、中国古代数学模式化的成就 ………………………………(181)
四、从中国古代数学的发展道路看李约瑟之谜 ………………(182)

第九章　思维模式视野下的《易经》选读 ………………………(191)
一、乾（䷀）第一 ………………………………………………(191)
二、师（䷆）第七 ………………………………………………(196)
三、同人（䷌）第十三 …………………………………………(202)
四、临（䷒）第十九 ……………………………………………(207)
五、无妄（䷘）第二十五 ………………………………………(212)
六、咸（䷞）第三十一 …………………………………………(217)

参考文献 …………………………………………………………(222)
索引 ………………………………………………………………(223)

第一章
易卦符号系统的建模功能

著名的科学家爱因斯坦（Einstein，1879—1955）曾经说过：

西方科学的发展是以两个伟大的成就为基础的，那就是希腊哲学家发明的形式逻辑体系（在欧几里得几何中），以及通过系统的实验发现有可能找出因果关系（在文艺复兴时期）。在我看来，中国的贤哲没有走上这两步，那是用不着惊奇的。令人惊奇的倒是这些在中国全部做出来了。[①]

读了这一段话，人们自然会想到一个问题：

中国的贤哲既然没有"走上这两步"，他们凭什么把这些"全部做出来了"呢？一个合乎逻辑的回答是，中国人有自己的一种思维方式，并且这种思维方式与"两个伟大的成就"具有相同或相似的作用。如果这样的回答是正确的话，那么又会进一步涉及下面的问题：

中国人自己的思维方式是什么？它是怎样形成的？

人们常把人类的思维方式分为两大基本类型，一个是以公理化为基础的西方思维体系，一个是以模式化为基础的东方思维体系。许多学者认为：中国古代学者没有建立公理化的思维方式，而是善于使用模式化的思维方式。例如孟子和荀子关于治国的理念，就有"法先王"与"法后王"的争论。法先王是要以先王的治国理念作为一种模式，参照他们的办法行事；法后王则是以后世君王的治国理念作为模式，参照后王的办法行事。中国古代学者之所以没有建立公理化的思维方式，而是善于使用模式化的思维方式，则是在《周易》的思想影响下形成的。

《周易》是我国古代文化宝库中一部最具魅力的经典，古代经学家曾把它列为群经之首。它对我国古代的哲学思想、伦理道德、法律、宗教、文学艺术乃至科学技术，一言以蔽之，对中华民族的整个文化都产生过极为深远的影响。而其中最重要的影响，则是中国古代模式化思维方式的形成。它与古希腊公理化思维方式的建立具有平行的、互补的、各有千秋的意义，也与通过系统的实验发现有可能找出因果关系的实证思维具有密切的联系。

《周易》分为《易经》和《易传》两部分。《易经》是《周易》的本文，《易

[①]《爱因斯坦文集》中文版，第一卷，第574页，商务印书馆，1983年。

传》是对《易经》的注解和评论。在浩瀚的先秦古籍中,《易经》是一部最难读的书。其原因在于它的文字佶屈聱牙,晦涩古奥,比任何其他古籍更难理解,特别是它的每一个单元前面都附有一个卦,这是其他任何典籍中所没有的。《易经》中的这些卦表示什么呢?有何隐含的意义?与《易经》中的卦辞、爻辞等文字有无联系?如果有,又是一些什么样的联系?它与中国古代模式化思维的形成有无关系?对于所有这些问题,历代学者见仁见智,众说纷纭,莫衷一是。

我们要研究中国古代的思维方式,必须研究《周易》;要研究《周易》,又必须先正确地、全面地认识易卦这套符号系统。

人类的思维离不开语言的载体,记录或传播语言则需要文字。在没有文字之前,必然有一段用符号来代替语言的过程。《系辞下传》说:"上古结绳而治,后世圣人易之以书契。"古人最早用结绳记事,后来改用刻画符号来记事,一些符号再逐步进化为文字。不同的民族,不同的地域,可能有不同的符号。其中有一套最伟大、最神奇、古往今来的任何一套符号系统都望尘莫及,而且至今仍然有不可估量的作用的符号,那就是中国古老的儒家经典《易经》中的卦。

卦是由两种不同的符号"—"和"--"构成的。"—"叫作阳爻,"--"叫作阴爻,阳爻和阴爻统称为爻。每一个卦都由六个爻从下往上重叠而成,都有专门的名称。如:

乾　　坤　　屯　　蒙　　……　　既济　　未济

根据排列组合的知识可知,这样的卦共有 $2^6=64$ 个。

传统的易学研究还认为,六个爻组成的易卦是由两个三爻卦上下重叠而成的,自古以来就有"伏羲画卦,文王重卦"的说法。三爻卦共有八个,称为"八经卦",它们是:

坤　　艮　　坎　　巽　　震　　离　　兑　　乾

经卦也称为单卦。由八经卦两两相重所得的六爻卦则称为别卦。在组成一个别卦的两个单卦中,下面的经卦称为下卦或内卦,上面的经卦称为上卦或外卦。由排列组合知识可知,由八个经卦两两重叠而成的别卦有 $8^2=64$ 个。

一个六爻卦还可以看成是由三个二爻卦叠合而成的,二爻卦共有四个,称为"四象",它们也有专门的名称:

太阴　　　　少阴　　　　少阳　　　　太阳

一个六爻卦也可以看成由三个二爻卦重叠而成的，这样的卦有 $4^3=64$ 个。

易卦这套符号系统，有许多奇异的功能，特别是构建模型的功能。然而令人遗憾的是，虽然历代都有易学家试图将这套符号发展为包罗宇宙、人生万象的图式，但是对这一符号系统的多种功能和深刻意义还是缺乏足够的认识和充分的挖掘。诚如《系辞上传》所说的："一阴一阳之谓道，继之者善也，成之者性也。仁者见之谓之仁，知者见之谓之知，百姓日用而不知，故君子之道鲜矣！"为了帮助读者了解易卦的功能，在本章中，我们先对易卦的多种功能特别是它构建模型的功能做一些简单的介绍。

一、记数模型

先民们每天都要与数打交道，记数是一个最重要的问题。通过记数，不仅记载了事物的数量，还能反映出事物的变化。《系辞上传》说："参伍以变，错综其数。通其变，遂成天地之文；极其数，遂定天下之象。"充分说明了记数的作用。

从结绳记数到以书契记数，是人类文明的一大进步。书者画也，契者刻也，在纸笔还没有问世的古代，古人用硬物在硬物上刻画符号来记数，最直接也是最简单的办法是表示"一"时画一横，表示"二"时画两横，表示"三"时画三横……后来横线演变出阳爻和阴爻，画线为爻，积爻成卦。用卦爻来记数，实际上是一种非常方便而有效的办法。

例如古人要记录时间，过去一天就画一个爻，晴天画一个阳爻，不是晴天则画一个阴爻，每六天就得到一个卦。经过一段时间，就得到许多卦。这些卦不仅记录了时间，还能从卦爻的阴阳交错，反映出一段时期的天气变化规律，如图 1-1-1 所示。

中国人在六七千年前就已经对数字概念有了相当的认识，到新石器时代末期，中国古人已经掌握了一套比较完整的数字表示法，殷墟出土的甲骨文骨片上有许多是数字，如图 1-1-2 所示。

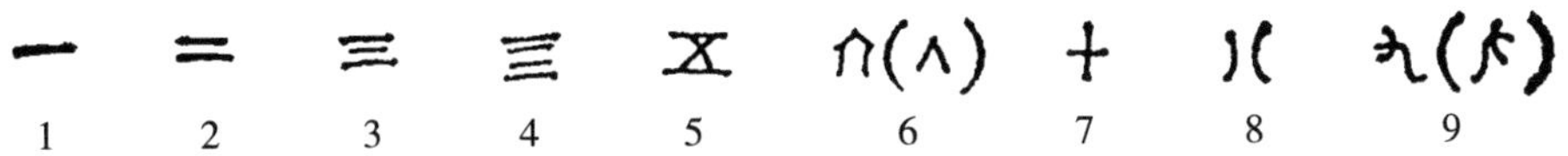

图 1-1-1

图 1-1-2

1，2，3，4 这四个数字都是采用短线叠加的办法，与画卦的过程十分相近。我国古代的筹算方法，延续了近两千年，用算筹表数的形式，与卦也很相近。1978 年在河南登封出土的战国早期的陶器，其上就刻有算筹记数符号，已发表出来的有"≣ |"和"≣ |||"，相当于 41 和 53。这是把算筹摆成数字的样子，再刻画在陶器上的，如图 1-1-3 所示，与卦画何其相似！

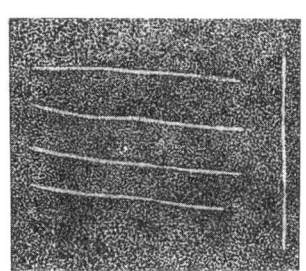

图 1-1-3　河南登封出土陶器上算筹记数符号拓片

即使在今天，这些简单的记数方法，仍然可用来记数，例如在简单的选举中，仍然常使用这类办法计票。

人们记数最常用的数是自然数和分数。易卦符号系统与莱布尼兹（Laibniz，1646—1716）发明的二进制数具有同构关系，因而通过二进制数或者易卦都可以表示任意的自然数（详见第二章的"易卦与数的进位制"）。

易卦不仅能表示自然数，还可以表示分数。

如图 1-1-4，画一个七爻卦，下面五个阳爻表示分母，上面二个阴爻表示分子，全卦就表示分数 $\frac{2}{5}$。一般地，画一个 $m+n$ 爻的卦，下面 m 个阳爻表示分母，上面 n 个阴爻表示分子，全卦就表示分数 $\frac{n}{m}$。

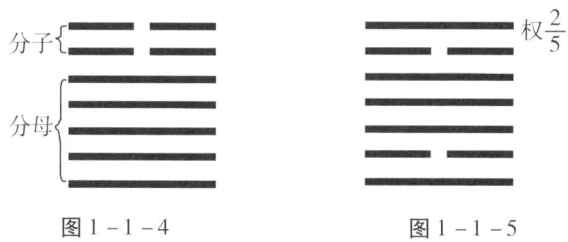

图 1-1-4　　　　　图 1-1-5

图 1-1-4 的方法适合于表示分子和分母都比较小的分数，对于分子或分母较大的分数，则可以用加权的方法表示。如果在一个卦中，把其中最上一爻当作主爻，并规定它代表某一定值，称为该卦的加权，那么一个卦就可以表示分子或分母较大的分数。如图 1-1-5 所示的七爻卦表示的二进制数是：

$2^6 + 2^4 + 2^3 + 2^2 + 1 = 64 + 16 + 8 + 4 + 1 = 93$，

卦加权 $\frac{2}{5}$ 后，它就表示 $93 \times \frac{2}{5} = \frac{186}{5}$。

案例一　猜年龄模型

猜年龄的游戏是易卦表数的一个典型案例。过去在街头巷尾，常有算命先生打着《周易》的招牌，当众表演猜年龄的"神算"。当一位顾客来算命的时候，算命先生便拿出六张卡片,请顾客先仔细观察在哪几张卡片上写有他的年龄,然后把那几张卡片放在指定的位置上,背面朝上。算命先生是看不见那些数字的,但他马上猜出了顾客的年龄,只要顾客没有看错,他就决不会猜错,万无一失,十分灵验。算命先生给顾客看的六张卡片是这样的:

第六张:

1	3	5	7	9	11	13	15	17	19	21	23	25	27	29	31
33	35	37	39	41	43	45	47	49	51	53	55	57	59	61	63

第五张:

2	3	6	7	10	11	14	15	18	19	22	23	26	27	30	31
34	35	38	39	42	43	46	47	50	51	54	55	58	59	62	63

第四张:

4	5	6	7	12	13	14	15	20	21	22	23	28	29	30	31
36	37	38	39	44	45	46	47	52	53	54	55	60	61	62	63

第三张:

8	9	10	11	12	13	14	15	24	25	26	27	28	29	30	31
40	41	42	43	44	45	46	47	56	57	58	59	60	61	62	63

第二张:

16	17	18	19	20	21	22	23	24	25	26	27	28	29	30	31
48	49	50	51	52	53	54	55	56	57	58	59	60	61	62	63

第一张:

32	33	34	35	36	37	38	39	40	41	42	43	44	45	46	47
48	49	50	51	52	53	54	55	56	57	58	59	60	61	62	63

假如顾客发现,在第一、第四、第六张卡片上写有他的年龄,在其余三张卡片上没有。当他把写有他的年龄的卡片放在指定的位置上时,算命先生马上猜出顾客的年龄是 37 岁。

这六张卡片是怎样制造的呢?原来它利用了二进制数的原理,也就是利用了易卦的原理。

六张卡片上写的都是 1～63 这些数字。一个不超过 63 的数都可以用一个不超过六位的二进制数表示，即可以用一个易卦表示，例如 37→100101→䷔。

由于 37 写成二进制数后，第一、第四、第六位数字是 1，第二、第三、第五位数字为 0，那么在第一、第四、第六张卡片上就写有 37，而在第二、第三、第五张卡片上则没有 37。所以，当顾客说明在第一、第四、第六张卡片有他的年龄时，就等于告诉了算命先生他的年龄写成二进制数时是 100101，即易卦中的噬嗑卦（图 1－1－6）。

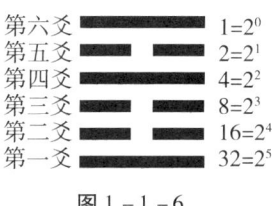

图 1－1－6

算命先生马上就"猜"出顾客的年龄是 32 + 4 + 1 = 37（岁）。

其实，算命先生是不需要懂得二进制数原理的，他只要能记住八个三爻卦表示的数就足够了。八个三爻卦表示的数分别是：

算命先生只要把图 1－1－6 中的下卦的数，乘以 8，再加上卦的数就可以了。例如在噬嗑卦中，下卦☳是 4，上卦☲是 5，很容易算出 4×8 + 5 = 37。

这实际上是把易卦当成了八进制数了。

如果顾客的年龄超过了 63 岁，怎么办呢？算命先生也有办法，他只要事先告诉顾客，如果年龄超过了 63 岁，要先将自己年龄减去 64 后再到卡片上找年龄（但不必把进行了减法告诉算命先生）。因为在当面"猜"一个人的年龄时，误差不会达到 64 岁的。

案例二　算盘模型

我们不仅可以把爻代替算筹记数，还可以把卦代替算盘记数。

中国古代发明的算盘被称为没有储存器的计算机，有人把它和中国古代四大发明的造纸术、指南针、火药、活字印刷术并列，称为中国古代的第五大发明。算盘有一个长方形的木框，木框中有若干根与木框长边垂直的等距离的柱子（称为"档"）。每一档上都穿着七颗略呈扁形的圆珠。算盘上有一条横梁把它分成两部分，梁上两颗，梁下五颗。当拨动珠子时这些珠子就表示数，梁下的每一颗珠子表示 1，梁上的每一颗珠子则表示 5。左边一档上的一颗珠子相当于紧邻其右面的档上珠子的 10 倍。选哪一档作为个位数档一般由使用者选定，也可由算盘上某根有特殊标志的柱子决定。

如图 1－1－7 所示的算盘上各档上的珠子从左至右分别表示 1，2，3，4，5，

6，7，8，9；合起来则表示一个九位数 123456789。

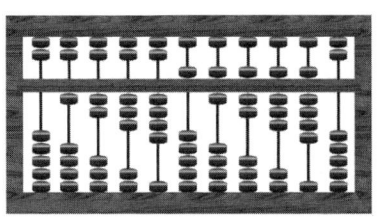

图 1-1-7

因为上档的两颗珠子如果同时拨下，则表示数 10，已经进位，上档放两颗珠子在实际使用上并非必要，所以有的算盘上档只有一颗珠子，这并不影响它的计算功能。把一个六爻的易卦当作算盘上的一档，最上的一爻代表梁上的一颗珠子，当它拨下到横梁时用阳爻，未拨下时则用阴爻。第二爻至第五爻代表下珠，已拨上时用阳爻，未拨上时则用阴爻。那么，便可以像算盘那样把 1～9 这些数表示出来，如图 1-1-8 所示。

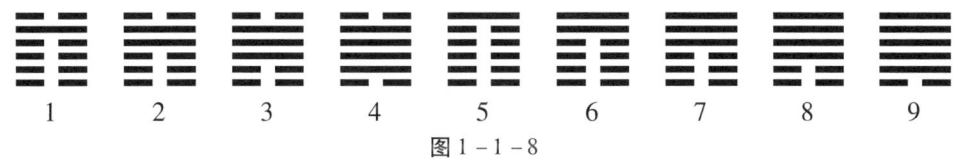

图 1-1-8

算盘有一个缺点，不能单独表示 0，在多位数中的 0 可用空档表示，但如果 0 在末尾，如数 2300 中的 0 则无法表示。易卦则可以用六阴爻的坤卦（☷）表示 0，那么 2300 也就可以和普通的记数法一样表示出来了，如图 1-1-9 所示。

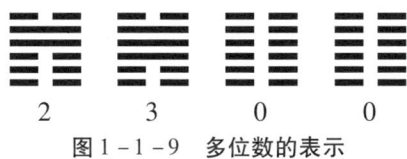

图 1-1-9　多位数的表示

如果我们把易卦画在类似于多米诺骨牌的小塑料板上，就可以很方便地摆动塑料板达到上述的一些记数和运算目的。

二、计算模型

易卦不仅能用于记数，还可以做许多数学计算，有一些计算问题，即使用现代数学的方法去解决，也并不那么容易，但是却可以通过易卦构建数学模型作机械计算，并且比用普通数学方法直观简便得多。

案例一 组装产品问题模型

1986年,"全国高中数学联合竞赛"首次在北京举行,有这样一道试题:

组装甲、乙、丙三种产品,要用A、B、C三种零件,每件甲产品需用A、B各2个;每件乙产品需用B、C各1个;每件丙产品需用2个A和1个C。用库存的A、B、C三种零件,如组成p件甲产品,q件乙产品和r件丙产品,则剩下2个A零件和1个B零件,但C零件恰好用完。试证:无论如何改变产品甲、乙、丙的件数,也不能把库存的A、B、C三种零件都恰好用完。

这是一个现代高中学生数学奥林匹克竞赛的试题,其难度不言而喻,要解答这道问题通常要使用数论中的不定方程,必须受过专门训练的学生才能给出正确的解答。但是笔者当年却使用卦爻记数的方法,对这个问题给出了一个最简单也是最明白易懂的答案,即使是不懂数学的人也完全能够理解。

如图1-2-1所示,用1个阳爻表示零件A,2个阳爻表示B,4个阳爻表示C,以表示它们的某种数量关系(例如价格、重量之类)。

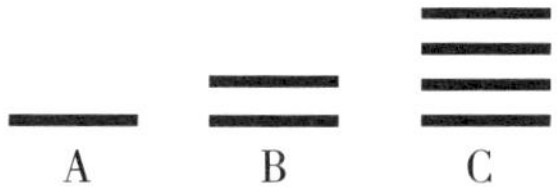

图1-2-1

把每一件产品看成是由组成它所用的零件叠加起来的,则每件产品都可以用一个6阳爻的乾卦表示(图1-2-2):

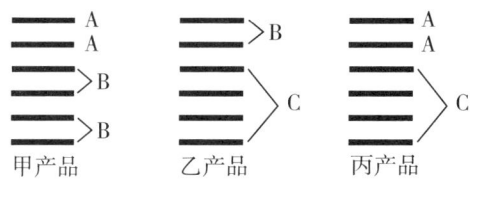

图1-2-2

所以,不管哪种产品,每件产品都用6个阳爻组成。根据题设条件剩下的零件2个A和1个B,只有4个阳爻,它只能是一个"半成品",加两个虚拟的阴爻,构成一个遁卦(图1-2-3)。

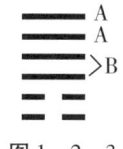

图1-2-3

因此,不管你如何改变三种产品件数的比例,每件产品仍然组成一个6阳爻的乾卦,总不能使那个只有4阳爻的遁卦变为6阳爻的乾卦。这就证明了本题所要的结论。

案例二 百钱买百鸡问题模型

我国古代算经《张邱建算经》里有一个"百钱买百鸡"问题:

今有鸡翁一，值钱五；鸡母一，值钱三；鸡雏三，值钱一。凡百钱买鸡百只。问鸡翁、母、雏各几何？

题目的意思是说，公鸡每只卖 5 文钱，母鸡每只卖 3 文钱，小鸡每 3 只卖 1 文钱。用 100 文钱买了 100 只鸡，问其中的公鸡、母鸡、小鸡各有多少只？

因为一只母鸡需 3 文钱，3 只小鸡需 1 文钱，4 文钱恰好可买 4 只（图 1-2-4）。100 文钱有 25 个"4 文钱"，如果一只公鸡都不买，100 文钱恰好可买 100 只鸡，即买公鸡 0 只，母鸡 25 只，小鸡 75 只。

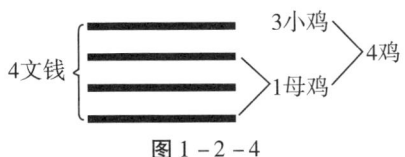

图 1-2-4

在这一基础上逐步增加公鸡，进行调整。

由图 1-2-5 可知，画 7 个三阳爻卦，它表示 21 文钱，可以买 4 只公鸡和 3 只小鸡，共 7 只；另一方面，又可以买 7 只母鸡。

图 1-2-5

在原来买鸡的基础上，作三次"7 对 7"的交换，便得到 4 种买鸡的方法：

第一种：公鸡 0，母鸡 25，小鸡 75；
第二种：公鸡 4，母鸡 18，小鸡 78；
第三种：公鸡 8，母鸡 11，小鸡 81；
第四种：公鸡 12，母鸡 4，小鸡 84。

值得注意的是：在《张邱建算经》中对此题的解法正是按这一思路进行的。解题的"术文"中写道："鸡翁每增四，鸡母每减七，鸡雏每益三，即得。"图 1-2-5 正好是"术文"的图解。

这个问题的数学背景涉及整数论中的二元一次不定方程。百鸡问题人见人爱，自古至今，广泛流传，蜚声中外。

案例三　分苹果模型

有一道著名的趣味数学问题，包含了一个美丽的传说：

捷克的创始人利布莎公主对三个向她求婚的小伙子许诺说，只要他们谁能最先正确地回答出下面的问题，她就嫁给谁：

"如果把我篮子里的苹果的一半再加上一个给第一个小伙子;把剩下的一半再加上一个给第二个小伙子;再把剩下的苹果的一半给第三个小伙子,这时篮子里还剩下三个苹果。篮子里原来有多少个苹果?"

不熟悉数学的读者,也许很难解答这个问题。但是利用易卦却可以给出一个比较简单而且易懂的一般化的模型。我们先把这个问题一般化:

设某人有若干个苹果,他第一次把所有苹果的一半加一个分给了第一个人;第二次又把剩余苹果的一半加一个分给了第二个人;以后照此办理,最后第 n 次把剩余的一半分给了第 n 个人。这时他还剩下 k 个苹果。问他原来一共有多少个苹果?

构建这个问题的解法模型的方法见图 1-2-6。

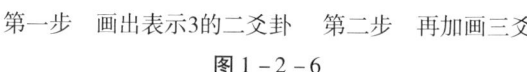

第一步　画出表示3的二爻卦　　第二步　再加画三爻

图 1-2-6

第一步:首先画一个表示数 k(二进制)的卦,设它是一个 m 爻卦。

第二步:在这个 m 爻卦上面加画 n 个爻,除最上一爻为阴爻外,其余 $n-1$ 爻都画阳爻,于是得到一个 $m+n$ 爻的卦。

第三步:对应的二进制数是 $11110_2 = 2^4 + 2^3 + 2^2 + 2^1 = 30$,即公主的篮子里原有 30 个苹果。

三、分类模型

人们在思考或说明问题时,常常要把被涉及的对象按照某种属性划分为若干类。正确的分类常常能更清楚地暴露事物的本质,因而有助于我们的思维。在还没有文字的古代,先民们会用一些符号来记录分类。利用卦中阴阳两爻的数量和位置,通过适当的排列组合,可以构造出各种不同的记号来代表不同的分类。

《系辞上传》开宗明义就提出了利用爻性阴阳、爻位高低进行分类的思想:"天尊地卑,乾坤定矣。卑高以陈,贵贱位矣。动静有常,刚柔断矣。方以类聚,物以群分,吉凶生矣。"

例如,我们在日常生活中常常使用二分法。"易有太极,是生两仪,两仪生四象,四象生八卦。"就是一种典型的"二分法",利用太极、两仪、四象、八卦的符号可以表示分为一类、二类、四类、八类的事物。利用不断加爻的办法,使卦的个数不断地加倍,然后用一个卦代表一类事物,可以不断地一分为二,如图 1-3-1 所示。

分为二类： ▬▬ ▬ ▬

分为四类： (figure)

分为八类： (figure)

图 1-3-1 二分法

又例如我们在日常生活中也常常要把事物分成三类：疾病状态分早期、中期、晚期；产品质量分上等、中等、下等；数量关系分为大于、等于、小于；等等。对于这种"三分法"就可以利用恰有一个阳爻的三个单卦来表示，分别用阳爻在初位、中位、上位来区别，见图 1-3-2。

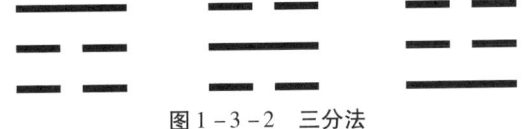

图 1-3-2 三分法

特别值得一提的是"方以类聚，物以群分"的思想。现代数学中有一个叫作"群"的分支，它是现代科学研究中重要的工具。诸如相对论中的洛伦兹群，量子力学中的李群都是现代科学中常识性的工具。群的一个重要功能就是对事物进行科学的分类。例如各种各样的几何学就是利用"变换群"来分类的。

数学方法可以证明：规定了适当的乘法之后，易卦的集合就成为一个群，不妨称之为"易群"。类似地，两仪、四象、八卦等也分别是一个群。因此，即使在今天，我们仍然可以利用易卦成"群"的性质对某些事物进行科学的分类。

虽然作《易》者未必有现代科学中"群"的概念，但是他们毕竟把一个现代科学意义下的"群"画出来了，而且可以很方便地在许多实际问题中应用。

案例一 购门票的模型

一个旅游团共有 100 人，途中有三个需要另行购买门票的景点，旅客可以自由选择游览其中一个、两个、三个景点或一个也不游览。请问至少有多少人的选择完全相同？

如果用一个三爻卦的上、中、下三爻分别代表 1、2、3 三个景点，旅客选择游览该景点，相应的爻就用阳爻，反之则用阴爻。那么旅客的所有选择方式就包括在 8 个三爻卦之中（图 1-3-3）。

图 1-3-3

把 100 位旅客分配到 8 个卦中，根据抽屉原理，至少有 13 人要分到同一个卦中，所以至少有 13 位旅客的选择完全一样。

案例二 比赛日程安排模型

在体育比赛中，例如篮球比赛，常常涉及比赛的日程安排问题。比赛有循环赛和淘汰赛两种形式，赛程的安排实质上是对参赛者如何进行合理分类的问题。

有 6 支篮球队进行循环赛，即每两队之间都要进行一场比赛，一共需要进行 $6 \times 5 \div 2 = 15$ 场比赛。为了保证运动员们的休息，规定每队每天只安排一场比赛。因为每个队都要比赛 5 场，所以，至少要 5 天才能赛完。另一方面，为了节约比赛时间，要求在尽可能短的时间内比赛完毕。6 个队每天可安排 3 场比赛，15 场比赛能不能恰好在 5 天内安排下去？如果可能，怎样排出比赛的日程表？

这类问题的答案是肯定的，但如果要用"硬凑"的办法具体排出比赛的日程表也并不那么容易，你不妨试试看。利用易卦，却有一个很简单的排法。

我们用①、②、③、④、⑤、⑥分别给 6 个队编号，并将它们与易卦的爻位对应起来。易卦中恰有 15 个含两个阳爻的卦，而每一个两阳爻的卦恰好可对应一场比赛。例如，解卦☳☵的第二爻和第四爻是阳爻，就安排第②队和第④队比赛一场。现在只要把 15 个恰有两个阳爻的卦排成 5 行，每行 3 卦，使得 3 卦的 6 个阳爻恰好分别在 6 个爻位上，即每个爻位上恰好有一个阳爻。一种可行的安排如下（图 1-3-4）：

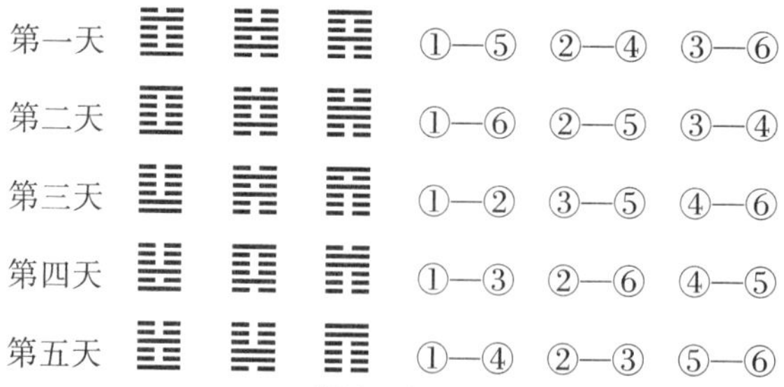

第一天	䷂	䷂	䷂	①—⑤	②—④	③—⑥
第二天	䷂	䷂	䷂	①—⑥	②—⑤	③—④
第三天	䷂	䷂	䷂	①—②	③—⑤	④—⑥
第四天	䷂	䷂	䷂	①—③	②—⑥	④—⑤
第五天	䷂	䷂	䷂	①—④	②—③	⑤—⑥

图 1-3-4

所以，6 个队的循环赛恰好 5 天赛完。上面的日程表是最好的安排。

也许有人会问，这张日程表是"硬凑"出来的呢？还是有什么具体的计算方法呢？事实上是有具体算法的。其算法是：在 15 个恰有两个阳爻的卦中随便取一个卦，把它的两个阳爻所在的爻位相加（当有一个爻位是第 6 爻位时，则不用加法，而将另一个爻位乘2），把它们的和用5除，看余数是几（余数为0时看作是5），就把对应的比赛安排在第几天。例如，小过卦䷽的两个阳爻分别在第三、第四爻位，3+4=7，7用5除的余数是2，所以把对应的一场比赛③—④安排在第二天。又如，蒙卦䷃的两个阳爻在第二和第六爻位，这时因有一个爻位是六，不用加法，只将另一个爻位乘以2，2×2=4，4用5除的余数为4，所以把对应的一场比赛②—⑥安排在第4天。

这个模型可推广到有 $n=2m$ 个队举行循环赛的日程安排上去。如果参赛的球队是单数，则增加一个虚拟的队凑成偶数，在实际比赛时，只要让轮到与虚拟队比赛的球队在该场比赛中轮空即可。

这是循环赛的安排方法，至于淘汰赛又怎样安排呢？考虑"太极生两仪，两仪生四象，四象生八卦……"的过程，这个过程往上"生" n 层，就得到 2^n 个 n 爻的卦（图1-3-5）。

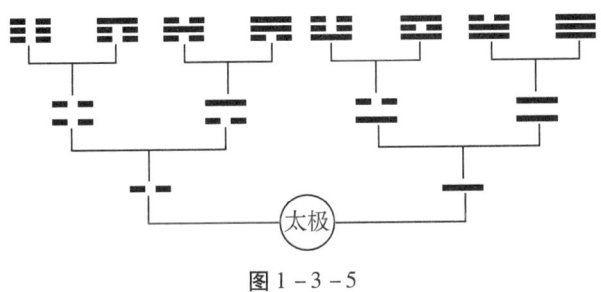

图1-3-5

用这些卦代表球队，两个"同根"的球队进行一场比赛，阴爻多者为负，被淘汰；阳爻多者为胜，进入下一轮，并去掉最上的一爻。如此继续，直至"太极"就决出冠军。由这个过程可知，凡有阴爻的卦，都被淘汰，每淘汰一卦恰好要进行一场比赛。m 个球队参赛，一共要进行 $m-1$ 场比赛。如果恰好有 $m=2^n$，则没有轮空的队；否则可加上几个"虚拟"队，凡是被安排与虚拟队比赛的球队即轮空，直接进入下一轮。

四、编码模型

在人类已经依赖数字化生存的今天，处处离不开数字编码。数字编码的基本方法是利用二进制数进行，二进制数与易卦有一一对应的关系，也就可以看作是用易卦的符号系统进行编码的。二维编码，可以利用易卦的阴阳符号进行；三维编码，可以利用"太玄图"的三画进行；更高维的编码，则可利用卦爻的组合进行。

案例一 一种简单的密码模型

根据《系辞上传》中"太极生两仪,两仪生四象,四象生八卦"的说法,假如你的微信朋友圈中互相约定了如图1-4-1所示的密码体系。

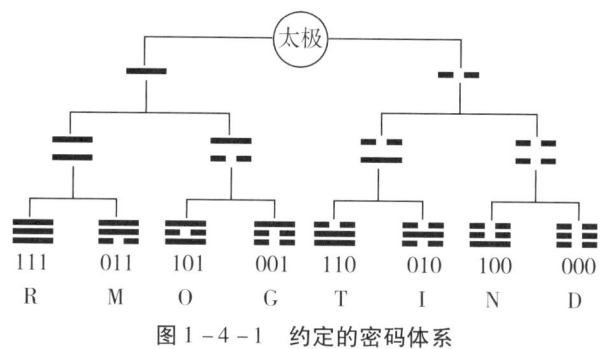

图1-4-1 约定的密码体系

当你的朋友发给你一条短信:
0011011010000111011111100010100001

你将短信的数码作如下分割:

<u>001</u> <u>101</u> <u>101</u> <u>000</u> <u>011</u> <u>101</u> <u>111</u> <u>100</u> <u>010</u> <u>100</u> <u>001</u>
 G   O   O   D   M   O   R   N   I   N   G

分割之后,就可以"看图说话",把你朋友的短信翻译为"GOOD MORNING"。

案例二 电报编码模型

不久以前,人们还普遍使用电报作为远距离传递信息的重要工具。电报是利用电磁波作载体,通过编码和相应的电处理技术实现人类远距离传输与交换信息的通信方式。它的基本原理是:电磁波发出两种长短不同的信号,短的电脉冲信号称为"点",长的电脉冲信号称为"划"。把26个英文字母、10个数字以及标点符号等通过点与划组合表示。把电脉冲信号转化为字母、标点符号和空格的规则叫作电码,最常用的电码有两种:莫尔斯电码和五单位电码。

莫尔斯电码是一种不均匀电码。五单位电码的编码规则如下所示:

字母	编码	字母	编码
A	11000	Q	11101
B	10011	R	01010
C	01110	S	10100
D	10010	T	00001
E	10000	U	11100
F	10110	V	01111
G	01011	W	11001
H	00101	X	10111
I	01100	Y	10101
J	11010	Z	10001
K	11110	－	00100
L	01001	／	01000
M	00111	＠	00010
N	00110	▼	11011
O	00011	？	00000
P	01101	，	11111

五单位电码的每个字符由长度相等的五个电脉冲组成，一般以有电流代表传号，无电流代表空号。传号和空号是两种不同的状态，并且只有五个位置供选占，因而能有 2^5 即 32 种不同的组合。这些组合，既可代表字母，又可代表数字和标点符号及"机能"组合。字母和数字的转换由机能组合控制。如果用阴爻和点对应，阳爻和划对应，那么电码就可以用易卦符号系统的阴阳两个符号编码，从而使五单位电码转化为五爻卦模型，例如：

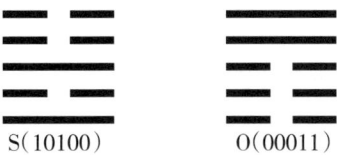

S(10100)　　　　O(00011)

五、立象模型

在传统易学中，卦的功能是作为事物象征的符号。前人以八经卦象征宇宙间的八种自然物,别卦的每一个卦都是由上下两个经卦重叠而成的,因而可看成是两种自然物的适当组合,即所谓的"卦象"。象数学派根据卦象建立了他们的易学体系。

英国逻辑学家怀德海的"象征指涉理论"认为,对于两个不同的知觉系统,借着一些约定,通过人为的方式可以建立起共同的基础。易卦符号系统很容易与具体事物建立联系而制造"共同的基础"。给比较抽象的事物一种象征,就像人们在说理中"打比方"一样,打比方能使语言更容易被人体会,立象同样可以使人更容易发现事物的内在联系,有助于对该事物的一些性质作出判断。

案例一 参观路线模型

一座展览馆有36个展室,每两个展室之间都有门可通,展室的入口与出口位置如图1-5-1所示。现有人希望每个展室都能进去一次但不重复经过同一展室。这可能吗?如果可能,请为他设计一条行走路线;如不可能,请说明理由。

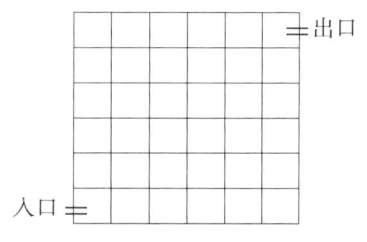

图1-5-1

这个问题的答案是"不可能"。

我们把三个既济卦和三个未济卦相间地放进36个展室的竖列中(图1-5-2),使每个展室恰好有一个爻,就把36个展室分成了两类,一类展室中是阳爻,一类展室中是阴爻。

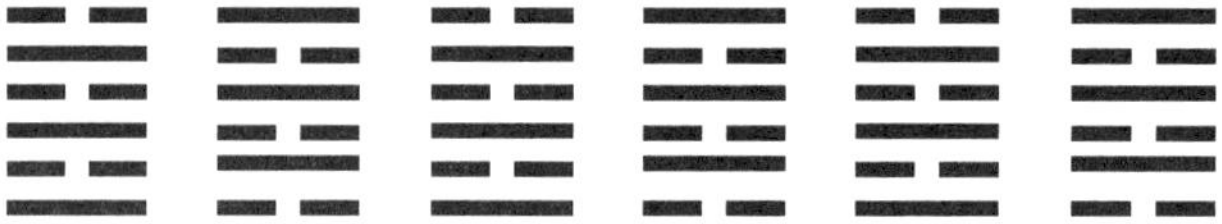

图1-5-2

如果把有阴爻的展室画成黑色,有阳爻的展室画成白色,设想是36个展室分别铺上了白色和黑色的地毯,就得到图1-5-3。参观者从铺着白色地毯的展室入口进去之后,无论他怎样走,从白色展室只能走到黑色展室,从黑色展室只能走到白色展室。所以,当参观者从白色展室入口进去之后,只能按白→黑→白→黑→白……的次序前进,第36步只能走到黑色展室,不能从白色展室的出口出去。所以此人的目的不能达到。

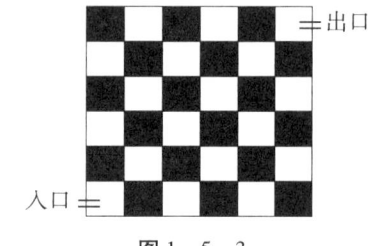

图1-5-3

案例二 七桥问题模型

18世纪时,东普鲁士有一个叫作哥尼斯堡的城市(今属立陶宛共和国),一条大河流经这个城市,把城市一分为二。河中有两个小岛,因此,全城被分为四块互不相连的陆地。人们在河上架了七座桥,把四块陆地像图1-5-4那样连接起来。

当时哥尼斯堡的居民都热衷于解决这样一个问题：一个散步者能否从某一块陆地出发，不重复地走过每座桥一次，最后回到原来的出发点。

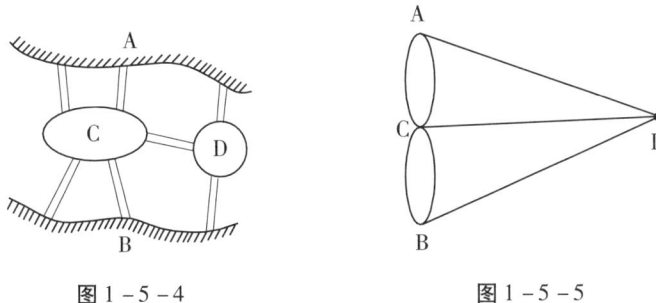

图 1-5-4　　　　　　　　　　图 1-5-5

这就是数学史上有名的"七桥问题"。

这个问题似乎不难解决，试验起来也比较容易，所以吸引了许多人都来参加试验。但结果却令人沮丧，谁也没有成功。于是有人写信向当时著名的数学家欧拉（Euler，1707—1783）求教。欧拉毕竟是一位伟大的数学家，他拿到这个问题之后，并没有再去重复那种已经失败了千百次的试验，而是把这个问题转化为像图 1-5-5 那样的网络图能不能一笔画的问题。什么叫作"一笔画"呢？那是指笔不准离开纸，每条线只许画一次，不重复地画出整个图形。当把问题转化为"一笔画"问题后，欧拉便用数学方法证明了哥尼斯堡居民的愿望是不能实现的。

假设存在一种能使哥尼斯堡居民达到目的的走法，用四个小圆圈代表四块陆地，用圆与圆之间的连线代表桥，在每一个小圆内摆一个卦，小圆与几条线相连，就摆有几个阳爻的卦，于是每一座桥的两端都分别联系着一个阳爻，如图 1-5-6 所示。

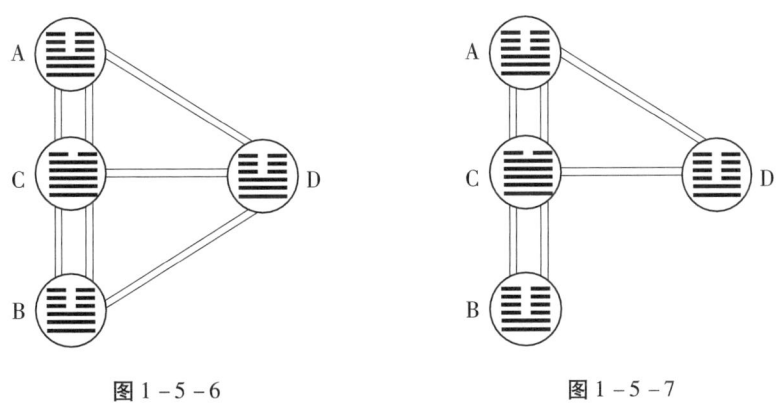

图 1-5-6　　　　　　　　　　图 1-5-7

现在设想散步者不管从哪块陆地走到另一块陆地，凡经过一座桥，就把那座桥拆掉，使得只能经过一次，并让桥两端联系的阳爻改变为阴爻。如图 1-5-7，当散步者从 B 走到 D 后，即拆掉 B、D 之间的桥，B 处和 D 处的卦也都由原来的三阳爻卦变为二阳爻卦。考虑一块与奇数座桥相连的陆地，如果它不是起点，散步者必须从某一座桥进入该处,该处的卦就消去一个阳爻;如果它又不是终点,散步者必须从另一桥离去,离去时又消掉一个阳爻。一进一出,总是成对地消去阳爻。最后必然变为剩下一个阳爻,这意味着与这块陆地连接的桥只剩一座了。如果再进来,"拆"掉此桥,就无法离开。如果不进来,这座桥就未走到。所以与奇数座桥连接的任一块陆地都不能作为中间点,只能作为起点或终点。因为 A、B、C、D 四块陆地放的都是奇数个阳爻的卦,都只能作为散步时的起点或终点而不能成为中间点,但起点和终点最多只有两个,A、B、C、D 四处不可能都是起点或者终点。这个矛盾就证明了所要求的走法是不存在的。

上面的讨论同时给出了"一笔画"问题的模型,一笔画问题在现代网络理论中有重要的应用。

案例三　演出节目单模型

一个剧团有两个演出小组。剧团计划下乡为农民连续演出两个月,两个小组分别准备一批节目,要求每天演出时的节目安排做到:

(1) 每天都安排上演六个节目;

(2) 每个剧组每天至少要上演一个节目;

(3) 任何两天上演的节目不能完全相同(可以有一部分相同)。

请问这个剧团的两个剧组各自最少要准备多少节目,才能保证完成上述计划?

利用易卦思想很容易解答这个问题,答案是最少要各自准备六个节目。

不妨把六个节目依次编号为①、②、③、④、⑤、⑥,把每天的节目单与一个易卦联系起来。如果这天甲剧组上演它的第 i(i = ①,②,③,④,⑤,⑥)个节目,那么易卦的第 i 爻取阳爻;如果这天甲剧组不上演它的第 j(j = ①,②,③,④,⑤,⑥)个节目,那么就由乙剧组上演它的第 j 个节目,并且将易卦的第 j 爻取阴爻。那么每一个易卦都可以作为某一天演出的节目单。例如颐卦的第一爻和第六爻是阳爻,而第二、第三、第四、第五爻是阴爻,就表示今天由甲剧组上演它的①、⑥两个节目,乙剧组上演它的②、③、④、⑤四个节目,即按颐卦的旁通卦大过卦的阳爻分布状态上演节目。如图 1-5-8 所示。

图 1-5-8

易卦共有64卦,除了乾卦䷀(表示乙剧组没有上演节目)和坤卦䷁(表示甲剧组没有上演节目)以外,其余的62卦,每一卦都可作为一天的节目单。两个月最多也只有62天,所以两个剧组各有六个节目就足够了。但很明显,任何一个剧组少于六个节目是不行的。

六、决疑模型

1990年,笔者提出了"易卦是思维决策的数学模型"的论点,这一论点得到了我国著名哲学家北京大学教授张岱年先生的肯定,他指出这一论点"言之成理,持之有故,确然成一家之言"。

人们在研究一个需要决策的问题时,一般会先对与这一问题有关的重要因素进行分析研究,每一因素对人们考虑的问题,大体上可分为有利或不利(或者说积极或消极、正能量或负能量等)两个方面。在记录分析结果时,如果用阳爻"—"表示有利因素,用阴爻"- -"表示不利因素,那么记录的结果就必然得到一个卦。特别地,如果考虑了三个因素,就得到一个单卦;考虑了六个因素,就得到一个别卦。这种做法,即使在今天,也仍然被广泛地使用。《系辞上传》提出了"圣人设卦、观象、系辞焉而明吉凶,刚柔相推而生变化"的思维模式,因此易卦的符号系统可以作为决策断疑的数学模型,即使在科学技术高度发展的今天,人们在决策断疑的时候,仍然在普遍地使用,只是"百姓日用而不知"而已。

由于这个问题是本书的重点所在,全书都将围绕这一重点展开讨论,以后各章会作详细的论述,此处不赘,仅举数例以明之。

案例一 猜帽子模型

一位老师想辨别他的三个得意门生中哪一个更聪明些,使用了下列方法:他事先准备5顶帽子,其中3顶白色、2顶黑色。在试验前,先让三个学生把这些帽子看一看,然后要他们闭上眼睛,再给他们各戴上1顶白帽子,而把2顶黑帽子藏起来。最后,命令他们张开眼睛,要他们说出自己头上戴的是什么颜色的帽子。

三个学生相互看了看,沉思了一会,最后异口同声地说,自己头上戴的是白帽子。他们是怎么猜出来的呢?

不妨设三位学生是甲、乙、丙,用一个三爻卦表示他们头上戴的帽子。如果戴的白帽子,就用阳爻表示;如果戴的是黑帽子,则用阴爻表示。因为黑帽子只有2顶,三人所戴帽子的情况只有图1-6-1所示的三种可能:如果是图1-6-1a的情况,乙或丙都会这样想:如果自己头上戴的是黑帽,甲应该马上说出他自己戴的是白帽,但甲并未马上说出,可见不会出现图1-6-1a的情况。如果是图1-6-1b

```
━━━━━ 甲      ━━━━━ 甲      ━━━━━ 甲
━ ━   乙      ━━━━━ 乙      ━━━━━ 乙
━ ━   丙      ━ ━   丙      ━━━━━ 丙
(a)一人戴白帽  (b)二人戴白帽  (c)三人戴白帽
```

图 1-6-1

的情况，甲（或乙）会这样想：如果自己头上戴的是黑帽子，那么乙（或甲）就会马上说出自己戴的是白帽子，而现在乙没有马上说出来，可见自己头上不是黑帽子，而是白帽子。图 1-6-1b 的情况也不会出现。因此只有图 1-6-1c 一种可能，即三人头上戴的都是白帽子。

案例二　从田忌赛马到俾斯麦海战模型

人们都熟悉田忌赛马的故事，如果用一个阳爻"━━━"表示田忌获胜，用一个阴爻"━ ━"表示田忌失利，那么把每次比赛的结果记录下来就得到一个三爻卦。于是利用八卦可以给出孙膑思维方法的模型，如下所示：

比赛场次	齐王的马出场次序	田忌可选择的对策					
		1	2	3	4	5	6
第三场	下马	下马	中马	下马	上马	上马	中马
第二场	中马	中马	下马	上马	下马	中马	上马
第一场	上马	上马	上马	中马	中马	下马	下马
决策系统模型		☷	☶	☵	☶	☶	☴
卦名		坤	艮	坎	艮	艮	巽

许多人都把这个故事作为善于运用谋略的典型案例。其实，田忌之所以能取得比赛的胜利有一个必要的前提，即齐王三匹马出场的次序是预先公开的，而且中途不能调整，田忌则可以根据齐王的马出场顺序自由安排自己的马出场顺序，显然这是一种不公平的竞赛。

我们每个人小时候大概都玩过"剪刀、石头、布"的游戏，只要将田忌出马的策略与"剪刀、石头、布"的游戏对比就能看出它的不公平性。

如图 1-6-2 所示，用三个一阳爻卦来表示剪刀、石头、布，两人对赛时，无论甩出哪种手势，结果获胜、失败、平局的概率都是三分之一。

图 1-6-2

第二次世界大战期间,有一个类似于"剪刀、石头、布"的著名战例。

1943年2月,美军情报部门获悉:日本的一支舰队集结在西南太平洋的新不列颠岛,准备越过俾斯麦海驶往伊里安岛。美西南太平洋空军司令肯尼,奉命拦截并轰炸日本这支舰队。从新不列颠岛去伊里安岛的航线有南北两条,航程都约为三天。未来三天北路天气阴雨连绵,南路晴好。美军在拦截前必须先派侦察机侦察,待发现日舰航线后,再出动大批轰炸机进行轰炸。对美军来说,全部可能的方案有四种:

第一种是(N,N)方案:假定日舰走北路。美军则集中力量侦察北路,只派少量侦察机侦察南路,虽然天气不好,但可望一天内发现日舰,赢得两天轰炸时间。

第二种是(N,S)方案:假定日舰走南路。美军集中力量侦察北路,只派少量侦察机侦察南路,因南路天气晴好,少量侦察机用一天也能发现日舰,也赢得两天轰炸时间。

第三种是(S,N)方案:假定日舰走北路。美军集中力量侦察南路,只派少量侦察机侦察北路,因北路天气不好,少量侦察机要用两天才能发现日舰,只能赢得一天轰炸时间。

第四种(S,S)方案:假定日舰走南路,美军也集中力量侦察南路,派少量侦察机侦察北路。由于南方天气晴好,有望立即能发现日舰,这样能够赢得三天轰炸时间。

以上各个方案,可分别用三爻卦表示,如图1-6-3所示。卦中阴爻的个数表示需要侦察的天数,阳爻的个数表示能够轰炸的天数。

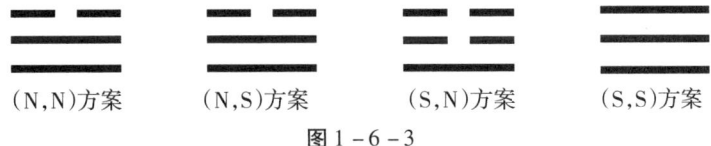

图1-6-3

对于美军来说,最理想的方案是(S,S),因为它可以赢得三天轰炸时间。但因日方的对策美方预先并不知道,如果贸然集中力量侦察南路,很可能会落得最差的(S,N)结果。同样,日方在考虑航线的时候,既要看到对自己最佳的状态(S,N),也不能不估计到对自己最不利的状态(S,S)。因此,对日舰来说,走南路是比较冒险的。美军司令肯尼将军经过认真研究,毅然决定把搜索重点放在北路。结果这场载入史册的俾斯麦海海战以美军获胜告终。

案例三 综合评价模型

一位医生给病人看病,需要化验六项指标,下面是化验室提供的报告单:

因素	A	B	C	D	E	F
反应	−	+	+	−	−	+

如果依次用一个阳爻表示阳性反应（+），用一个阴爻表示阴性反应（−），并把它们按从下到上的顺序排列起来（图1-6-4），则这位病人的检查报告可表示为一个蛊卦䷑，医生便可以根据卦象来分析病情，做出诊断。

图1-6-4

在综合评价中，常常使用特尔菲（Delphi）法来建立评价体系，在建立评价体系时，先请专家判定各种因素的重要性以决定评价时必须考虑哪些因素。设初步拟定的评价因素集合为：$U = \{A, B, C, D, E, F\}$；评语集合为：$V = \{$很重要，重要，一般，不重要$\}$。

评价时让每一个评委在下面的表格中打"√"，认为某因素应得到某一评语，就在相应的空格内打上记号"√"。例如，某专家的评定如下：

	A	B	C	D	E	F
很重要		√	√			
重要	√			√		√
一般					√	
不重要						

如果把打"√"的地方记作阳爻"—"，空白处记作阴爻"--"，则这一结果可用一个由四个卦所组成的矩阵来描述，如图1-6-5所示。

图1-6-5　综合评价的卦组模型

上面的一些例子表明，易卦之功用大矣！它既有立象的功能，又有计数的作用，使象与数达到高度的统一。

神奇而伟大的符号，必然蕴含着神奇而伟大的功能。被誉为近代科学之父的伽利略（Galileo Galilei，1564—1642）曾经说过：哲学是写在宇宙大书中的，虽然这本书时时刻刻向我们打开着，但是除非人们先学会书中所用的语言，掌握书中的符号，否则不可能理解这本书。没有这些符号，人类连一个字也不会认识，人们仍将在黑暗的迷宫中徘徊。我们在前面谈的易卦符号系统的一些功能，虽然只是沧海一粟，但足以使我们看到了这套符号系统在构造模型中的多方面功能了。我们不知道古代世界各国流传下来的符号系统，有哪一套能像易卦这样有巨大的作用。特别是，电脑的发明使人类文明走向了以数字化、网络化和集成化的信息革命时代，计算或算法的观念已经渗透宇宙学、物理学、生物学乃至经济学和社会科学等诸多领域。计算机的程序设计是以"0"和"1"两个数码表示的二进制数为基础的，也就可以看成是以"阴爻"与"阳爻"两个符号表示的卦为基础的。把阴阳两爻换成0和1两个数码，除了书写和运算的方便之外，并没有本质上的改变。因此，即使社会发展到今天，这一符号系统仍然具有巨大的生命力。我们认识世界，获取信息，处理数据，解决疑难，仍然可以很方便地使用这套符号系统。

在本书中，我们用整章的篇幅，不厌其烦地谈论易卦的构建模型的功能。这样做的目的只有一个，就是提醒读者，如果要研读《易经》，一定要先了解这套符号的功能。这套符号既然可以作为许多具体问题的小模型，见微知著，它也就有可能成为弥纶天地的大模型。特别地，它可以构建思维决策的数学模型。以后各章我们直接把易卦看成思维决策的数学模型，它是研读《易经》的重要工具。

第二章
易卦符号系统的数学原理

在第一章中，笔者用许多案例介绍了易卦符号系统的一些功能，特别是它构建模型的功能。这些功能并不是偶然的巧合，而是因为在这些强大功能背后，都有其深刻的数学背景。在本章中笔者将结合易卦作为思维决策模型的一些问题，简略地谈谈易卦这套符号系统的数学原理。

谈到《周易》中的自然科学思想，学术界有两种截然相反的观点：一种认为《周易》与现代科技的一切联系大抵多是毫无意义的牵强附会。如有人认为：

歌颂《周易》重要性者太多，真能说出其所以然者太少，尤其是讲《周易》与西洋近现代的自然科学相符合者，都未能提出很可靠的具体证据。[①]

而另一些人则相反，认为：

近现代一些重大的自然科学的进展，都与《周易》的思想有密切关系。如新型电脑的软硬件改进，生物遗传密码研究的进展，特别是现代混沌理论的产生，耗散结构的问世，都受到《周易》思想的启示。[②]

显然，这两种过于绝对化的看法，都不是科学的态度。

毋庸讳言，在《周易》的经、传中不大可能包含现代科学的论述或预见，把《周易》与科学作肤浅的类比、把《周易》无限地神秘化的做法本身就是不科学的。不过，我们也必须看到：

第一，从数学的视野来看，易卦不是一种普通的符号系统，它是一个严密的、内容丰富的代数结构，当我们撇开《周易》经、传的束缚，只把易卦的全体当成一个集合 A，每一个卦都当作 A 的一个元素，再适当地引进运算法则以后，集合 A 就成为一个格、一个布尔代数、一个阿贝尔群，等等。即使在今天，对大学数学系的学生讲授集合论、格论、群论、概率论、图论、数论、布尔代数等数学分支的某些概念时，易卦集都可作为该数学分支中一个深刻而有趣的例子。易卦的数学内容如此丰富，对于易学研究工作者是不能不考虑的。

第二，历代易学家，特别是现代科学易学家，已经把许多数学概念"援以入易"，这里面真真假假，是是非非，有的固然是毫无意义的牵强附会，故弄玄虚；

[①] 蔡尚思：《周易要论》，第1页，湖南教育出版社，1991年。
[②]《推翻传统偏见，恢复〈周易〉真貌》，载《文汇报》，1989年6月5日。

但也有见微知著、思想深刻之作。今天的易学家们不可能视而不见，我行我素。因此，易学家有必要了解易卦中的一些数学原理，以资鉴别和比较，去粗取精，去伪存真，共同把易学研究引向健康发展的轨道。

第三，数学与人类文明的发展有极为密切的关系，古希腊学者的"万物皆数"，《周易》的象、数、理、占，都说明了古代文化遗产与数学有密切的关系。数学是一种思维科学，是研究空间形式与数量关系的科学，它不同于飞机、卫星等现代科技，后者是人类文明发展到一定阶段的产物，而空间形式与量的许多规律则是不依赖于人类的智力水平而存在的。在《周易》成书的时代，古人虽然不可能有我们前面提到的那些现代数学的概念，但是却可能自觉或不自觉地使自己的思维服从某些数学的规律。不同的只是，今人自觉地运用数学，古人不自觉地遵循数学而已。不仅是人，即使是动植物的某些现象，也严格地服从数学的原理。例如蜂巢都是六角形的，数学上可以证明，在原料一定的前提下，这种形状的巢容积最大。某些植物（如樱桃、梨树、柳树）的叶子在茎上的排列方式，也与数学上著名的斐波那契数列有关。

易学研究中许多悬而未决的问题，如卦序排列、大衍之数等都与数学有关，本书关于思维模式的理论同样与数学有关。要实现易学研究的现代化，易学家最好能了解易卦的一些数学原理。

本章所涉及的关于易卦的数学原理是建立在严格的科学意义上的，没有任何的牵强附会，也没有任何不切实际的夸张。但是为了减少不熟悉数学或对数学不感兴趣的读者阅读本书的障碍，本书对易卦符号系统的数学原理只作基本概念的介绍，重点是它们在《周易》研究的实际问题中的应用，而不追求系统的知识和详细的论证。至于希望对易卦符号系统的数学原理进一步了解的读者可以参考拙著《周易的数学原理》一书[①]。

一、易卦与集合论

集合论是现代数学的基础，它不仅渗透数学的各个领域，也渗透许多自然科学和社会科学的领域。德国数学家康托尔（G. Cantor, 1845—1918）首先提出了集合的概念，他于1872—1897年间发表了一系列关于集合论的论文，奠定了集合论的基础。

（一）集、子集、幂集

集合是一个不精确定义的概念，通常把某些确定的客体的总体称为一个集合，

[①] 欧阳维诚：《周易的数学原理》，湖北教育出版社，1993年。

简称集。集合的客体称为集合的元素,也简称元,通常用大写拉丁字母 A,B,C 等表示集合,小写拉丁字母 a,b,c 等表示集合的元素。用记号"$a \in A$"表示 a 是 A 的元素,用记号"$a \notin A$"表示 a 不是 A 的元素。

如果两个集合 A 与 B 的元素完全相同,则称这两个集合相等。记作:

$A = B$。

如果集合 A 的所有元素都是集合 B 的元素,则称 A 是 B 的子集,记作:

$A \subseteq B$,或 $B \supseteq A$。

如果集合 B 至少有一个元素不是其子集 A 的元素,则称 A 是 B 的真子集,记作:

$A \subset B$,或 $B \supset A$。

由某种确定对象的全体所组成的集合叫作全集,通常用大写拉丁字母 U 或 I 表示。由全集 U 中不属于 U 的子集 A 的那些元素所组成的集合叫作 A 的补集,通常记作 $\bar{A}$。

由集合 A 与 B 的所有元素组成的集合(两个集合中都有的元素只算一个)叫作 A 与 B 的并集,记作 $A \cup B$。

由同时属于 A 与 B 的元素组成的集合叫作 A 与 B 的交集,记作 $A \cap B$。如果 A 和 B 没有公共的元素,则称 A 与 B 的交集是空集,记作 $A \cap B = \varnothing$。

集合的并与交的概念可以推广到有多个集合的情况。

并集、交集、补集之间的关系,通常可用文氏图表示。图 2-1-1 中的长方形表示全集 U,圆 A 和圆 B 表示 U 的子集。图 2-1-1 中的阴影部分别表示 A 与 B 的并集、A 与 B 的交集和 A 的补集。

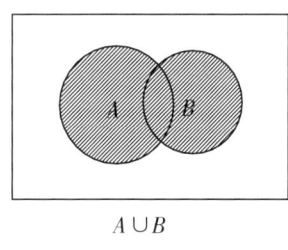 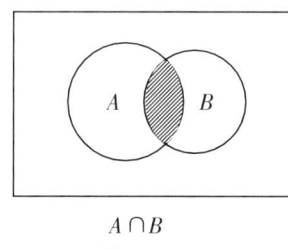 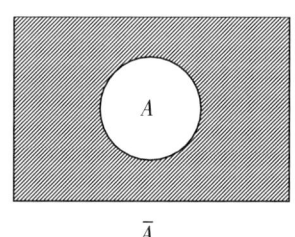

$A \cup B$ $A \cap B$ $\bar{A}$

图 2-1-1

一个集合 U 有许多子集,如果将 U 的子集当作元素,那么 U 的所有子集又可以组成一个新集合 M,M 叫作集合 U 的幂集。例如,设集合

$U = \{1, 2, 3\}$,

它有 8 个子集:$\varnothing$,$\{1\}$,$\{2\}$,$\{3\}$,$\{1, 2\}$,$\{1, 3\}$,$\{2, 3\}$,$\{1, 2, 3\}$,所以,U 的幂集 M 是:

$M = \{\varnothing, \{1\}, \{2\}, \{3\}, \{1, 2\}, \{1, 3\}, \{2, 3\}, \{1, 2, 3\}\}$。

如果集合 U 有 n 个元素,那么它的幂集 M 有 2^n 个元素。

引进了集合的概念之后,《易经》中的某些语言就可以转化为集合的语言。

例如,全部易卦组成一个集合:

$Y = \{䷀, ䷁, ䷂, ䷃, \cdots, ䷿\}$。

八个纯卦(自重卦)也组成一个集合:

$A = \{䷀, ䷁, ䷜, ䷲, ䷽, ䷝, ䷸, ䷷\}$。

八个自复的卦也组成一个集合:

$B = \{䷀, ䷁, ䷒, ䷟, ䷯, ䷴, ䷵, ䷶\}$。

A 与 B 都是 Y 的子集。A 与 B 的并与交分别是:

$A \cup B = \{䷀, ䷁, ䷜, ䷲, ䷽, ䷝, ䷸, ䷷, ䷒, ䷟, ䷯, ䷴\}$。

$A \cap B = \{䷀, ䷁, ䷜, ䷲\}$。

两仪、四象、八卦也分别构成一个集合:

两仪集 $L = \{—, --\}$;

四象集 $S = \{⚌, ⚍, ⚎, ⚏\}$;

八卦集 $B = \{☷, ☶, ☵, ☴, ☳, ☲, ☱, ☰\}$。

易卦与集合的关系,还可以用幂集的概念来描述。

假定 G 是一个共有 6 个元素的集合,把它的元素依次编号为 $g_1, g_2, g_3, g_4, g_5, g_6$(一般地说,集合的元素没有次序,但在特殊需要的情况下,可以人为地规定次序),把这个 6 元集合记作:

$G = \{g_1, g_2, g_3, g_4, g_5, g_6\}$。

如果 G 的一个子集 T 包含元素 g_1, g_3, g_6,即 $T = \{g_1, g_3, g_6\}$。那么我们取一个第一、第三、第六爻是阳爻,其余各爻都是阴爻的卦,即贲卦䷕和它对应;反过来,对于任何一个易卦,例如大过卦䷛,它的第二、三、四、五爻是阳爻,我们就可以得到 G 的一个子集 $S = \{g_2, g_3, g_4, g_5\}$ 和它对应。这样我们就在 6 元集 G 的幂集与易卦之间建立起一一对应的关系。因此,任给 6 元集 G 的一个子集,就可以得到一个易卦,例如:

$\{g_1, g_2, g_5, g_6\} \to$ 中孚卦䷼;

$\{g_2, g_4, g_6\} \to$ 未济卦䷿;

空集 $\emptyset \to$ 坤卦䷁;

全集 $U \to$ 乾卦䷀。

反过来,对于任何一个易卦,都可以找到 6 元集 G 的一个子集和它对应,如:

离卦䷝ $\to \{g_1, g_3, g_4, g_6\}$;

夬卦䷪ $\to \{g_1, g_2, g_3, g_4, g_5\}$。

因此,我们可以把每一个易卦看成 6 元集的一个子集,全体易卦所成之集 Y 就是 6 元集 G 的幂集,即由 G 的全部子集所组成的集合。因此,我们有以下定理:

定理一　易卦集合与一个（有序）6元集的幂集同构。

由此可见，易卦与集合有非常密切的关系。将集合论的一些概念应用到《周易》研究中，无论是数的计算或者文字注释显然是有帮助的。

例如6元集的子集共有$2^6=64$个，所以易卦也有64个。6元集的二元子集共有$C_6^2=15$个，所以二阳爻卦也有15个。

又例如，《周易》形象思维的"认知"形式，即表示或说明对象是什么的语言形式，大多不是"定义"，而是"比喻"，语言本身就具有模糊性和多义性，《周易》中的语言更为突出。《周易》形象思维的基本形式不是个别事物的形象，而是"类"，但在具体运用某一形象时，却又是个别的现象。

一般与个别混用是很容易造成混乱的。个别与一般的关系，在历史上曾长期纠缠不清，在两千多年的历史长河中，一直成为哲学家争论的课题。

战国时期以公孙龙为代表的名家学派提出了一个著名的"白马非马"命题。他指出：要马，黄马、黑马都可以；要白马，则黄马、黑马都不行了，可见"白马非马"。对于公孙龙的命题，当时的大多数人都不能接受，但也没有足够的理由驳倒他，只好称之为"诡辩"。

当时这场学术上的争论，就在于人们还没有弄清一般与个别的关系，同时不自觉地使用了语言的歧义。怎样弄清个别与一般的概念，最后不能不归功于集合论。数学的看家本领，就是设法把不清楚的概念弄清楚。在数学中引进了集合的概念之后，个别与一般的概念也就随之清楚了。

现在让我们来分析一下"白马非马"的命题。

由于汉语中某些词的多义性，"马"可以指集合，但有时也可以指具体的元素；同样地，白马可以指集合，有时也可以指马集合或白马集合的某一元素。还有"非"字，也是多义的。"非"是"是"的反面，"是"有"等于""属于""包含于"三种含义。反过来，"非"就有"不等于""不属于"或"不包含于"的意思。这样一来，"白马非马"这一命题，由于对"白马""非""马"这三个词的理解不同，至少可以做成$2\times3\times2=12$种不同含义的命题。这些命题有些是成立的，有些则是不成立的。

例如，把"白马"与"马"都理解为集合，"非"理解为"不等于"，则"白马非马"这一命题是正确的；但若把"白马"与"马"都理解为集合，而把"非"理解为"不包含于"，则"白马非马"这一命题是不正确的。同样地，把"非"理解为"不属于"，"白马非马"这一命题也是正确的，因为"属于"只表示元素与集合的关系，不表示集合与集合的关系。但如果把"白马"理解为某一匹具体的白马，把"非"理解为"不属于"，则"白马非马"又是错误的了。因此，用集合论的观点,并且确定"非"的含义之后,"白马非马"这一命题就毫无"诡辩"的意义了。

同样地,《周易》中的许多表述很容易转化为集合论的语言。《系辞上传》说:"方以类聚,物以群分",这里所说的"类"与"群"就与数学中的"集合"概念非常接近,实际上说的就是集合。如果将《周易》中的一些概念改用集合的语言来表述,可以减少语言的模糊性和不确定性,弄清个别与一般的关系,这对我们理解经文,注释卦爻辞都是非常必要的。

例如,"—"与"--"两个符号,分开来看,它们是抽象的同一性符号,各自只代表一种性质,"—"就是"—",而不是"--";"--"就是"--",而不是"—"。这样看待"—"与"--"时,它们便是属于形式逻辑观点的符号,用集合来表示是"两仪集":

$L = \{1, 0\}$,或者 $L = \{阳,阴\}$。

但是根据"易有太极,是生两仪,两仪生四象,四象生八卦"(《系辞上传》)的说法,它们却是相互依存、相互转化的统一体。有"—"必有"--",无"—"必无"--"。这时就不能再把"—"与"--"看作一个集合的两个元素,而应该看作"太极"这个集合的一个子集和它的补集。

我国的太极图恰当地体现了这一观点。图2-1-2的圆表示全集,两个"阴阳鱼"是它的两个互为补集的子集。

图2-1-2

又例如,蒙卦的卦辞:

亨。匪我求童蒙,童蒙求我。初筮告,再三渎,渎则不告。利贞。

"匪我求童蒙"与"童蒙求我"在逻辑上可以同真同假,还可以一真一假。这牵涉卦辞中的两个"童蒙"是同一概念,还是个别与一般的关系?

蒙卦九二爻辞:包蒙,吉。纳妇,吉。子克家。

蒙卦上九爻辞:击蒙,不利为寇,利御寇。

"包蒙"与"击蒙"能否同时进行?其中有无矛盾?显然,"包蒙"的"蒙"是一般的概念;而"击蒙"的"蒙"应该是个别的概念。

又例如,观卦爻辞:

六三　观我生,进退。

九五　观我生,君子无咎。

《象传》:"'观我生',观民也。"李鼎祚《周易集解》引虞翻曰:"生,民也。""生"指百姓,观卦爻辞中两个"我生"是同一概念,还是部分与全体的关系?

再例如,乾卦的卦爻辞是:

☰（乾上乾下）乾　元亨利贞。

初九　潜龙勿用。

九二　见龙在田，利见大人。

九三　君子终日乾乾，夕惕若厉，无咎。

九四　或跃在渊，无咎。

九五　飞龙在天，利见大人。

上九　亢龙有悔。

用九　见群龙无首，吉。

这里的许多"龙"之间是什么关系呢？由于在文字上并没有很明确的界定，"仁者见之谓之仁，智者见之谓之智"，人们至少可以做三种不同的理解：

第一，它们是完全独立的、互不相干的龙，有的潜伏，有的飞跃（图2－1－3a），各行其道，各显其能。如果这样理解，对"用九"的"群龙无首"就比较容易解释。

第二，所有的龙都是指同一条龙的不同发展阶段（图2－1－3b），它逐步由潜伏到在田，由在田到在渊，由在渊到在天，不断发展，步步高升。许多释《易》、注《易》之书多作这种解释。这样解释对"亢龙有悔"好理解，但对"群龙无首"就无法解释了。

第三，这些龙是指一群龙的逐步淘汰过程（图2－1－3c），开始一群龙都潜伏勿用，条件都差不多。后来有一部分脱颖而出，出现在田野，并遇见大人。接着其中又有一部分终日乾乾，不断进取，成为在渊之龙。最后又有一部分乘胜前进，继续飞黄腾达，成为在天之龙。天龙是渊龙的子集，渊龙是田龙的子集……

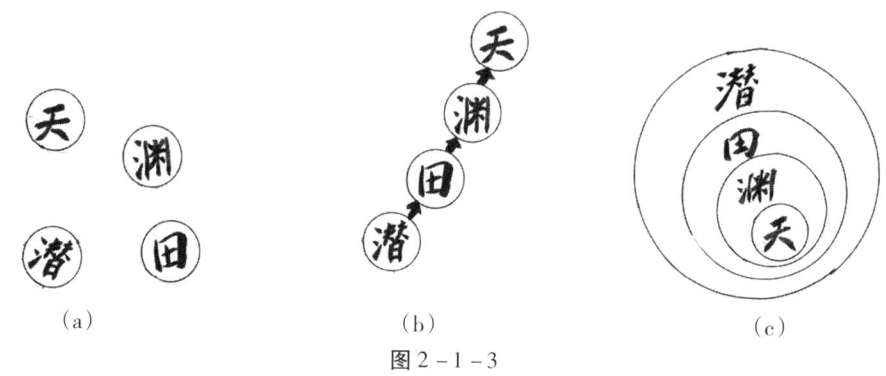

图2－1－3

总之，乾卦中的这些龙是个体还是集合？是离散还是相交？是独立还是包含？不同的答案对卦爻辞的注释肯定有不同的结果。如果能转化为集合论的语言就比较容易确定了，至少不至于自相矛盾。

（二）序偶、笛卡儿积、关系

设 A 与 B 是两个集合（A 与 B 可以相同也可以不相同），在 A 中取元素 a，在 B 中取元素 b，做成一个有序的元素对 (a, b)，称为集合 A 与 B 的一个序偶。

A 与 B 的全部序偶所成之集 D 称为 A 和 B 的笛卡儿积，记作 $A \times B$，即
$A \times B = \{(a, b) \mid a \in A, b \in B\}$。

A 与 B 的笛卡儿积的一个子集 R，称为 A 与 B 的一个二元关系。

《易经》中的某些问题，也可以通过集合的笛卡儿积来描述。

《周易》用符号"—"和"--"标志阴与阳，这两个符号构成两仪集：
$L = \{—, --\}$。

将 $L = \{—, --\}$ 作为基础，四象集 S 就是 L 的二重笛卡儿积：
$S = \{⚌, ⚍, ⚎, ⚏\}$。

八卦集 B 则是 L 的三重笛卡儿积：
$B = \{☰, ☱, ☲, ☳, ☴, ☵, ☶, ☷\}$。

每一个别卦，例如屯卦䷂的下卦是震☳，上卦是坎☵，那么屯卦就可以看作是八卦集合 A 与 A 的一个序偶（☳，☵）。全体易卦的集合 Y 则是 B 与 B 的笛卡儿积：$Y = B \times B$。或四象集 S 的三重笛卡儿积：$Y = S \times S \times S$。

二元关系可以看作许多实际问题的数学模型。实际问题中每一个数学的或逻辑的性质都可以在二元关系的数学性质中得到平行的反映。

例如，某工厂要选举正、副厂长。正厂长候选人的集合为 $A = \{赵，钱\}$，副厂长候选人的集合为 $B = \{孙，李，周，吴\}$。选举正、副厂长各一人，那么每一种选举结果，例如赵当选厂长，孙当选副厂长，则（赵，孙）是 A 与 B 的一个序偶（注意（孙，赵）不是 A 与 B 的序偶，因为顺序相反，但它是 B 与 A 的序偶）。A 与 B 不同的序偶共有 $2 \times 4 = 8$ 种。因此，A 与 B 的笛卡儿积有 8 个元素，它们是：

$A \times B = \{$（赵，孙），（赵，李），（赵，周），（赵，吴），（钱，孙），（钱，李），（钱，周），（钱，吴）$\}$。

当然，8 种可能的结果不一定都能在选票中出现，假定选票中只出现 3 种结果：（赵，孙），（赵，李），（钱，孙），则 $A \times B$ 的子集 $R = \{$（赵，孙），（赵，李），（钱，孙）$\}$ 是 A 与 B 的一个二元关系。这意味着，这三种人选的搭配方式受到群众的赞同。

《易经》中的某些问题，也是集合中的一种关系。例如，易卦的每一个爻都由两个部分组成，一个是它的爻位，分为初（一）、二、三、四、五、上（六）；一个是它的爻性，分为阴（六）与阳（九）。因此每一个卦都是集合 $A = \{$初，二，三，四，五，六$\}$ 与集合 $B = \{$六，九$\}$ 的一个二元关系。例如屯卦䷂的 6 个爻是：

$\{$初九，六二，六三，六四，九五，上六$\}$。

就是集合 A 与 B 的一个二元关系：

{九初，六二，六三，六四，九五，六上}。

（三）等价关系

在特殊情况下，当集合 A 与集合 B 相同时，A 与 A 的一个关系简称为 A 的关系，A 的关系中最重要的关系之一是等价关系，它是集合中元素分类的基础。

设 R 是 A 的一个二元关系，若 R 满足条件：

(1) $(a, a) \in R$（反身性）；

(2) 若 $(a, b) \in R$，则 $(b, a) \in R$（对称性）；

(3) 若 $(a, b) \in R$，$(b, c) \in R$，则 $(a, c) \in R$（传递性）；

则称 R 是 A 的一个等价关系。

若 $a, b \in A$，且 $(a, b) \in R$，则称 a 与 b（关于 R）等价，记作 $a \sim b$。

满足等价关系的事例有很多。在数学中数的相等、三角形的全等、三角形的相似等，都是等价关系。但大于关系、小于关系等则不是等价关系。在生活中，如同乡关系、同学关系、兄弟关系等也是等价关系，而师生关系、父子关系等，则明显不是等价关系。

利用等价关系，可以将一个集合的元素分类。设 A 是一个集合，R 是 A 的一个等价关系。在 A 中任取一元素，将 A 中所有与 a 等价的元素归入一类，记作 Ha。即

$Ha = \{x \mid x \in A, (a, x) \in R\}$。

称 Ha 为集合 A（关于 H）的一个等价类。

显然，当 $(a, b) \in R$，则 $Ha = Hb$，所以 Ha 与 Hb 只算一个类。

设 $A_1, A_2, \cdots, A_k$ 是集合 A 关于等价关系 R 的所有不同等价类，那么，$\{A_1, A_2, \cdots, A_k\}$ 叫作集合 A 的一个划分。即将 A 划分成 k 个彼此不相交的非空子集：

(1) $A_i \neq \emptyset$ $(i = 1, 2, \cdots, k)$；

(2) $A_1 \cup A_2 \cup \cdots \cup A_k = A$；

(3) $A_i \cap A_j = \emptyset$ $(1 \leq i < j \leq k)$。

集合 A 对于它的关系 R 的一个划分，称为集合 A 关于 R 的商集，实际上是将 A 的元素按某一标准（等价关系 R）进行了分类。

《系辞上传》说"方以类聚，物以群分"，易卦集 Y 中有许多等价关系，它常常是人们借以对易卦进行聚类、分群的依据，如同下卦关系、同上卦关系、同阳爻个数等，都是等价关系。根据不同的需要，我们可以在易卦中定义许多不同的等价关系，对易卦进行分类、排序。

例如长沙马王堆出土的汉帛书《周易》对于 64 卦的排列，与通行本《周易》的顺序不同，它把 64 卦分成 8 行 8 列，每一行称为一宫。在同一宫中的卦，都具有同一等价关系，即上卦相同。用集合论的语言表示：

设 $a \in Y$，$b \in Y$，当且仅当 a 与 b 的上卦相同时，$(a, b) \in R$。

因此，帛书《周易》卦序方图就是 Y 对于 R 的一个划分。

每一行（即一宫）中的 8 个卦组成 R 的一个等价类，如健宫、根宫等，它的商集则是 8 元集合：

$F = \{$健宫，根宫，赣宫，辰宫，川宫，夺宫，罗宫，筭宫$\}$

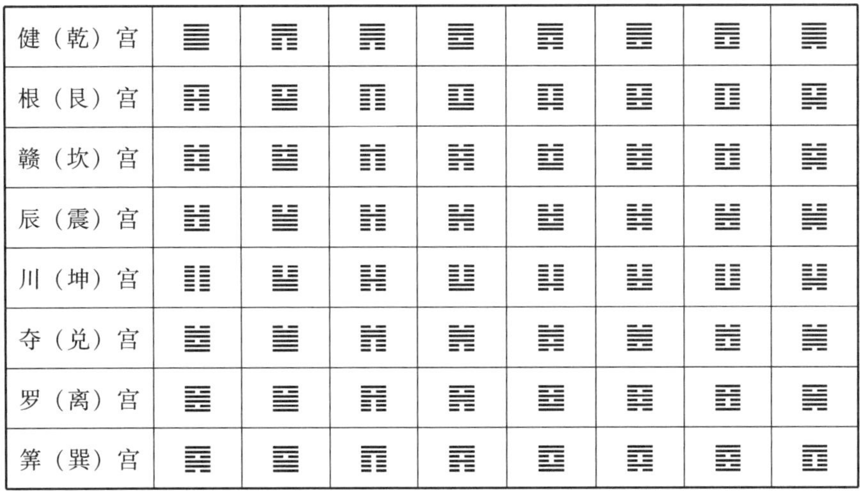

健（乾）宫								
根（艮）宫								
赣（坎）宫								
辰（震）宫								
川（坤）宫								
夺（兑）宫								
罗（离）宫								
筭（巽）宫								

图 2-1-4 汉帛书《周易》卦序方图

在图 2-1-4 中，每一行的 8 卦的上卦都相同，不同行的卦的上卦都不同。

二、易卦与数的进位制

1700 年，莱布尼兹（Laibniz，1646—1716）当选为巴黎法国皇家科学院的外籍院士。1701 年，他给巴黎科学院提交了一篇题为《数字新科学论》的论文，内容是介绍他发明的二进制算术。但是法国科学院以看不出二进制有什么用处为理由，婉言谢绝发表该论文。莱布尼兹本人当时也未看出二进制有何实用价值，也表示暂时不必发表，他准备从数的理论方面进一步研究。后来他得到了在中国传教的法国教士白晋的帮助，白晋把邵雍的《先天八卦图》寄给了莱布尼兹。

莱布尼兹收到了邵雍的伏羲六十四卦图以后，惊奇地发现，易卦与他发明的二进制数具有同构关系。他十分高兴地写信给白晋说，他破译了中国几千年不能被人理解的千古之谜，应该让他加入中国籍。莱布尼兹的这一发现被认为是一个里程碑式的巨大发现。1703 年，正是这个"巨大用处"，使莱布尼兹的经过补充修改的论文《关于仅用 0 和 1 两个符号的二进制算术的说明，并附其应用以及据此解释古代中国伏羲图的探讨》得以立即在法国皇家科学院院报上正式发表。从此二进制算术公之于世，易卦与二进制数之间的对应关系也被揭示出来。

如果把易卦的阴爻和阳爻两个符号作为二进制数的两个数码（0和1），那么64个复卦就表示0～63这64个整数（所有不超过六位的二进制数）。

每一个易卦都可以表示成一个六位的二进制数（为统一计，允许在不足六位的二进制数前补0，使其凑足六位），如：

丰卦☲☳→$101100_2 = 44$；

旅卦☶☲→$001101_2 = 13$。

反过来，每一个不超过六位的二进制数，也一定可以表示为一个易卦，如：

$39 = 100111_2$→无妄卦；

$56 = 111000_2$→泰卦。

因为一个易卦可以表示为一个六位的二进制数，通过二进制数的中介，卦不仅可以表示任何一个自然数，还可以用来设计许多复杂问题的计算模型。

进一步，因为四象（少阳、少阴、老阳、老阴）对应的四进制数依次为0，1，2，3，所以我们也可以用四象作为"四进制数"的四个数码（0，1，2，3）：

把三个"四象"重叠起来就得到一个别卦，那么64个别卦同样表示0～63这64个整数（所有不超过三位的四进制数）。

更进一步，因为八经卦的八进制数依次为0～7，把八个经卦的符号借用为"八进制数"中的八个数码：

把两个经卦重叠起来就得到一个别卦，那么64个别卦也表示0～63这64个整数（不超过两位的八进制数）。

无论是二进制也好，四进制也好，八进制也好，64个别卦都能表示0～63之间这64个连续的自然数。例如噬嗑卦可以表示37的二进制数，也可以表示它的四进制数或八进制数：

☲☳→100101_2（二进制） →211_4（四进制） →45_8（八进制）

$(2^5 + 2^2 + 1 = 37)$　　$(2 \times 4^2 + 4 + 1 = 37)$　　$(4 \times 8 + 5 = 37)$

反过来也一样，把一个自然数无论是写成二进制、四进制还是八进制，都对应同一个卦：

100100_2（二进制）　　→210_4（四进制）　　→44_8（八进制）→☲☳

$(2^5 + 2^2 = 36)$　　$(2 \times 4^2 + 4 = 36)$　　$(4 \times 8 + 4 = 36)$

因此，我们有下面的定理：

定理二　易卦与二进制数之间，可以建立一一对应的关系。

二进制数是电子计算机软件设计的基础，今天，在计算机软件设计中，二进制数早已不够用了，人们开始使用四进制数、八进制数、十六进制数等。易卦是能够与时俱进的，例如借用 16 个四爻卦作为十六进制的数码来表示十六进制数，32 个五爻卦作为三十二进制的数码来表示三十二进制数，等等。

对于二进制数与易卦的关系，或者说莱布尼兹二进制数的发明与邵雍《先天八卦图》的关系究竟是怎样的？从 20 世纪 80 年代起出现了长达二十多年的争论，由此而形成两派意见：一派意见认为邵雍的《先天八卦图》不是二进制的记数方法，或至少不是一种自觉运用的二进制记数方法；莱布尼兹在其发明二进制数之前并未看到邵雍的《先天八卦图》。另一派意见认为，邵雍的《先天八卦图》就是二进制的记数方法，莱布尼兹在其发明二进制数之前看到并借鉴了邵雍的《先天八卦图》。

不过这样的争论并没有多大的实际意义。

第一，偏重于实用的中国古代数学发展史证明，中国从来就使用十进制，邵雍自己都说"十分为百，百分为千，千分为万"（《观物外篇》）。

第二，易卦符号系统的数学含义十分丰富，如果莱布尼兹在其发明二进制数之前看到并借鉴了邵雍的《先天八卦图》，那么像莱布尼兹那样的大数学家，很可能还有别的发现，但是到目前为止似乎并没有发现这一类的史料。

第三，二进制数虽然与易卦具有形式上的同构关系，但并不能进一步阐释易卦作为一种认识世界的模式的本质。二进制数中的 0 和 1 有固定的含义，它们都是数，不能换成别的符号，也不能随便表示其他事物，不具备"一阴一阳之谓道"的功能。二进制数运算的结果始终是一个数，不会有"知幽明""定吉凶"的逻辑结果。

布尔向量则恰恰具有这两方面的功能。

还必须指出的是：过分强调易卦与二进制数的关系，对易学研究是不利的。从纯数学的结构观点看，易卦这套符号系统虽然既可以看成二进制数，又可以看成布尔向量，但后者是比前者更高级的抽象，更接近易卦的本质。

数可以作运算，从这一点着眼，分出了代数结构，易卦集合是一个良好的代数结构。一旦代数结构与数分离，它就成了更高一级的抽象物。它的运算就可以施于其他对象，如逻辑命题、几何变换、文字语言，等等。

数可以比较大小，从这里分出了序结构，序结构一旦与数脱离，就获得了更丰富的内容。如类的包容关系、生物的亲子关系、逻辑的蕴含关系，都可以放在序结构这一抽象概念之下讨论了。

将易卦与数剥离，才能充分发挥易卦类万物的功能。

因此，莱布尼兹发明二进制数之前是否见到过邵雍的八卦图并不重要，重要的是二进制的原理今天成了计算机的基础，而易卦则能与时俱进，同样都可以作为计

算机软件设计的基础。关于这一争论,笔者认为孙小礼教授的意见是正确的:

莱布尼兹曾把他对易图符号系统所作的二进制数解释,看作二进制算术的最成功和最巨大的效用。实际上,应该说,二进制算术与20世纪诞生的电子计算机的结合,释放出二进制算术的强大威力,才真正是二进制算术最成功和最巨大的效用。然而,作为二进制算术发明者的莱布尼茨在当时是不可能预料到的。

易图符号与二进制数对应关系的发现,对于易学研究的推动作用,对于中西文化交流的深远影响,也是作为这一发现者的莱布尼兹所始料未及的。①

三、易卦与布尔向量

从纯数学的结构观点看,易卦这套符号系统虽然可以看成二进制数,但是更重要的是它又可以看成布尔向量,且后者是比前者更高级的抽象,与易卦的关系也更为密切。

(一) 布尔向量

布尔向量是由0和1两个数码按一定顺序排列的数组。即若 a_i 表示0或1,则 $(a_1, a_2, \cdots, a_n)$ (其中 $a_i \in \{0, 1\}$ ($i = 1, 2, \cdots, n$))称为一个 n 维布尔向量。n 称为它的维数,a_i 称为它的第 i 个分量。

如果将易卦的阳爻与1对应,阴爻与0对应,那么每一个易卦都可看成一个6维布尔向量,例如:

益卦䷩→ (1, 0, 0, 0, 1, 1);

涣卦䷺→ (0, 1, 0, 0, 1, 1)。

反过来,任何一个6维布尔向量也就是一个易卦。例如:

(0, 0, 0, 1, 1, 1) →否卦䷋;

(1, 0, 0, 0, 1, 0) →屯卦䷂。

所以,易卦集与6维布尔向量集同构。

n 维布尔向量常被用来作为描述一些具有 n 个因素,而每个因素都有两种对立状态的事物的数学模型。

图2-3-1是某种电子元件的电路图,其中①、②、③、④、⑤、⑥表示六个开关,如果把处于接通状态的开关记作1,把处于断开状态的开关记作0,则此电路的状态可表示为 (0, 1, 1, 0, 0, 1)。

---

① 孙小礼:《莱布尼茨的二进制数与中国易图符号》,《国际易学研究》第二辑,第21~28页,华夏出版社,1996年。

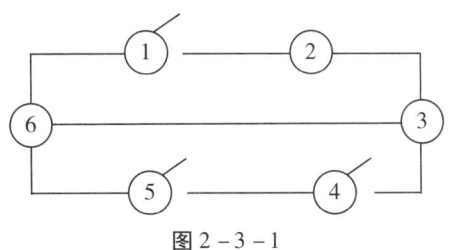

图 2-3-1

某学生参加期终考试，共考 6 门功课，这 6 门功课按固定的顺序排列，该生第一、第四、第五、第六这 4 门功课成绩及格，第二、第三两门功课成绩不及格。如果把及格记作 1，不及格记作 0，则这个考生的成绩可以用一个 6 维布尔向量 (1, 0, 0, 1, 1, 1) 来描述。

从 6 名候选人中选举若干人为代表，当选者记作 1，落选者记作 0，则选民投票的结果可用一个 6 维布尔向量来描述。例如 (1, 1, 0, 0, 0, 1)，表示投票的结果第一、二、六名候选人当选，第三、四、五名候选人落选。

完全类似地，两仪、四象、八卦可以分别看成是一维、二维和三维的布尔向量：

两仪对应一维布尔向量：

⚊ → (1)，⚋ → (0)。

四象对应二维布尔向量：

⚌ → (1, 1)，⚍ → (0, 1)，⚎ → (1, 0)，⚏ → (0, 0)。

八卦对应三维布尔向量：

☰ → (1, 1, 1)，☷ → (0, 0, 0)，☵ → (0, 0, 1)，☶ → (0, 1, 0)，☳ → (0, 1, 1)，☴ → (1, 0, 0)，☲ → (1, 0, 1)，☱ → (1, 1, 0)。

四象、八卦等同样可以作为描述具有相应个数的因素，而每个因素都有两种对立状态的事物的数学模型。

例如，在篮球比赛中，甲方犯规，乙方罚球两次，罚中记为 1，未罚中记为 0，则两次罚球的结果可用四象⚌, ⚎, ⚍, ⚏或二维布尔向量 (1, 1), (1, 0), (0, 1), (0, 0) 来描述。

又例如，某单位要提拔一名干部，从德、才、资三个方面对其进行考察，对其优秀的因素记以 1，不足的记以 0。如果某人德、才有余，但资历尚浅，那么考察的结果就表示为一个 3 维布尔向量 (1, 1, 0) 或兑卦☱。

将一组卦放在一起，便可以排出一个布尔矩阵。例如，乾☰，坤☷，坎☵，离☲四卦，可排成 4×6 维的布尔矩阵：

$$\begin{pmatrix} 1 & 1 & 1 & 1 & 1 & 1 \\ 0 & 0 & 0 & 0 & 0 & 0 \\ 0 & 1 & 0 & 0 & 1 & 0 \\ 1 & 0 & 1 & 1 & 0 & 1 \end{pmatrix} \begin{matrix} \cdots\cdots \\ \cdots\cdots \\ \cdots\cdots \\ \cdots\cdots \end{matrix}$$

布尔矩阵同样是许多事物的数学模型。例如在唐诗中，五言诗与七言诗比较多，六言诗则比较少见。宋朝的文人洪迈在《容斋随笔》中说：他编唐人绝句，七言绝句有 7500 首，五言绝句 2500 首，加起来有一万首，但六言诗却只有 40 首。所以他叹息写六言诗"信乎其难也"。因为六言诗使单双音节的搭配受到一定的限制，所以写的人比较少，佳作更是难觅。不过顾况的这首《过山农家》却写得不错：

板桥人渡泉声，茅檐日午鸡鸣。莫嗔焙茶烟暗，却喜晒谷天晴。

如果在一句六言诗的平仄格式中，用"0"代替平声，用"1"代替仄声，每一句诗的平仄关系便对应一个 6 维布尔向量，全诗的平仄格式就可以转化为一个 4×6 的布尔矩阵。

从以上的论述中，我们看到了易卦与布尔向量的紧密联系，可以把它概括为：

定理三 n 爻卦与 n 维布尔向量同构。

二进制数与布尔向量虽然都与易卦具有形式上的同构关系，而且都是计算机软件设计的基础。但二进制数与易卦的相关性却远不如易卦与布尔向量的关系。只有把易卦更进一步抽象为布尔向量，才有"类万物""定吉凶"的功能，才能对《周易》研究中的一些问题做出较为合理的解释。

（二）布尔代数

布尔向量最初是由英国哲学家布尔（G. Boole，1815—1864）利用数学方法研究逻辑思维法则时引进的。他的研究工作后来发展为一门独立的数学分支——布尔代数。随着电子技术的发展，布尔代数在自动化技术和电子计算机技术中得到了广泛的应用。

在易卦（布尔向量）中定义适当的运算之后，就可以建立起一门新的代数学——布尔代数。

给定一个集合 A，在集合 A 中定义分别称为加法和乘法的两个二元运算"$\oplus$"和"$\otimes$"，它们具有如下性质，即对任意的 $a, b, c \in A$，有

(1) 结合律　$(a \oplus b) \oplus c = a \oplus (b \oplus c)$；$(a \otimes b) \otimes c = a \otimes (b \otimes c)$。

(2) 交换律　$a \oplus b = b \oplus a$；$a \otimes b = b \otimes a$。

(3) 分配律　$a \otimes (b \oplus c) = (a \otimes b) \oplus (a \otimes c)$（加法对乘法的分配律）；
$a \oplus (b \otimes c) = (a \oplus b) \otimes (a \oplus c)$（乘法对加法的分配律）。

(4) 0-1 律　在 A 中存在两个元素 0 和 1，分别称为零元和单位元，具有如下性质：
$a \oplus 0 = 0 \oplus a = a$；$a \otimes 1 = 1 \otimes a = a$。

(5) 互补律　对任一 $a \in A$，存在一个相应的元 a'，称为 a 的补元，使得 $a \oplus a' = 1$；$a \otimes a' = 0$。

则称 A 是一个布尔代数。

一个布尔代数由 6 个要素组成：集合 A；两个二元运算 "$\oplus$" 和 "$\otimes$"；一个求补元的一元运算 "$'$"；零元和单位元。所以有时用符号 $(A, \oplus, \otimes, ', 0, 1)$ 来表示这个布尔代数。在布尔代数中，运算的顺序按通常的习惯：先算括号内，后算括号外。三种运算的顺序是先做 "$'$"，再做 "$\otimes$"，最后做 "$\oplus$"。

现在我们看几个布尔代数的例子：

（1）布尔代数的一个最简单的例子是所谓二值代数：

设 $A = \{0, 1\}$，并规定它的两个运算如下：

+	1	0
1	1	1
0	1	0

×	1	0
1	1	0
0	0	0

则 A 是一个布尔代数，特别地记作 β_1。在 β_1 中，零元是 0，单位元是 1，0 的补元是 1，1 的补元是 0。这个代数称为二值代数。

（2）令 $A = \{a_1, a_2, \cdots, a_n\}$ 为一个 n 元集，令 2^A 表示 A 的幂集（即 A 的所有子集所成之集），则 2^A 对于集合的并、交、补运算构成一个布尔代数，它的零元是空集 $\varnothing$，单位元是全集 A。这个代数称为集合代数。

（3）在传统（形式）逻辑中讨论概念和判断，把判断写成陈述句便是命题。用小写字母 p，q，r，s，$\cdots$ 表示命题。命题的基本性质是它或真或假，但不能兼而有之，命题的真假称为命题的真值。我们用 1 表示真命题，0 表示假命题，$p = 1$ 意味着 p 是真命题，$q = 0$ 意味着 q 是假命题。有些命题是复合的，它们是由另外一些命题通过联结词组成的。组成的方式有：

合取 两个命题 p 和 q 用 "并且" 一词联结，组成一个复合命题，称为原来两个命题的合取，记作 $p \wedge q$。

析取 两个命题 p 和 q 用 "或者"（可兼意义下的 "或者"）联结，组成一个新的命题，称为原来两个命题的析取，记作 $p \vee q$。

否定 在命题 p 中加上联结词 "非" "不" 等，组成新的命题，称为 p 的否定，记作 $\bar{p}$。

合取与析取命题的真值由下表决定：

$p \wedge q$ \ q \ p	1	0
1	1	0
0	0	0

$p \vee q$ \ q \ p	1	0
1	1	1
0	1	0

否定命题$\bar{p}$的真值与p相反，即p真则$\bar{p}$假，p假则$\bar{p}$真。

令$A=\{0,1,p,q,r,\cdots\}$是命题的集合，把命题的析取$p\vee q$看作"$\oplus$"运算，合取"$p\wedge q$"看作"$\otimes$"运算，否定$\bar{p}$看作补运算"'"，0作为零元，1作为单位元。则A是一个布尔代数，这个代数称为命题代数或逻辑代数。

（4）在电路中需要使用开关，每个开关能且只能处于"断开"和"接通"两种状态之一。如果我们规定：

1表示始终处于"接通"状态的开关；

0表示始终处于"断开"状态的开关。

当两个开关p和q必须同时工作而且处于相反的状态，即当$p=1$时，$q=0$或当$p=0$时，$q=1$，则p与q称为反相。

有些开关是由另外一些开关用适当的方式串联或并联组合而成的，如图2-3-2。

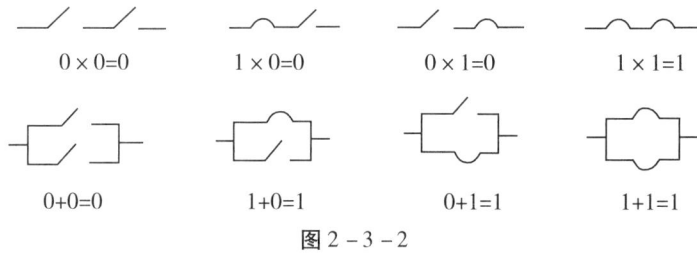

图2-3-2

令A是开关的集合。两个开关的"＋"运算表示它们的并联，两个开关的"×"运算表示它们的串联。开关p的补元是p的反相q，零元是恒断开关0，单位元是恒通开关1，则A是一个布尔代数。这个代数称为开关代数。

现在我们将两仪集$L=\{—,--\}$之中的阳爻"—"对应于二值代数β_1中的1，阴爻"--"对应于β_1中的0，并规定它的两种运算如下：

$\oplus$	—	--		$\otimes$	—	--
—	—	—		—	—	--
--	—	--		--	--	--

则L与β_1同构。所以$L=\{—,--\}$是一个布尔代数，特别是一个二值代数。我们不妨称它为阴阳代数。

把两仪集的运算"$\oplus$"和"$\otimes$"推广到多爻的卦上，如四象集、八卦集、易卦集上，运算的方法是在同一爻位上的两爻按阴阳代数的法则运算，例如：

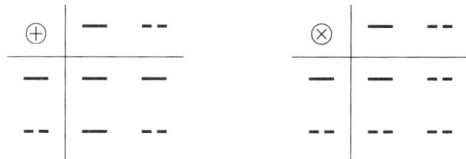

那么不难验证，四象集、八卦集、易卦集对于运算"$\oplus$"和"$\otimes$"都构成一个布尔代数。全阳的乾卦是它的单位元，全阴的坤卦是它的零元，一个卦的旁通卦是

它的补元。

我们不妨称它为易卦代数。

布尔向量是现代决策理论的重要数学模型，与之同构的易卦理所当然地也有可能是古人思维决策的模型。因为它是本书反复论述、强调的重点，以后还有专门的论述，此处从略。

四、易卦与群论

群是现代数学中一个极为重要的概念。它是 19 世纪法国青年数学家伽罗华（E. Galois，1811—1832）在研究五次以上代数方程的解法时于 1832 年引进的。群不仅在数学的各个分支中，而且在许多理论科学和技术科学中都有十分重要的应用。如相对论中的洛伦兹群、量子力学中的李群，都是现代科学中常识性的工具。今天群论已发展成为一门艰深的数学分支。我们将看到，在适当地定义了易卦集（类似地，对两仪、四象、八卦的集也一样）的运算之后，易卦集就成为一个交换群。它与数学中的模 2 加群同构，而且有许多有趣的子群。

（一）群与子群

设 G 是一个非空集合，如果在 G 中定义一种二元运算（通常把这个运算叫作乘法，乘号一般省略不写），这个运算满足下列条件：

（1）乘法运算是封闭的，即对任意的 $a,b \in G$，其积 $ab=c$ 仍是 G 的元素。

（2）乘法运算满足结合律，即对任意的 $a,b,c \in G$，都有 $(ab)c=a(bc)$。

（3）G 中有一个单位元，即 G 中存在元素 e，对于任意的 $a \in G$，都有 $ea=ae=a$。

（4）G 中每一个元素都有逆元，即对任意的 $a \in G$，G 中存在元素 a^{-1}（a^{-1} 可以与 a 相同），使得 $aa^{-1}=a^{-1}a=e$。

则 G 称为一个群。

若 G 的乘法还满足交换律，即对任意的 $a,b \in G$，都有 $ab=ba$，则称 G 为交换群或阿贝尔群。

一个最简单的群的例子是 $M=\{1,-1\}$，M 的乘法是普通的有理数的乘法"×"，我们来逐条验证 M 满足群的四个条件：

（1）$1 \times 1 = 1$，$1 \times (-1) = -1$，$(-1) \times 1 = -1$，$(-1) \times (-1) = 1$。

可见 M 对于它的乘法是封闭的。

（2）M 的乘法是普通的乘法，有理数的乘法满足结合律和交换律，M 的乘法当然也满足结合律和交换律。

（3）因为 M 中的 1 对于 M 的全部元素 1 和 -1 都满足 $1 \times 1 = 1$，$1 \times (-1) = $

（-1）×1 = -1。所以1是M的单位元。

（4）因为1×1 = 1，（-1）×（-1）= 1，即M的元素1有逆元1，-1有逆元-1。

可见M满足群的4个条件，所以M是一个群；同时因乘法满足交换律，故M还是一个交换群。

现在，我们对两仪集$L = \{—, --\}$来定义一个乘法"×"：

将A中的阳爻"—"与1对应，阴爻"--"与-1对应，定义A的乘法为：

— × — = —　{1×1 = 1}；

— × -- = --　{1×（-1）= -1}；

-- × — = --　{（-1）×1 = -1}；

-- × -- = —　{（-1）×（-1）= 1}。

这个乘法与有理数乘法的符号规则"同号得正，异号得负"类似，可以把这个乘法规则称为"同性得阳，异性得阴"。

因为我们对两仪集$L = \{—, --\}$规定的乘法与$M = \{1, -1\}$的乘法完全一样，所以A与M同构。因为M是一个群，所以两仪集A也是一个群，我们称它为两仪群。类似地，它的单位元是"—"，每一个爻都是它自己的逆元。

我们也可以给两仪集$L = \{—, --\}$定义另一种运算，称它为加法"+"：

— + — = —，— + -- = —，-- + — = —，-- + -- = --。

在$A = \{—, --\}$与$M = \{1, -1\}$之间建立对应关系：

"—" → （-1），"--" → 1。

则L仍与M同构，故L是一个群。它的单位元是"--"，每个爻是它自己的逆元。这个群称为"模2加群"。

本书中一般只使用L的乘法。

很容易把A的乘法推广到四象集、八卦集、易卦集上。

以八卦集为例，即两卦相乘时，只分别在两卦相同爻位上进行"同性得阳，异性得阴"的乘法。如果两个卦在同一爻位上的爻性相同，那么乘积在该爻位就得到阳爻；如果两个卦在同一爻位上的爻性相反，乘积在该爻位就得到阴爻，如图2-4-1所示。

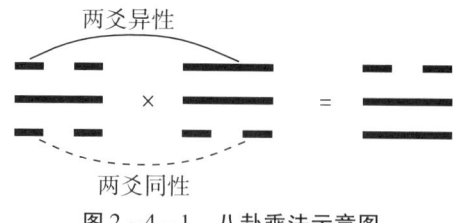

图2-4-1　八卦乘法示意图

对四象集、八卦集、易卦集定义了乘法之后，就得到相应的群。我们不妨称之为四象群、八卦群、易卦群。

对于易卦群，易知：乾卦☰是它的单位元；每一个卦都是它自己的逆元。

定理四 在易卦集合中定义"同性得阳，异性得阴"的乘法之后，则易卦集合是一个交换群。

设 G 是一个群，H 是 G 的一个子集合，如果对 G 的乘法，H 本身也是一个群，则称 H 为 G 的子群。

对于易卦群 Y，有许多有趣的子群，如：

单位元☰作为 G 的一个子群：$E = \{☰\}$；

乾☰、坤☷两卦也作为 G 一个子群：$Q = \{☰, ☷\}$；

乾☰、坤☷、坎☵、离☲四卦也是 G 的子群：$K = \{☰, ☷, ☵, ☲\}$；

八经卦也是 G 的子群：$B = \{☰, ☷, ☵, ☲, ☳, ☴, ☶, ☱\}$。

并且易见，E、Q、K、B、Y 中，前一个依次是后一个的子群。

（二）陪集与划分

在集合的"关系"一节中，我们介绍了易卦集 Y 的划分，划分的标准依赖于一个"关系"，现在我们介绍怎样利用 Y 的子群对 Y 作划分。

不难证明，若一个有限群 G 有 n 个元素，它的子群 R 有 m 个元素，则 m 必是 n 的因数。因为易卦群 Y 有 64 个元素，所以 Y 的子群的元素个数只能为 1，2，4，8，16，32，64。

设 R 是交换群 G 的一个子群，x 是 G 中一个固定的元素。对所有的 $r \in R$，作乘积 rx，它们所成的集合称为 R 的陪集，记作 X_R。陪集具有下列性质：

（1）R 的任何一个陪集都与 R 有相同个数的元素。

（2）设群 G 有 n 个元素，它的子群 $R = \{r_1, r_2, \cdots, r_m\}$ 有 m 个元素，则 R 有 $k = \dfrac{n}{m}$ 个陪集。

（3）在交换群 G 关于子群 R 的所有 k 个陪集中分别取一个元素 $b_1, b_2, \cdots, b_k$，则称元素组 $b_1, b_2, \cdots, b_k$ 为 R 的一个完系。

k 元子集 $B = \{b_1, b_2, \cdots, b_k\}$ 能作为 m 元子群 R 的一个完系的充分必要条件是 B 中任何两个不同元素的乘积都不是 R 的元素。

现在把这些性质具体化为易卦群 Y 的一个特殊定理，并称它为方图定理：

定理五（方图定理） 设 R 是易卦群 Y 的一个 8 阶子群，即 $R = \{r_1, r_2, r_3, r_4, r_5, r_6, r_7, r_8\}$；$B = \{b_1, b_2, b_3, b_4, b_5, b_6, b_7, b_8\}$ 是 R 的一个完系。那么，以 R 的 8 个卦 $r_1, r_2, r_3, r_4, r_5, r_6, r_7, r_8$ 作横行，以 B 中的 8 个卦 $b_1, b_2, b_3, b_4, b_5, b_6, b_7, b_8$ 为纵列，利用 Y 的乘法做出如下的乘法表（图 2-4-2）：

×	r_1	r_2	r_3	r_4	r_5	r_6	r_7	r_8
b_1	b_1r_1	b_1r_2	b_1r_3	b_1r_4	b_1r_5	b_1r_6	b_1r_7	b_1r_8
b_2	b_2r_1	b_2r_2	b_2r_3	b_2r_4	b_2r_5	b_2r_6	b_2r_7	b_2r_8
b_3	b_3r_1	b_3r_2	b_3r_3	b_3r_4	b_3r_5	b_3r_6	b_3r_7	b_3r_8
b_4	b_4r_1	b_4r_2	b_4r_3	b_4r_4	b_4r_5	b_4r_6	b_4r_7	b_4r_8
b_5	b_5r_1	b_5r_2	b_5r_3	b_5r_4	b_5r_5	b_5r_6	b_5r_7	b_5r_8
b_6	b_6r_1	b_6r_2	b_6r_3	b_6r_4	b_6r_5	b_6r_6	b_6r_7	b_6r_8
b_7	b_7r_1	b_7r_2	b_7r_3	b_7r_4	b_7r_5	b_7r_6	b_7r_7	b_7r_8
b_8	b_8r_1	b_8r_2	b_8r_3	b_8r_4	b_8r_5	b_8r_6	b_8r_7	b_8r_8

图 2-4-2

则就图 2-4-2 中的横行而论，恰好是易卦群 Y 对子群 R 的一个划分。

卦序问题一直是易学研究中悬而未决的难题，前人对 64 卦的排列有多种不同方式，现在我们来分析一下几种方图卦序与方图定理的联系。

（1）图 2-4-3 是所谓"京房卦变八宫卦次图"。对于这个图的来历，人们都觉得很神秘，其实它只是易卦群 Y 对八纯卦所成的子群 R 的一个划分。

八个纯卦所成的 8 元子群是：

$R = \{$坤䷁，乾䷀，兑䷹，艮䷳，离䷝，坎䷜，巽䷸，震䷲$\}$。

再考虑下面的 8 个卦：

$B = \{$乾䷀，姤䷫，遁䷠，否䷋，观䷖，剥䷖，晋䷢，大有䷍$\}$。

不难验证，这个 8 元子集中的任何两个不同的卦，其乘积都不是 R 中的卦，因此 B 是 R 的一个完系。将 R 的元素作为横行，B 的元素作为纵列，作出乘法表即图 2-4-2，就得到易卦群 G 的一个划分（图 2-4-3），也就是京房卦变八宫卦次图。

	太阴 第一	太阳 第二	少阴 第三	少阳 第四	仲阴 第五	仲阳 第六	孟阴 第七	孟阳 第八
本宫	坤	乾	兑	艮	离	坎	巽	震
一世	复	姤	困	贲	旅	节	小畜	豫
二世	临	遁	萃	大畜	鼎	屯	家人	解
三世	泰	否	咸	损	未济	既济	益	恒
四世	大壮	观	蹇	睽	蒙	革	无妄	升
五世	夬	剥	谦	履	涣	丰	噬嗑	井
游魂	需	晋	小过	中孚	讼	明夷	颐	大过
归魂	比	大有	归妹	渐	同人	师	蛊	随

图 2-4-3　京房卦变八宫卦次图

(2) 著名的"伏羲六十四卦卦序方图"如图 2-4-4 所示：

坤	剥	比	观	豫	晋	萃	否
谦	艮	蹇	渐	小过	旅	咸	遁
师	蒙	坎	涣	解	未济	困	讼
升	蛊	井	巽	恒	鼎	大过	姤
复	颐	屯	益	震	噬嗑	随	无妄
明夷	贲	既济	家人	丰	离	革	同人
临	损	节	中孚	归妹	睽	兑	履
泰	大畜	需	小畜	大壮	大有	夬	乾

图 2-4-4 伏羲卦序方图

考虑集合：

$H = \{$泰，大畜，需，小畜，大壮，大有，夬，乾$\}$

不难检验，集合 H 是易卦群 G 的一个子群。

再考虑 G 的另一子群 B：

$B = \{$否，遁，讼，姤，无妄，同人，履，乾$\}$

B 是易卦群 Y 的子群，对 Y 的乘法封闭，其中任何两个不同卦的乘积都不会属于 H，故为 H 的一个完系。今取子群 H 的元素为横行，B 的元素为纵列，做出图 2-4-2 的乘法表，即得易卦群 Y 对 H 的一个划分，就得到伏羲卦序方图 2-4-4。

(3) 图 2-4-5 是长沙马王堆出土的汉帛书《周易》中对 64 卦的排列图，图中将 64 卦分成 8 宫，分别称为健（乾）宫、根（艮）宫、赣（坎）宫、辰（震）宫、川（坤）宫、夺（兑）宫、罗（离）宫、筭（巽）宫（为方便计，将其"翻译"成了通用卦名），每宫 8 个卦，构成一个 8×8 方图。

	乾宫第一	艮宫第二	坎宫第三	震宫第四	坤宫第五	兑宫第六	离宫第七	巽宫第八
第一卦	乾	艮	坎	震	坤	兑	离	巽
第二卦	否	大畜	需	大壮	泰	夬	大有	小畜
第三卦	遁	剥	比	豫	谦	萃	晋	观
第四卦	履	损	蹇	小过	临	咸	旅	渐
第五卦	讼	蒙	节	归妹	师	困	睽	中孚
第六卦	同人	贲	既济	解	明夷	革	未济	涣
第七卦	无妄	颐	屯	丰	复	随	噬嗑	家人
第八卦	姤	蛊	井	恒	升	大过	鼎	益

图 2-4-5 帛书《周易》卦序方图

图中第一横行的 8 个卦就是 8 个纯卦所成的子群 R（与通常的排列顺序不同）：

$R = \{乾☰, 艮☶, 坎☵, 震☳, 坤☷, 兑☱, 离☲, 巽☴\}$。

再看第一纵列的卦：

$B = \{乾䷀, 否䷋, 遁䷠, 履䷉, 讼䷅, 同人䷌, 无妄䷘, 姤䷫\}$

这 8 个卦也构成易卦群 Y 的子群，对于乘法封闭，所以没有任何两个不同卦的乘积等于 R 中的卦，因而是子群 H 的一个完系。将 R 中的 8 个卦作横行，B 中的 8 个卦作纵列，作乘法表即图 2-4-2，就得到易卦群 Y 的一个划分（图略）。然后对划分中各纵列的某些卦（在该列中）适当地上下调整，即得帛书《周易》卦序方图（图 2-4-5）。

图 2-4-5 是一个很有趣的排序，如果我们用 K_1，K_2，…，K_8 分别代表第一宫，第二宫……第八宫中的卦所成之集，则有

K_1	K_2	K_3	K_4	K_5	K_6	K_7	K_8		①
K_1		K_3		K_5		K_7		（取奇数位上 4 个）	②
K_1				K_5				（取奇数位上 2 个）	③
K_1								（取奇数位上 1 个）	④

上表第一行中的 8 宫构成 64 阶的易卦群 Y，取位于奇数位的 4 宫，即得 Y 的一个 32 阶子群；再取奇数位上的 2 宫，得一 16 阶子群；再取奇数位上的 1 宫，得一 8 阶子群。把这个程序倒过来，从第一宫的 8 阶子群逐步扩张为 16 阶、32 阶、64 阶的易群 Y，从扩张过程中即得到了可调整成帛书《周易》卦序方图的划分。

综上所述，我们可以得出如下的结论：

方图卦序都可以看作是易卦群 Y 对其子群的划分。适当选择子群 R 和它的一个完系 B，按照方图定理做出 Y 的划分，再适当调整，就得到一些不同的方图卦序。所有的方图卦序，其构图原理在本质上是一致的。

（三）运算与卦变

汉代象数易学家在易学中引进了"卦变"之说，他们所用的卦变方法门类繁多，有诸如往来、消息、旁通等等。但万变不离其宗，所有的这些卦变都可以看作易卦群 Y 中卦与卦之间的一种乘法运算，兹略述如下。

1. 往来

将一个卦 Z 中爻性相反的两个爻交换位置就得到一个新卦 U，这种卦变方法称为"往来"。例如：遁卦䷠的第二爻和第三爻爻性相反，交换这两个爻的位置就得到讼卦䷅。从 Z 变为 U，相当于将 Z 乘一个"二阴之卦" V，两个阴爻的位置恰好在要交换的两爻，即第二爻和第三爻上，这个卦是无妄卦䷘，于是：

$$Z \times V = ䷠ \times ䷘ = ䷅ = U$$

2. 消息

将一个卦 Z 的某爻（或某几爻）改变其爻性而得到另一个卦 U 的卦变方法称为

"消息"。将阳爻改为阴爻称为"消",将阴爻改为阳爻称为"息"。例如将坤卦䷁的第一爻阴爻"息"去,使其变为阳爻,就得到一个复卦䷗,这相当于用一个"一阴之卦"V去乘坤卦,V的阴爻的位置与Z中要息去的爻在同一爻位上,即姤卦䷫。于是

$$Z \times V = ䷁ \times ䷫ = ䷗ = U$$

又例如,设Z为革卦䷰,要将其第三和第五两个阳爻"消"去,变为阴爻,就得到震卦䷲,这相当于用一个"二阴之卦"V(两个阴爻位于要"消"去的爻位上,即睽卦䷥)去乘革卦䷰的结果:

$$Z \times V = ䷰ \times ䷥ = ䷲ = U$$

3. 旁通

将一个卦的6个爻同时改变爻性的卦变方法叫作"旁通"。例如屯卦䷂与鼎卦䷱互为旁通,用"六阴之卦"坤卦䷁乘其中任一个就得到另一个。

$$䷂ \times ䷁ = ䷱ \qquad ䷱ \times ䷁ = ䷂$$

4. 反对

将一个卦倒转过来得一新卦,称为原卦的覆卦。覆卦的卦象称为原卦的反对之象。例如节卦䷻和涣卦䷺互为覆卦。如果用大过卦䷛去乘其中任何一个,都可以得到它的反对之象:

$$䷻ \times ䷛ = ䷺ \qquad ䷺ \times ䷛ = ䷻$$

对于一个卦Z,要找到一个卦V,使Z乘V后得到它的反对之象,V可按下述的程序构作:

将Z与V的六爻都分成三组:第一爻与第六爻一组,第二爻与第五爻一组,第三爻与第四爻一组。若Z的某组两爻的爻性相同,则V相应的组两爻都取阳爻;若Z的某组两爻的爻性相反,则V相应的组两爻都取阴爻。当Z为节卦䷻(或涣卦䷺)时,它的第一爻与第六爻两爻异性,所以V的第一爻与第六爻都取阴爻;Z的第二爻与第五爻、第三爻与第四爻的两爻都同性,所以V的第二爻与第五爻、第三爻与第四爻取阳爻,即得大过卦䷛。

5. 上下象易

将一个卦的上、下两个经卦互相调换位置得到一新卦,称为"上下象易"。例如将谦卦䷎的上下两个经卦交换位置,便得剥卦䷖,则谦卦䷎与剥卦䷖互为上下象易。用兑卦䷹去乘其中任何一卦,便得到它的上下象易。

对于一个卦Z,要找到一个卦V,使Z乘V后得到它的上下象易,V可按下述的程序构作:

象数易学家把一个卦的6个爻分成三组,称为"相应"。

第一爻与第四爻相应,第二爻与第五爻相应,第三爻与第六爻相应。两个相应的爻如果同性,称为"敌应";如果爻性相反,称为"顺应"。若Z的某组两爻顺

应，则 V 相应的组两爻都取阴爻；若 Z 的某组两爻敌应，则 V 相应的组两爻都取阳爻。当 Z 为谦卦☷☶（或剥卦☶☷）时，第一爻与第四爻、第二爻与第五爻都是敌应，所以 V 的第一爻与第四爻、第二爻与第五爻都取阳爻；Z 第三爻与第六爻顺应，所以 V 第三爻与第六爻都取阴爻，因而得到一个兑卦☱☱。

可以证明，在一个群 G 中，对于任何两个元素 A、B，方程 $Ax=B$ 在 G 中有解。换言之，对于任何两个卦 A、B，一定可以利用上述的卦变方法，使 A 变成 B。

更简明地说，卦变不外乎是改变一个卦中某几爻的爻性，我们只要依次用几个一阴之卦去乘就行了。例如要将旅卦☲☶变为大壮卦☳☰，需要改变其第一、第二和第六三个爻的爻性，只要用第一、第二、第六三个爻是阴爻，其余三爻为阳爻的卦☱☶（咸卦），去乘旅卦即可，即 ☳☰ = ☱☶ × ☲☶。

电脑的发明使人类文明走向了数字化、网络化和集成化的信息革命时代，计算或算法的观念已经渗透到许多学科领域。把易学研究中一些传统问题转化为计算，是值得探索的方向。计算所用到的数学主要是离散数学，易卦这套抽象的符号系统，则几乎包含了现已用到的离散数学的主要内容。

第三章
易卦符号系统与易经的关系

古今中外，释《易》、注《易》之书不少于三千种。但是，《周易》究竟是一部什么样的书，它的基本内容是什么，至今仍然众说纷纭，迄无定论。正如《四库全书·总目提要》指出的那样：

易道广大，无所不包，旁及天文、地理、乐律、兵法、韵学、算术、以逮方外之炉火，皆可援《易》以为说，好异者又援以入《易》，故易学愈繁。

这种现象，今天仍然在继续。为什么会出现这种奇怪的现象呢？归根结底就在于人们对易卦与《易经》的关系认识不同。

易卦是一套符号系统，一个抽象的符号系统表示什么东西，本来就可以因人、因事、因时、因地而异。如果离开了《易经》的卦爻辞，孤立地去谈符号，那就有可能什么都是，什么都不是；这样说有理，那样说也有理，只能使"易学愈繁"。更何况易卦又不是一种普通的符号系统，它有极为强大的建模功能和深刻的数学背景，它的复杂性和多功能性，本书已经在前两章中作了粗略的阐述。

长期以来，人们对易卦这套符号系统的认识，大抵来自三个方面：

第一，中国古代自然哲学主张感应原理，认为事物以气为中介相互关联，基本规则是同类相感。《荀子·王制》云："水火有气而无生，草木有生而无知，禽兽有知而无义，人有气、有生、有知且有义，故为天下贵也。"荀子的哲学理念认为世上万事万物都含有气，为建立以气为中介的关联原理提供了基础。《易传》最早提出气的感应观念。"二气感应以相与……天地感而万物化生……观其所感，而天下万物之情可见矣"（《咸·彖传》）"同声相应，同气相求……各从其类。"（《乾·文言》）《吕氏春秋·应同》说："类固相召，气同则合，声比则应，鼓宫而宫动，鼓角而角动。平地注水，水流湿。均薪施火，火就燥。山云草莽，水云鱼鳞，旱云烟火，雨云水波，无不皆其所生以示人。"进一步将感应原理具体化。《淮南子·览冥训》则将《吕氏春秋》的"类固相召，气同则合"发展为"阴阳同气相动"，认为"若夫以火能焦木也，因使销金，则道行矣。若以磁石之能连铁也，而求其引瓦，则难矣。物故不可以轻重论也。夫阳燧之取火于日，磁石之引铁；蟹之败漆，葵之向日，虽有明智，弗能然也。故以智为治者，难以持国，唯通于太和而持自然之应者，为能有之。"

这些言论以自然物"召类"现象建立感应原理，再以此原理为基础建立天人之际的关系。《乾·文言》云："夫大人者，与天地合其德，与日月合其明，与四时合其序，与鬼神合其吉凶。先天而天弗违，后天而奉天时。天且弗违，而况于人乎？况于鬼神乎？"明确地肯定了感应原理在自然与人之间的相互作用，易卦则是反映这一原理的图象。

第二，英国逻辑学家怀德海的"象征指涉理论"认为，对于两个不同的知觉系统，借着一些约定，通过人为的方式可以建立起共同的基础，在这两种知觉系统之间，当某一种知觉，唤起另一种知觉中相关的、融合的感情、情绪和导出行为时，两种知觉间的"象征指涉"就存在了。那些融合的感情、情绪和导出的行为，分属于这一对相关知觉，并且借着这种交互作用而增强。由于易卦是一种具有许多特殊功能的符号，具有广泛的适用性，使得它很容易与其他知觉系统建立联系而制造"共同的基础"，因而产生"象征指涉"。人们可以将易卦解释为某种事物，反过来又可以将该事物"援易以为说"，就是很自然的事情。

人们从卦象的象征系统中得到启示，产生了宇宙哲学和人生哲学系统；又反过来用形成的哲学观点阐释卦象的象征系统和《易》的原始经验。当一类经验和一组知觉符号的形式组成了产生象征指涉的共同基础，并使其相互关联成为可能时，便可以发展出一个或更多的思想系统。这些系统通过感应统一的方式，使原始经验中的实体得到多姿多彩的表征。例如，当先民们将八经卦与八种自然物对应之后，一方面，先民们从实际天象中看到了"天地定位，山泽通气，雷风相薄，水火不相射"等自然现象，它们都具有阴阳、动静、刚柔等两种对立的状态；另一方面，又看到了易卦的阴爻与阳爻也能够表示两种对立的状态，八卦成列，刚柔相易，上下相推。因此易卦与宇宙之间，就有了一种共同的基础。其相互之间的象征指涉就存在了。例如，乾卦的内外卦都是乾，乾的象是天，内外皆乾即天外有天之象。既然天外有天，人们就必须谦虚谨慎，所以君子要"终日乾乾，夕惕若厉"，要防止"亢龙有悔"。

第三，易卦是一套具有深刻的数学背景的符号系统，数学符号不仅具有高度的抽象性和广泛的适用性，还常常使人产生神秘感。古希腊罗马时代的神数观念，毕达哥拉斯学派万物皆数的观念，都是典型的例子。德国哲学家卡西尔（E. Cassirer，1874—1945）写道：

像语言和艺术的符号一样，数学的符号从一开始就被某种巫术的气氛所环绕，人们带着宗教的畏惧和崇拜来看待它们，以后，这种宗教的神秘信仰慢慢地发展为一种形而上学的信仰。①

因此，哲学家见到《易经》，从中悟出弥纶天地的大道理；数学家见到《易

---

① 卡西尔著，甘阳译：《人论》，第275页，上海译文出版社，1986年。

经》，联想到数的二进制；中医从《易经》中归纳出养生之道；术士也可借《易经》建立风水之学，都是不足为怪的。

易道广大的原因在此，易学愈繁的原因也在此。

究竟应该怎样认识易卦与《易经》的卦爻辞之间的关系呢？这是易学研究中首先要回答的问题，历代易学家是怎样对待这个问题的呢？

《易经》的每一卦中都包含三个部分：卦画、卦爻辞及其共同反映的主题思想。借用魏晋时王弼的话说：

卦画是表示事物的象征——象；

卦爻辞是说明事物的文字——言；

卦与辞共同说明的思想——意。

《易经》每一卦中的"象""意""言"三者之间是一种什么样的关系？这是《易经》研究中不可避免的、首先要回答的一个问题。因为"象""意""言"三者之间相互关联，为了方便，笔者把这个问题称为"三角形问题"（图3-0-1）。

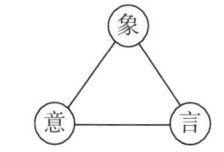

图3-0-1　三角形问题

历代易学家研究的分野，大多是由于对"三角形问题"的答案不同而产生的。一般来说，历代易学家研究《周易》的主要方法大体可以分为四种类型：象数派、义理派、训诂派和科学派。他们对"三角形问题"的答案也就可以分为相应的四种类型，兹分别简述如下。

一、依象立意、由意生言的象数派

第一种类型以象数派的研究为代表，象数派的研究者们使用象数之学研究《周易》。《系辞下传》说：

古者包牺氏之王天下也，仰则观象于天，俯则观法于地，观鸟兽之文，与地之宜，近取诸身，远取诸物，于是始作八卦，以通神明之德，以类万物之情。

《系辞上传》说：

圣人、设卦、观象，系辞焉而明吉凶。

象数学派根据这一观点建立了他们的易学体系。

象数学家认为《周易》的八经卦是八种自然物的象征，而《周易》中的每一个别卦都是由上下两个经卦重叠而成的，因而可以看成是两种自然物的适当组合，它们的象征意义就是所谓的"卦象"，如下表所示：

卦名	乾	坤	艮	兑	坎	离	震	巽
卦画	☰	☷	☶	☱	☵	☲	☳	☴
卦象	天	地	山	泽	水	火	雷	风

《易经》的卦爻辞则是根据"卦象"而写下的，它们具有"类万物""通神明""明吉凶"的功能。因此易卦与经文是一个不可分离的整体，经文中的每一句话都必须紧扣卦象来解释。例如，讼卦的卦画是䷅，上卦乾☰象征天，下卦坎☵象征水，讼卦就是"天在水上"之象。《象传》的解释说："天与水违行，讼。"意谓天与水相违行事，故发生争讼。天与水怎么会相违行事呢？孔颖达《周易正义》进一步解释说："天道西转，水流东注，是天与水相违而行，象人彼此两相乖戾，故致讼也。"又如晋卦的卦画是䷢，上卦离☲象征火，火是光明的；下卦坤☷象征地，因此晋卦之象就是"光明出于地上"。程颐《易传》注释说："为卦离在坤上，明出地上也。明出于地，升而益明，故为晋。""晋"的本意是升。

但是由于《易经》的文字古奥，含义难明，而且过于简略，并非所有的卦都可以这样顺理成章地解释，象数学家对于某些卦也无法自圆其说。

例如泰、否两卦就是如此。否卦䷋是乾上坤下，即天在地上，宇宙间的确是这种现象；而泰卦䷊却是坤上乾下，即地在天上，宇宙间并不存在这种现象。为了解决这类矛盾，大约成书于战国时代的《说卦传》，进一步把八种自然物抽象为八种属性，天的属性是刚健，地的属性是柔顺，等等，从而把八经卦转变成八种抽象属性的象征。于是，对于泰卦的乾下坤上，就不再用"地在天上"来解释了，而把天与地的本身转化为"天地之气"，乾卦便成了天的阳刚之气与地的阴柔之气上下交融的象征。孔颖达《周易正义》："天地气交而生养万物，物得大通，故云泰也。"程颐《易传》："天地交而阴阳和，则万物茂遂，所以泰也。"

引进八经卦的属性之后，扩宽了解释易卦的范围，但仍感不足。《说卦传》又将八种抽象的属性反过来去考察万事万物，从而使八经卦与宇宙这个系统的各个子系统的事物相对应。例如，对于动物这一子系统，象数学家认为，马有刚健的德性，牛有柔顺的德性，等等，从而又衍生出乾卦之象为马，坤卦之象为牛，等等。

象数学派的研究方法曾长期统治《周易》的研究领域。他们使用卦象来注释经文，但是因为他们把易卦囿于一些自然物的象征，无论卦爻辞讲的是什么，他们都拿卦象去比附，很多地方与卦爻辞无法吻合，难以自圆其说。例如无妄卦䷘的六三爻辞说："无妄之灾，或系之牛，行人之得，邑人之灾。"它的意思是什么？历来都不得其解。虞翻的注释却说，无妄卦可以衍变出乾、坤、坎、艮、震、巽六个卦，坎卦代表凶险，所以说有"无妄之灾"，坤卦为牛，艮卦为鼻，为止；巽卦为桑树，为绳子。因此全卦就有用绳子系住牛鼻而止于桑树下的形象，所以说"或系之牛"。

乾卦之象为行人，坤卦之象为邑人，所以说"行人之得，邑人之灾"。这样的解释实在令人难以接受。

象数学家处理三角形问题的方法是线性的：依象立意，由意生言。把三角形简化为直线，如图 3-1-1 所示：

图 3-1-1　象数派的研究方法

经过种种的努力，象数学派始终无法做到自圆其说，他们关于"三角形问题"的答案是不能令人满意的。对于象数之学的方法、意义、作用和缺陷，本书还将做专门的论述，此处从略。

二、得意忘象、得意忘言的义理派

象数之学由于它不能自圆其说，终于使自己走到了山重水复的地步。到了魏晋，王弼注《周易》时，才一扫汉人的象数之学，提出了"得意忘象，得象忘言"的新观点。他说："夫象者，出意者也；言者，明象者也。尽意莫若象，尽象莫若言。言生于象，故可寻言以观象，象生于意，寻象以观意。意以象尽，象以言著，故言者所以明象，得象而忘言；象者所以存意，得意而忘象。"又说："立象以尽意，而象可忘也；重画以尽情，而画可忘也。"（《周易略例·明象》）

王弼认为：象（卦的象征）、意（卦的主题思想）、言（卦的说明文字）三者的关系是：象是产生意的，言是说明象的。要尽情地表达意，莫过于象；要清楚地说明象，莫过于言。言只是一种说明象的工具，而象则是表达意的一种方式。既然已经得象，原来用以说明象的言就可以"忘记"了；既然已经得意，用以表达意的手段也同样可以"忘记"了。最终需要的只是意，只要对意的内涵与精神实质充分发挥，就能真正地读懂《周易》，"忘象以求其意，义斯见矣！"王弼将"言""象""意"排了一个次序。认为"言"生于"象"，"象"生于"意"。所以，寻言是为了观象，观象是为了得意。言—象—意，这是一个系列，前者均是后者的工具，后者均是前者的目的。目的是重要的，工具只是为目的而存在，目的达到了，工具就像敲门砖一样，也就不必要了。

后人把他们的研究方法称为义理派。义理派的特点是：在注释经文时，首先也和象数派一样，根据一个卦的卦画和某些卦爻辞，确定它的卦象是什么，一旦卦象认定以后，就不再像象数派的学者那样，继续死扣着卦象去解释经文，而是根据卦的"象"确定卦的"意"，并称之为"义理"，认定了卦的"义理"之后，就完全抛开卦象和卦爻辞，而从所谓"义理"上去发挥。例如咸卦䷞艮下兑上，《说卦传》说："艮三索而得男，故谓之少男；兑三索而得女，故谓之少女。"咸卦之象是在下的少男追求在上的少女，因此咸卦的"意"是讲男女婚恋之道的。《荀子·大略》中说："《易》之咸，见夫妇，夫妇之道不可不正也。"于是义理学派就按咸卦是讲夫妇之道这个主题去发挥咸卦的微言大义。

义理派虽然排除了"象数之学"的烦琐方法，但他们的"义理"主观臆断性较大，往往渗透着研究者本人的思想，如王弼把自己的玄学思想注入对《周易》的注解，程颐把自己的理学思想注入对《周易》的注解等等；并且他们不仅"得意忘象"，也"得意忘言"。他们并不注重对《周易》经文文字的阐释，对于经文中难解的字、词、句，他们或视而不见，或避而不谈，或顾左右而言他，往往离开经文而凿空立论。义理派的研究工作虽然丰富了《周易》的哲学思想，但对人们理解经文本意并无太大的帮助。

义理派的易学玄学化是易学史的一大转折。他们在讨论"象""意""言"的关系时，已经到了"得意忘象"和"得意忘言"的程度，即认为抽象的义理可以概括具体的物象，不能被卦爻辞中讲的具体物象所迷惑而丢掉其抽象的原则，表现了其易学的理性主义倾向。对于"三角形问题"，他们的答案是：得意忘象，得意忘言。他们认为三角形根本不需要，而把它压缩为一个孤立的点，即表示"意"的顶点了，如图3-2-1所示。

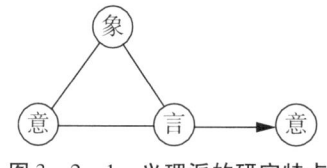

图3-2-1 义理派的研究特点

这样的答案也是令人难以接受的。

三、绝象弃意、言乃筮词的训诂派

象数观点和义理观点交相为用，长期统治着《周易》研究的领域，是历代易学研究的主流。西方学术传入中国之后，闻一多、郭沫若、顾颉刚、高亨、李镜池等人才弃而不用，而运用考古学、文字学的方法对《周易》的文字进行清理、注释。他们肯定《周易》是占卜之书，认为卦画是毫无意义的东西。他们还把《易经》与《易传》分开，彻底摆脱了旧观念的束缚，又能在考古、训诂等方面下工夫，给《周易》的研究开辟了新的局面，取得了令人称道的成就。

训诂派的研究工作，也有其缺点和局限性。

第一，到目前为止，考古领域对有关《周易》的文物发现不多，它们对研究《周易》能提供的有力证据非常有限。

第二，在文字学方面，由于破字太多、太广泛，某字借为某字，某字再借为某字；某字通某字，某字又通某字，这样通假下去，也就难免穿凿附会，甚至陷入恶性循环的困境。

第三，因为他们肯定《易经》只是占卜之书，认为《周易》的卦爻辞与甲骨卜辞完全一样，都是一件事又一件事的孤立记载，所谓"卦爻辞是筮占的筮辞，与甲骨卜辞同类"，"其著作体例与卜辞相同的，为一次的筮辞，其繁复异于卜辞者，为两次以上的筮辞的并合"。① 因此同一卦中的卦爻辞彼此之间并没有什么联系，"若硬要把它们附会成一种相连贯的意义，那就非大加穿凿不可。"他们还认为卦画没有任何意义，因而把它完全抛开不顾。"这些卦画其实也没有什么实际意义，与卦爻辞也没有必然的联系，和抽签的号码差不多。"② 如同"现代的各种神祠佛寺的灵签符咒。③

试以李镜池先生的《周易通义》一书中对剥卦的注释为例，说明训诂派的学者们所用方法的特点。

☷☶（坤下艮上）剥。不利有攸往。

剥：有击、治、离等义。《诗·七月》："八月剥枣。"《毛传》："剥枣，击枣也。"《广雅·释诂》：训离。以多见词标题。

"不利有攸往"，占行旅，附载。

初六　剥床以足。蔑贞，凶。

剥：敲击。这里指造车时的动作。以：与，及。

蔑贞：梦占。梦、蔑一声之转。《谷梁传》昭公二十年经："曹公孙会自梦出奔宋。"《释文》："梦，本或作蔑。"此梦蔑通借之证。

"剥床以足"，是梦占词。这是说农民被贵族征调去造车子，夜里还梦见敲击时伤及脚部，梦后占筮，得凶兆。

六二　剥床以辨。蔑贞，凶。

辨：王引之《经义述闻》，借为蹁，声通。蹁，膝头也。农民梦见造车时敲击而伤及膝头，又占得凶兆。

六三　剥之。无咎。

之：代词，指车。陆德明《释文》认为："作'剥之，无咎'，非。"汉石经、京房等古本均无"之"字。其实有无"之"字，意思一样。

这是从贵族的立场说，认为农民应该照常造车，没问题。

---

① 李镜池：《周易探源·周易筮辞考》，第25页，中华书局，1978年。
② 李镜池：《周易通义》，第6页，中华书局，1981年。
③ 郭沫若：《周易时代的社会生活》，《十家论易》，第2页，岳麓书社，1993年。

六四　剥床以肤。凶。

肤：《说文》籀文作胪。俞樾《群经评议》云："腹前为胪。肤借为胪"。

农民梦见为贵族造车时敲击而伤及腹部，又占得凶兆。

六五　贯鱼，以宫人宠。无不利。

贯鱼：射中了鱼。贯，中。《诗·猗嗟》："舞则选兮，射则贯兮。"舞要齐，射要中。《仪礼·乡射礼》："司射命曰：'不贯不释。'"郑注："贯犹中也。"射鱼为献祭。《礼记·射义》："天子将祭，必先习射于泽而后射于射宫，射中者得与于祭，不中者不得与于祭。"

此言宫人射中了鱼，得到参加祭祀的荣宠。与前农民为贵族造车受伤作对比，说明待遇不同。对宫人来说，这当然是件好事。

上九　硕果不食，君子得舆，小人剥庐。

硕果：大果实。

剥：离。

庐：草房子。《诗，信南山》："中田有庐"，庐在田中，农民所住，草棚之类。硕果不食，是比喻语。比喻劳动果实自己不能享受。农民被征调去为贵族造车子，要离开自己的家，君子得舆了，农民却没得坐。

这是一个政治卦，着重反映了农民受贵族剥削的情况。

从李镜池先生对剥卦的注释中我们清楚地看到：

第一，他的整个注释根本不涉及卦画。

第二，他把卦爻辞都当作占卜之辞。例如把"剥床以足""剥床以辨""剥床以肤"解释为做梦，古人做了梦就常请人占卜。

第三，他对字、词的训诂作了极大的努力，对初学者有很大的启示。

第四，因为囿于"占卜之书"的观点，李先生的注释也就难免穿凿附会，如把六五爻辞的"宫人"之宠与"小人"之伤说成是赏罚不均的对比，似乎十分勉强。训诂派的学者们既然已经认为，"象"是没有任何意义的东西，"意"是不存在的，从而明确地回答了"三角形问题"。他们的答案是：根本不存在三角形，"象"与"意"是本来就没有的，只有一个孤立的点，即表示"言"的顶点，如图3-3-1所示。

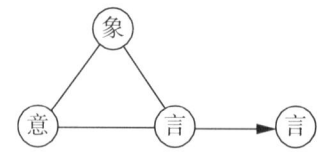

图3-3-1　训诂派的研究特点

这样的答案同样是令人无法接受的。

四、凭象驰想、离意离言的科学派

科学派可分为"以科学治易学"和"以易学治科学"两种情况。

（一）以科学治易学

"以科学治易学"者试图使用科学方法与科学知识研究《周易》，例如用数学方法分析易图；用考古学知识训诂经文，等等。作为易学研究的一种方式，它可以随着科学的发展不断地创新对易学经传的理解，从而使易学得以发展。它属于易学的范畴。

清代易学家焦循（1763—1820）把他的数学方法用于易学研究。他的《易图略》即是一部以数学治易学的著作。焦循出生于易学世家，曾祖父焦源、祖父焦镜、父亲焦葱皆传易学。父亲曾问他小畜卦中"密云不语"的话，为什么又出现在小过卦中？焦循反复思考也得不到头绪。直到他学习了金代末期的数学"洞渊九容之术"，才以数之比例，求易之比例，渐能理解。他在《易图略》自序中这样叙述他研究易学的实证精神：

> 余学《易》所悟得者有三：一曰旁通、二曰相错、三曰时行。此三者皆孔子之言也，孔子所以赞伏羲、文王、周公者也。夫《易》犹天也，天不可知，以实测而知。……本经文而实测之，《易》亦渐而明。……余初不知何为"相错"，实测其经文传文，而后知比例之义出于"相错"，不知相错，则比例之义不明。余初不知何为"旁通"，实测其经文传文，而后知升降之妙出于旁通，不知旁通，则升降之妙不著。余初不知何为"时行"，实测其经文传文，而后知变化之道出于时行，不知时行，则变化之道不神。未实测于全《易》之先，则胸中无此三者之名。既实测于全《易》，觉经文传文有如是者……测之既久，益觉非相错、非旁通、非时行则不可以解经文传文，则不可以通伏羲、文王、周公、孔子之意。十数年来，以测天之法测《易》，而此三者，乃从全《易》自然契合。

焦循的所谓旁通，其目的是把一个卦变为六爻皆得位的既济卦（䷾），其操作的方法则是通过象数学的"相应""往来""消息"进行的。相应两爻皆得位时不变；相应两爻皆失位时相互往来；相应两爻一得位一失位时对失位者用消息。所有的变法都是卦的"同性得阳，异性得阴"的运算，在这种运算方法下，《易》64卦的集合是一个交换群。在一个群中，方程 $ax=b$ 有解。换言之，对任何一个卦 A，都有固定的、统一的办法变为既济卦。焦循的方法还只是一种"手工"操作的穷举方法。其中的"实测"一词则指一种具有归纳意义的认识方法。

焦循还在《加减乘除释》一书中，用 $(A+B)^n$ 的乘方展开式展示出易卦结构与展开式中各项乘积的对比。沈仲涛的《易卦与代数之定律》和丁超五的《易理新诠》给出四象、八卦和六十四别卦的代数解释，与焦循的方法有异曲同工之妙。他们都指出了，易卦衍生模式在本质上与二项式乘方的展开式具有"同构"的关系。

如果按二项式定理展开二项式乘方来解释易卦的生成，必须规定乘法满足结合律和分配律，但不满足交换律，那么就会清楚地看到这种同构关系：

当 $n=2$，$(A+B)^2 = A^2 + AB + BA + B^2$（注意 $AB \neq BA$）。

用阴爻"- -"代替 A，阳爻"—"代替 B，并将从左到右的横排改为从下到上的竖排，便得到四象：

当 $n=3$，$(A+B)^3 = A^3 + A^2B + ABA + AB^2 + BA^2 + BAB + B^2A + B^3$。

做同样的代替后，便得到八卦：

当 $n=6$，$(A+B)^6 = A^6 + 6A^5B + 15A^4B^2 + 20A^3B^3 + 15A^2B^4 + 6AB^5 + B^6$

由于规定了乘法不满足交换律，上式中的 $6A^5B$ 一项实际上是下列 6 项之和：

$AAAAAB + AAAABA + AAABAA + AABAAA + ABAAAA + BAAAAA$

它们对应 64 别卦中的 6 个一阳爻卦：

其余各项可以类推，便得到《易》的 64 别卦。

必须指出的是，焦循等人用代数方法分析易卦的结构，是在用数学方法研究《周易》；不能反过来，认为是从易卦的结构归纳出了二项式定理的法则。所以在谈到易卦的结构与二项式乘方的展开式中各项关系时，我们只使用"同构"一词，而不能使用"就是""相同"一类的字眼。

（二）以易学治科学

"以易学治科学"者试图借助易学的某种观念或方法的启迪进而达到新知识的创造，它属于科学的范畴。与"以科学治易学"相比，其难度要大得多。

毋庸讳言，在《周易》经传中，不可能有现代科学的内容或预见。如果说《周易》的微言大义，真的对某些人的科学研究有所帮助，一般地也只有哲学上的意义。同"以易学治科学"是完全不同的两码事。

"以易学治科学"大体上又可以分成三种类型。

第一种情况是，某些科学家取得了科学研究的某些成果，由于他们对易学的爱好，有意放弃该学科通用的术语，而用《周易》中的一些语言来代替这些术语，由于这些人具有相应的科学知识，在用《周易》中的语言取代专业术语之后，还能把它们疏通转换，做到言之成理，自圆其说。不过，这种把一种语言转化为另一种语言的工作，不会得出新内容。这种现象，在我国古代已经不乏其例。

唐朝天文学家僧一行（683—727）编制了一部相当精确的历法《大衍历》，其中取得了许多精确的数据。擅长数学的僧一行肯定是用科学的办法得出这些数据的，如他使用的不等距二次插值法，就是对数学的一大新贡献。但是他却用一些《周易》的术语，如"五行""揲四""三极""两仪""四象""爻""生数"等术语，硬凑出一套神秘的计算公式来，使之能"援易以为说"。僧一行使自己先进的数学思想如敲石出火，一闪即灭，既未能推广，也未能流传。而伪装的符合易学术语的计算公式，却长期迷惑、困扰后世的学者。

宋朝数学家秦九韶（1202—1261）发明了一次同余式组的解法，这是数学史上一项相当重要的成果，国外称它为"中国剩余定理"，给予很高的评价。但秦九韶本人却认为它是《周易》的产物，因而称它为"大衍求一术"，认为这一成果早蕴含于《周易》揲蓍成卦的方法中。他在《数书九章》的序言中写道："昆仑磅礴，道本虚一。圣有大衍，微寓于易。奇余取策，群数皆捐。衍而究之，探隐知原。数术之传，以实为体。其书九章，惟兹弗记。历家虽用，用而不知。"秦九韶还绞尽脑汁，硬把前人对揲蓍成卦的理解进行改造，使之纳入他的"大衍求一术"中。所以后人对秦九韶的做法不无微辞，批评他"极尽穿凿附会之能事""使我国古代数学在整数论方面的成就无端沾染着一层数字神秘主义的色彩"。[①]

甚至连易学家也反对他的做法，如《四库全书·总目提要》就批评他"竟欲以此易古法则过矣""欲以新术改《周易》揲蓍之法，殊乖古义"。

今人薛学潜的《易与物质波量子力学》，刘子华的《八卦宇宙论与现代天文》基本上也可以归于此类情况。

其实类似的现象是很容易发生的。某些现代科学的知识，是很容易"援易（仅限于易卦）以为说"的。我们就以秦九韶的"大衍求一术"为例，来说明这个问题。"大衍求一术"是秦九韶在研究我国古代数学著作《孙子算经》中著名的"物不知数"问题而发明的：

今有物不知其数。三三数之剩二；五五数之剩三；七七数之剩二。问物几何？

这个问题的最小答案是23。

明代数学家程大位的《算法统宗》（1593年）中把这个问题的解法编成了歌诀：

三人同行七十稀，五树梅花廿一枝，七子团圆正半月，除一〇五便得知。

程大位的歌诀计算法的具体程序是这样的：

第一步：分别用70、21、15乘三个余数，并将它们相加：

$2 \times 70 + 3 \times 21 + 2 \times 15 = 140 + 63 + 30 = 233$；

第二步：求所得和数用105除的余数：$233 \div 105$ 余 23。

这个算法公式是怎样求出来的？《孙子算经》中并没有明确的说明，但是如果

---

① 钱宝琮：《秦九韶〈数书九章〉研究》，载《宋元数学史论文集》，第70页，科学出版社，1966年。

用易卦符号系统为工具，却很容易推出这个结论。

我们用一些阳爻表示这批物体，一个阳爻表示一物，先画两个阳爻：

━━━　　　　　　　　　　　　　　　　　　　　　　　　　　①
━━━

这时爻的个数三三数之剩2，五五数之剩2，七七数之剩2。

但是题目要求五五数之剩3，必须对物体总数进行调整，如果加画两个乾卦，物体的总数增加6，并不会影响三三数之的余数，但五五数之的余数却增加了1，故可在①中加画两个乾卦，使物体总数成为：

━━━　━━━　━━━　　　　　　　　　　　　　　　　　　　　②

这时三三数之剩2，五五数之剩3，七七数之剩1。但原题七七数之的余数为2，还要增加物体总数，使七七数之的余数加1，但保持三三数之和五五数之的余数不变。再加5个乾卦，使物体的总数增加15，则②变为：

━━━　━━━　━━━　━━━　━━━　━━━　━━━　　　　　　③

这时③中的物体数即是三三数之剩2，五五数之剩3，七七数之剩2，已满足原题的全部条件，③中共有 $3 \times 7 + 2 = 23$ 爻，故答案为23。

现在再把问题一般化：

今有物不知其数，三三数之剩 A，五五数之剩 B，七七数之剩 C。问物几何？

第一步：首先画 A 个阳爻，它代表一个用3、5、7除余数均为 A 的数。再设想另有若干个三爻卦，总爻数是105的倍数，如图3-4-1所示。因为105是3、5、7的最小公倍数，加上它后，总数用3、5、7除的余数不会改变，仍然都是 A。

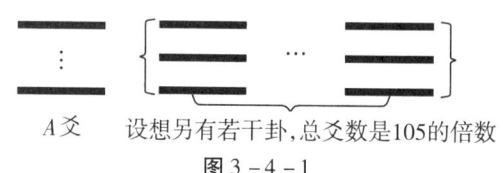

图3-4-1

第二步：再考虑 B。

（1）若 B 比 A 大，则加画两个乾卦后，所代表的数用3除的余数仍然是 A，而用5除的余数会增加1。

（2）若 B 比 A 小，则减少两个乾卦后，所代表的数用3除的余数仍然是 A，而用5除的余数会减少1，如图3-4-2所示。

图3-4-2
框外的爻是5的倍数

逐次增加或减少两个乾卦，继续微调，必可得一个数 M，M 满足用 3 除的余数为 A，用 5 除的余数为 B。M 可按下面的公式计算：

$$M = A + 6(B - A) \qquad ④$$

第三步：再考察 M 用 7 除的余数 D，把 M 改写为

$$\begin{aligned} M &= A + 6(B-A) = A - (B-A) + 7(B-A) \\ &= 2A - B + 7(B-A) \end{aligned} \qquad ⑤$$

所以 M 用 7 除所得的余数 $D = 2A - B$。

（1）若 D 小于 C，则加画 5 个乾卦后，所表示的数用 3、5 除的余数仍然分别为 A、B，但用 7 除的余数增加了 1。

（2）若 D 大于 C，则减少 5 个乾卦后，所表示的数用 3、5 除的余数仍然分别为 A、B，但用 7 除的余数减少 1，如图 3-4-3 所示。

图 3-4-3

框外的爻是 7 的倍数

继续逐步微调，必可得一个数 N，N 就是一个满足用 3、5、7 除的余数分别为 A、B、C 的数。N 的计算公式为：

$$\begin{aligned} N &= M + 15(C - 2A + B) = A + 6(B-A) + 15(B + C - 2A) \\ &= -35A + 21B + 15C \end{aligned} \qquad ⑤$$

为了去掉公式⑤中的负号，可加上 105 的 A 倍，即得：

$$N = 70A + 21B + 15C \pmod{105} \qquad ⑥$$

这正是《孙子算经》解法的模式，即程大位歌诀中所表示的算法。因此秦九韶说他的发明来自《易经》也不无道理，无可厚非。

第二种情况是，某些科学工作者发现易卦符号系统与科学内容有某种联系，从而希望在这一基础上借助易学的思想作进一步的探讨。我们在第一章中已经对易卦符号系统在构建模型方面的巨大作用作了若干例说，要使易卦符号系统与某些科学内容建立联系并非特别困难的事，但要进一步利用易学思想开发科学的内容则十分困难。理由很简单，因为两者之间的联系，大都只是在形式上的同构，而与具体的内容几乎没有关系（数学除外，因为易卦本身就是数学符号系统）。一个典型的例子是易卦与生物遗传密码的关系。

德国学者申伯格（M. Schonbergre）在 1973 年出版了一本名为《生命的秘密钥匙：宇宙公式、易经和遗传密码》的小册子，指出 64 个生物遗传密码与《易经》的 64 卦之间有一一对应的关系。

生物遗传密码物质都是由核酸构成的，核酸有两种，一种叫脱氧核糖核酸

（DNA），一种叫核糖核酸（RNA）。DNA 通过 RNA 的媒介使遗传信息以一定的方式反映到蛋白质的分子结构上。由于组成 RNA 的核苷酸只有四种，而蛋白质分子却有 20 种氨基酸。RNA 需用三个按一定的顺序相连的核苷酸组合来决定一个氨基酸，称为"三联体密码"，三联体有 $4^3=64$ 种。如果将四种核苷酸与四象对应，那么全体"三联体密码"就与 64 别卦构成了一一对应的关系。

用 U、C、A、G 四个字母表示 RNA 的四种核苷酸，可以在它们与四象⚏ ⚎ ⚍ ⚌之间建立起一一对应的关系：

$$
\begin{array}{cccc}
U & C & A & G \\
| & | & | & | \\
⚏ & ⚎ & ⚍ & ⚌
\end{array}
$$

进而就可以在三联体密码表和 64 卦之间建立起一一对应关系。任取一个三联体密码，都对应一个易卦，如：

UCA——䷁，UCG——䷇；

反过来也一样，任取一个易卦，就对应一个三联体密码，如：

䷀——AUA，䷂——CGG。

不过，将 {U，C，A，G} 与 {⚏，⚎，⚍，⚌} 之间建立一一对应的方法有 $4 \times 4 = 16$ 种，如果这种对应关系真有科学根源，那么它必然是唯一确定的。为了解决确定性问题，一些研究者提出了不同的对应规则。不过即使确定了唯一的对应关系，遗传密码的 64 卦排列依然是不确定的。

申伯格的著作发表后，不少中外学者都研究这种对应关系，试图发展出一种更适当的遗传密码表示系统。当然，仅凭遗传密码与易卦的对应关系，是难以推动遗传密码的进一步发展的。

总之，如果离开《周易》的卦爻辞，单纯地考察易卦这套符号系统，科学家们很容易使它与自己研究的学科中某些内容建立联系，但是建立了联系并不意味着可以深入下去。例如，数学中有一个众所周知的狄利克雷（Dirichlet，1805—1859）函数：

$$f(x) = \begin{cases} 1 & \text{当 } x \text{ 为有理数} \\ 0 & \text{当 } x \text{ 为无理数} \end{cases}$$

我们只要把 x 的定义域作一些改变（例如把有理数改为奇数，无理数改为偶数），则可以得到各种各样的值域为 {0，1} 的函数。这个函数虽然也可以作为易卦的表示方法之一，但如果据此断言易卦就是某函数，那是毫无意义的，也是极不严谨的。

第三种情况是，对具体的科学内容缺乏深刻的研究，却又过于相信易卦的神秘性，从而将科学与易学作一些言过其实、似是而非的联系。

例如几年前互联网上有一篇文章，标题是《南京高人语出惊人》，那是一篇记者的报道，文章中的那些"惊人之语"，不知道是不是学者的原话。

那篇文章中说，南京有一位专门破译古代图文的学者商先生经过研究，发现《周易》是我国古代的一部数学著作。商先生发现，中国古籍中"72"这个数字经常出现，不是偶然的现象，原来是《周易》引起的原因。该文说：商先生经研究发现《周易》的64个别卦原来是由8个单卦两两相重而得到的，因而兴奋不已。他根据表示8个单卦的数：

乾1，兑2，离3，震4，巽5，坎6，艮7，坤8
将64个复卦重新适当排列，把8个单卦的数代入每一个复卦的上、下两个单卦中，并把上卦的数乘以8，再与下卦的数相加，就可得到一个数（1～72之间的数）。商先生由此得出结论说：

"卦"就是一串数字，最大的是72；

"卦名"是古人读数的音符；

"周易"是数字和用来表示数字的八卦符号相互之间周而复始的易换；

我们的祖先早就拥有加、减、乘、除、乘方、开方的高超计算水平。

以上所摘述的，是该文的一些主要论点。

如果仅就该文中所谈到的问题而论，实在说不上对《周易》本身有什么新发现。在本书第二章中已经谈到，如果把8个单卦的符号借用为"八进制数"中的八个数码（0，1，2，3，4，5，6，7），那么64个复卦就表示64个（不超过两位的）"八进制数"。无论是二进制也好，四进制也好，八进制也好，64个别卦都能表示0～63之间这64个连续的自然数。商先生实质上就是使用了八个单卦作为"八进制数"的数码，把64个复卦变成了一些八进制数。不知道商先生自己是否认识到了这一点，他虽然是通过一些算术运算（即8×上卦卦数+下卦卦数）才得出那些数的，但本质上不过是两位的八进制数的读法而已。顺便指出，商先生在用八单卦建立"八进制数"时，没有引进数码"0"，把1～64这64个整数的每一个都增加了8，因而得出的是9～72这64个连续整数，而不是通常的两位的八进制数所表示的0～63这64个连续整数。

又例如几何学中的高维（高于三维）空间，那是纯粹的数学概念，在现实的物质世界中是不存在的，著名学者潘雨庭先生却将它与《周易》中的某些数联系起来，他在一篇文章中写道：

然其具体的数据与中国传统的各种代数数列，包括天干、地支、阴阳、五行等等，可一一对应。故知中国的易学象数，早在考虑"六合之外"的相应关系，宜二千余年来，难免有神秘性，今已有多维空间的概念，殊可打破其神秘性，作进一步的科学研究。①

----

① 潘雨庭：《易学象数与现代数学》，载《周易与现代自然科学》，第45～46页，中国社会科学出版社，1990年。

这种研究方式的例子很多，其特点是：《周易》中某点的内容（主要是易卦符号系统）与现代科学某一分支的某点有共同之处（甚至仅仅是名词、数据）；但除此之外，几乎没有别的联系。研究者却试图从其中找出因果关系。这种方式的研究在科学与易学两方面都无法深入下去，只是相当于在古老的儒家经典《周易》的表面贴上了一块现代科学的标签，其研究并没有实质性的内容。

自从莱布尼兹发现易卦符号系统与他发明的二进制数同构之后，易卦与科学的联系引起了更多人的关注。一些力图用科学的方法研究易卦符号系统的著作陆续问世。董光璧先生指出：

在本世纪三四十年代出了一批对《周易》作科学研究的著作。例如周永暮的《孔子数理哲学初稿》，沈仲清的《易卦与代数之定律》，薛学潜的《易与物质波量子力学》，丁超五的《科学的易》，刘子华的《八卦宇宙论与现代天文学》等。尽管这类著作中有不同程度的附会的缺点，但它们毕竟体现了作者们力图从科学的角度重新发掘《周易》中的真理的努力。①

正如笔者所指出的，易卦作为一个单独的符号系统，是一个良好的代数结构，研究者的确可从其中得到许多可以成为现代科学的内涵。上述著作"力图从科学的角度重新发掘《周易》中的真理的努力"不是天方夜谭；但又因为"有不同程度附会的缺点"，我们对待他们的一些研究应该保持审慎的态度。

从总体上说，科学派的研究基本上是脱离"言"与"意"进行的，因而没有也不可能回答"三角形问题"。他们同样把三角形问题简化成了一个孤立的点，即表示象的顶点，如图 3-4-4 所示。

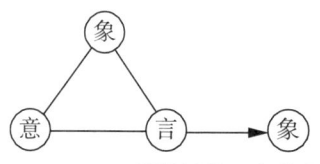

3-4-4 科学派的研究特点

五、太极三角形

象数派的学者只用卦象来解释经文，注意了"象""意""言"的整体关系，虽有很大的缺陷，但毕竟还比较接近于实际；义理派的学者"得意而忘象""得意而忘言"，只看重"三角形问题"的"意"；训诂派的学者则把"象"当作"灵签符咒"而予以抛弃，也不承认有什么"意"，只对"三角形"中的"言"作孤立的诠释；至于科学派的学者则只对卦画的内涵尽心研究，只涉及"三角形问题"中的

---

① 董光璧：《易图的数学结构》，第23页，上海人民出版社，1987年。

"象"。义理派、训诂派与科学派三足鼎立，各占据三角形的一个顶点，都未免失之偏颇。不过他们各自取得的成果，却为后来的研究者们打下了良好的基础。

三角形问题的答案在哪里呢？

《系辞下传》说：

古者包牺氏之王天下也，仰则观象于天，俯则观法于地，观鸟兽之文，与地之宜，近取诸身，远取诸物，于是始作八卦，以通神明之德，以类万物之情。

在这段话中明确地肯定了三点：

第一，古人认知事物，先要通过对宇宙现象和人类社会活动进行长期的、仔细的观察，与实证思维有相同的地方；

第二，将仰观俯察的结果转化为"卦"并保存起来，"卦"是"象"的一种较为抽象的表述方式；

第三，原来的象一经抽象，便成为一种"类万物""通神明"的更广泛适用的象，原来的象是什么已经无关紧要。

《系辞上传》说：

圣人立象以尽意，设卦以尽情伪，系辞焉以尽其言，变而通之以尽利，鼓之舞之以尽神。

这段话更明确地肯定了：

第一，圣人在思考问题时，先观察事物的现象，希望通过它来说明某种思想（立象以尽意），但是并不是"立象"之后就能立即尽意的，立象之后还要"设卦"。

第二，设卦的目的是考察、分析所立之象的"情伪"，卦是根据象而"设"的，对"象"进行分析，抽出其若干因素揭示它们的"情伪"。所谓"情伪"，其本意为"真假"，但在这里则泛指每一因素两种对立的状态，它们的具体内容虽然千差万别，但是都可以用一阴一阳来概括，其总体的表述就是一个卦。

第三，把前两步所得的结果用语言记载下来，用来指示行动，并储存之以备今后思考问题时新的立象之用（系辞焉以尽其言）。

第四，对卦象会通变化，分析类比，尽量发现和运用其有利的因素（变而通之以尽利），鼓励、推动它发挥神奇的作用（鼓之舞之以尽神）。

《系辞上传》对这一思想还有一个比较简明的说法：

圣人设卦、观象、系辞焉而明吉凶，刚柔相推而生变化。

由上述可见，《周易》思维的认知模式是：

立象—设卦—认知（包括采取适当措施）

因此我们绝不能把《周易》思维模式简单地看作只是由观察所得的"象"，通过联想、类比等简单手段就得出对新事物的认知。其中还有一个极为重要的过程——设卦。"卦"具有揭示真伪、判别利弊、找到有利因素以推动事物发展的功能。"卦"一经设定，便成为一个抽象的模型，适用的范围更加广泛，它原来是根据什么"象"设定出来的，已经无关紧要，只是模型的一个特例而已。新的认知事物，又可以作为新的立象，重新设卦，认知更新的事物，递进式地向前推进。

至于设卦中的卦又是什么呢？它为什么能够"尽情伪"呢？

笔者曾经多次著文论证，易卦与六维布尔向量同构，易卦是古人思维决策的数学模型。之所以说它是数学模型，并不是说，古人已经有了现代数学的概念，只是强调用今天的眼光来看，易卦模型具有深刻的数学背景，今人能自觉地认识到卦的数学原理，古人则不自觉地遵循了象的数学规律。

因此，象、意、言三者之间，是在一个特定的模型中相互纠缠而又相互依存的整体，只有对"言"和"意"的大致含义有基本的理解之后，才能确定"象"；只有在确定"象"并且大体上读懂"言"之后，才能真正了解"意"；也只有在确定"象"和"意"之后，才能真正理解"言"。在真正读懂了"言"之后，又能进一步对"象"和"意"有更明确的认识。三者之间螺旋式地相互促进而又相互制约，处理得不好则可能造成恶性循环。

如果把一个特定的模型比作一个太极图的大圆，那么"象""意""言"三者就像圆的内接三角形的三个顶点，共同支撑起易学体系，卦则是这个三角形的中心。当圆的内接三角形是正三角形时有最大的面积，这意味着当三者的关系摆正时，易学体系才会有最丰富的内涵。不过，它可以接近太极图的大圆，但不能填满这个大圆。

笔者把这个三角形称为思维模型的太极三角形（图3-5-1）。

图3-5-1　思维模型的太极三角形

根据"思维模型的太极三角形"的理念，并结合象数派、义理派、训诂派的思想，笔者在拙著《周易新解》一书中对象、意、言三者的关系，提出了如下的猜想：

（1）易卦是古人思维决策的数学模型；

（2）《周易》的经文（即卦爻辞）是古人解释决策模型的例题，选择例题的主要出发点是象数学的象；

（3）卦爻辞是用集句的方式写成的，集句的语句来源于占卜的记录。

对于这一猜想，笔者将在下一章中进行详细的论证。如果能够成立的话，它就会像公理化思维的一组"公理"，我们便可以从这个"公理系统"出发，对《周易》作合乎逻辑的研究了。

第四章
易卦是思维决策的数学模型

要读懂《周易》，首先要解决的问题是回答我们在第三章中提出的关于象、意、言的"三角形问题"。为了回答这个问题，笔者提出了一个"思维模型的太极三角形"，并根据这一模式提出了三条假设：

（1）易卦是古人思维决策的数学模型；
（2）卦爻辞是古人解释决策模型的例题；
（3）卦爻辞是用集句的方式写成的。
在本章中将对这一命题进行更详细、更科学的论证。

一、思维决策的数学模型

古人在复杂的社会生活中，难免会遇到决策的问题。这里所说的思维决策是一个较为广泛的概念，诸如形势分析、目标控制、行动方案、后果预测等，都可以包括进去。对于一些多因素的决策系统，涉及的因素虽然千差万别，但每种因素大致可以表现为两种对立的状态，如生克、动静、高低、胜负、兴衰、强弱、进退、向背等等，而两种对立状态又大致可归结为对人们所考虑的决策系统有利还是不利（或者说是吉还是凶）。古人在研究较为复杂的决策系统时，有时需要做一些记录以备忘。在纸笔还没有问世的古代，记录是很困难的。"上古结绳而治，后世圣人易之以书契"。这里所说的"书"就是画，"契"就是刻，画的和刻的只能是一些简单的符号。总之，从结绳记事到文字记事，中间有一个用符号记事的过渡，而且被长期保留下来了。

因此，如果人们在面临一个需要决策的问题时，先对与这一问题有关的重要因素进行分析研究，每一因素对要解决的问题，大体上可分为有利和不利的两个方面，为了帮助记忆，把有利的因素用符号"—"表示，不利的因素用符号"--"表示，那么记录的结果就必然得到一个卦。特别地，如果考虑三个因素，就得到八经卦中的一个三爻卦；考虑六个因素，就得到64别卦中的一个六爻卦。这种做法，即使在今天，也仍然被广泛地使用，只是具体的形式有所不同而已。

试将成卦的过程列表说明如下：

(1) 一个因素的决策系统有两种状态：

决策因素状态	有利	不利
决策系统模型	—	- -
《周易》中的名称	阳爻	阴爻

(2) 两个因素的决策系统有四种状态：

决策因素状态	第二因素	有利	不利	有利	不利
	第一因素	有利	有利	不利	不利
决策系统模型		⚌	⚍	⚎	⚏
《周易》中的名称		太阳	少阴	少阳	太阴

(3) 对于需要考虑三个因素的决策问题，将有八种情况。这八种情况的数学模型，就是《周易》中的"八经卦"：

决策因素状态	第三因素	有利	不利	有利	不利	有利	不利	有利	不利
	第二因素	有利	有利	不利	不利	有利	有利	不利	不利
	第一因素	有利	有利	有利	有利	不利	不利	不利	不利
决策系统模型		☰	☱	☲	☳	☴	☵	☶	☷
《周易》中的名称		乾	兑	离	震	巽	坎	艮	坤

许多决策问题一般常考虑三个因素，如"天时、地利、人和""德、才、资""政治、军事、经济""早期、中期、晚期""上策、中策、下策"等等。人们常说的三思而后行也应该含有这个意思。这种三因素的决策系统，其数学模型就是"八经卦"。随着社会的发展，人们的社会活动越来越丰富，需要决策的问题也越来越复杂，决策时需要考虑的因素更多。有时某些决策系统要由两个三因素的子系统来共同确定；或者要分成两步，每一步都涉及一个三因素决策系统。这样整个决策系统就要考虑六个因素，其对应的数学模型就是《周易》中的别卦。这种六爻卦可以看作是由八个三爻卦中每次取两个重叠起来的。传说中的"伏羲画卦，文王重卦"，正是反映了这种需要。

我们只要稍微注意一下，就会发现，古人写文章、讲道理、做决策的时候，都会涉及许多实际因素，当我们把那些因素的实际内容抽象后，往往就得到一个卦。根据那个卦可以做出一些联想和解释。

《孟子·梁惠王章句上》有一段话：

孟子见梁惠王。王曰："叟！不远千里而来，亦将有以利吾国乎？"孟子对曰："王何必曰利？亦有仁义而已矣。王曰，'何以利吾国？'大夫曰，'何以利吾家？'

士庶人曰，'何以利吾身？'上下交征利而国危矣。万乘之国，弑其君者，必千乘之家；千乘之国，弑其君者，必百乘之家。万取千焉，千取百焉，不为不多矣。苟为后义而先利，不夺不厌。未有仁而遗其亲者也，未有义而后其君者也。王亦曰仁义而已矣，何必曰利？"

这里涉及三个因素：君王、大夫、士庶人。其中每个因素都有对于"利"的态度，如果将其中积极追求"利"的因素用阳爻表示；反之，则用阴爻表示。那么就可以得到一个卦。因为"上下交征利"，每个人都应用阳爻表示，从而得到一个乾卦（图4-1-1）。

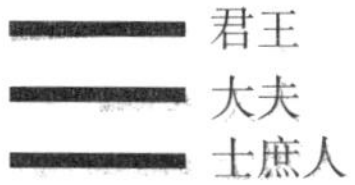

根据这一卦象，人们再用象数学派的"承、乘、比、应"等观点进行各种分析：乾为天，可引申为治理天下。要想很好地治理天下，必须上下同心，举国一致。大夫身居阴位而取阳爻，上未能亲比于君王，下不能亲比于庶民，正是"上下交征利"之象，因此"则国危矣！"君王虽"乘"于上，但大夫并不"承"于下，"万乘之国，弑其君者，必千乘之家；千乘之国，弑其君者，必百乘之家。"当然这样的分析是非逻辑的，所以梁惠王不听孟子的评论，心里想的仍然是"齐桓、晋文之事。"

图4-1-1

《左传·隐公十一年》记载了一个《郑庄公戒饬守臣》的案例。那年七月，齐国会同鲁国和郑国讨伐许国，许国被灭亡，齐侯把许国交给鲁国占领，鲁公不接受，便交给郑国占领。郑庄公派他的大夫百里驻守许国。郑庄公从"天时""地利""人和"三方面的因素分析了占领许国的利弊：

对于天时，郑庄公认为郑国是周室的后代，许国是太岳的子孙，"天而既厌周德矣，吾其能与许争乎？"天时对郑国是不利的。

对于人和，郑庄公认为，他只有两三个同姓的臣子，都不能同心协力，弟弟共叔段还被他逼得流亡在国外，"寡人有弟，不能和协，而使糊其口于四方，其况能久有许乎？"人和对郑国也是不利的。

对于地利，郑庄公认为许国是郑国的屏障，是可以利用它来庇护郑国的，一定要把握好，不能掉以轻心。他戒饬百里：千万不要助长他族逼近、居住在这里，从而跟我们郑国争夺这块地方。如果那样，我自己都保不住，哪里还管得了许国？"吾子孙其覆亡之不暇，而况能禋祀许乎？寡人使吾子处此，不唯许国之为，亦聊以固吾圉也。"

如果按天时、人和、地利的顺序，把对郑国有利的因素用阳爻表示，不利的因素用阴爻表示，当百里能遵照郑庄公的意图守住地盘，就得到决策的模型震卦（图4-1-2a）。这一模型表明郑国得了许国，还有一个有利的因素。如果百里不能守住地盘，就得到坤卦（图4-1-2b），陷于完全不利的境地。郑庄公据此做出决策：

图 4-1-2

郑国不可能长期占领许国；只能暂时千方百计地帮助许国守住其地盘，以作为郑国的屏障，仅此而已，不宜苛求。所以君子评论郑庄公的做法是"度德而处之，量力而行之，相时而动，无累后人，可谓知礼矣。"

《韩非子》里有一个扁鹊见蔡桓公的描写：

有一天，名医扁鹊朝见蔡桓公，打量了好一会儿，说："君有疾在腠理，不治将恐深。"桓侯说："我什么病也没有。"拒绝医治，还嘲笑医生"好治不病以为功！"过了十天，扁鹊又见到了蔡桓公，对他说："君之病在肌肤，不治将益深。"桓侯不理他，很不高兴。又过了十天，扁鹊再一次见到了蔡桓公，说："君之病在肠胃，不治将益深。"桓侯又不理睬，更加不高兴。再过了十天，扁鹊一见桓侯，转身就跑。桓侯感到很奇怪，特意派人去问扁鹊。扁鹊说："如果病在表皮，服点汤药，热敷一下，就可以散寒止痛；在肌肉和皮肤里面，可用针砭，艾灸，活血去瘀；在肠胃里面，可用清火药剂，化食消气；病入骨髓深处，那是司命之神所管的地方，医药已经毫无办法了。现在桓侯的病已深入骨髓，我因此无话可说了。"过了几天，桓侯果然生病死了。

如果将扁鹊所说的"腠理""肌肤""肠胃"三个部位，依次从上到下排列起来，用阳爻表示其无病状态，阴爻表示有病状态，那么一个健康的人就可用一个乾卦表示。"病在腠理"时就是一个兑卦，"病在肌肤"时就得一震卦，"病在肠胃"时就是坤卦，如图 4-1-3 所示。从乾卦到兑卦到震卦，再到坤卦，阳爻不断地减少，反映出桓侯健康状况的恶化过程，到了坤卦阳爻尽丧，"履霜，坚冰至"，就无药可治了。

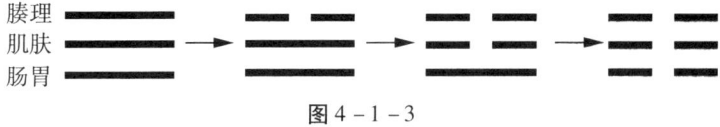

图 4-1-3

人们都熟悉田忌赛马的故事，它出自《史记·吴起孙膑列传》。齐王经常和他的大臣田忌赛马，双方各有上、中、下马三匹，每次比赛时三匹马各出场一次，一对一地进行比赛，共赛三场。每场赌注都是一千金，最多可赢三千金。

田忌的马和齐王的马比较略有逊色，处于劣势。田忌的上马不敌齐王的上马，但胜过齐王的中马和下马；田忌的中马不敌齐王的上马和中马，但胜过齐王的下马。开始，田忌总是用自己的上马、中马、下马分别去对齐王的上马、中马、下马，因而屡战屡败,每次都输掉三千金。后来田忌的谋士孙膑分析了各种可能的对策,如果用一个阳爻"—"表示田忌获胜,用一个阴爻"- -"表示田忌失利,那么把每次比赛的结果记录下来就得到一个卦。一共有六种可能的方案安排比赛,把六种方案的结果记录下来则如下表所示:

比赛场次	齐王的马比赛场次	田忌可选择的对策					
		1	2	3	4	5	6
第三场	下马	下马	中马	下马	上马	上马	中马
第二场	中马	中马	下马	上马	下马	中马	上马
第一场	上马	上马	上马	中马	中马	下马	下马
决策系统模型		☷	☶	☵	☶	☶	☴
卦　名		坤	艮	坎	艮	艮	巽

　　孙膑分析六种可能的方案,最不利的是方案1,最有利的是方案6,其决策模型分别是坤卦和巽卦。于是孙膑便向田忌献策:以下马对齐王的上马,以上马对齐王的中马,用中马对齐王的下马。结果田忌两胜一负,反而赢得一千金。

　　许多人都把这个故事作为善于运用谋略的典型案例,甚至选进了小学生的教材。其实,田忌之所以能取得比赛的胜利有一个必要的前提,即齐王三匹马出场的次序是预先公开的,而且中途不能调整,田忌则可以根据齐王的马出场顺序自由安排自己的马出场顺序,显然这是一种不公平的竞赛。在一般的情况下,如果双方的马出场顺序是在互相保密的情况下预先决定的,或者是用抽签之类的办法来安排的,那么,田忌的策略将无法运用,他取胜的概率只有六分之一。田忌的策略有可能涉及违规,可惜《史记》的记载语焉不详,无从查考了。

　　过去男子乒乓球团体赛采用一种"三人九局五胜"制,双方各派三名运动员上场,共赛九局,先胜五局的一方获胜。设甲队的三名选手为A、B、C;乙队的三名选手为X、Y、Z。双方选手上场的次序安排是:

局次	1	2	3	4	5	6	7	8	9
甲队	A	B	C	B	A	B	C	C	A
乙队	X	Y	Z	X	Z	Y	Z	X	Y

　　甲队的主力是B,打一、四、七局;乙队的主力是Z,打三、五、七局。主力的实力最强,应该让他们尽快地在前面几局上场,是毫无疑问的。但是强弱不是绝对的,很可能有这样的情况,甲队的B战胜乙队的两个强手X和Z没有问题,但却不适应乙队最弱的Y的打法,会失败。双方都有一个如何安排三名选手出场的次序

问题。当他们把双方选手出场的次序像田忌赛马那样列出一个表时，会得出几个卦，双方教练会对每一个卦进行分析，做出最佳选择。与田忌赛马不同的是，双方选手的出场次序是保密的，一旦宣布就不能更改。有时无法判断对方怎样安排，双方教练都有可能使用一些类似占卜的办法。

由此可见，易卦的确可以作为思维决策的一种模型。说它是"数学模型"，是因为从现代数学的观点看，易卦与布尔向量是同构的，布尔向量正是今人研究思维决策的数学模型，所以把易卦称为思维决策的数学模型，也是顺理成章的事情。正如西方的公理化思维有欧氏几何的支撑一样，易卦的思维模式则有布尔代数的支撑。当然这并不是说，在古人的《周易》中已经包含了现代数学的内容。正像莱布尼兹发现了二进制数与易卦同构，我们也不能说在《周易》成书的时代，古人已经有了二进制数的概念一样。

为方便记，本书以后简称这个观点为模型论。

二、布尔向量的原型

天地之间，包罗万象，考察万物之情，许多事物彼此之间好像并无共同之处，但是从数学的抽象看，它们却又有许多共同的性质。

（1）两个足球队将进行一场比赛，有人想对这场比赛的胜负进行预测。他查阅了这两队历次比赛的资料，发现两队共赛过6场，胜负的情况如下表：

场次	1	2	3	4	5	6
甲队	负	胜	胜	负	负	胜
乙队	胜	负	负	胜	胜	负

如果把甲队获胜记作1，甲队失败记作0，那么，这些资料的信息就可以表示为(0，1，1，0，0，1)。预测者根据它，结合对每次胜利或失败的原因进行分析，就有可能对比赛的结果做出比较可靠的预测。

（2）某医生对一位病人进行初步诊断后，需要化验六项指标，下面是化验室提供的化验报告单：

指标	1	2	3	4	5	6
反应	−	＋	＋	−	−	＋

如果依次用1代表阳性反应（＋），用0代表阴性反应（−），则这位病人的检查报告可表示为(0，1，1，0，0，1)。医生根据它便可确诊病情，并设计合理的

治疗方案。

（3）一家企业计划开发一个新项目，他们对现有的技术、设备、原材料、资金、环保、市场等六个方面的条件进行调研，结果发现设备、原材料、市场的条件都很好，但技术、资金、环保三个方面还有问题：

条件	技术	设备	原材料	资金	环保	市场
情况	差	好	好	差	差	好

如果用符号1表示好的情况，用符号0表示差的情况，那么这家企业开发此项目所面临的状况，就可以用（0，1，1，0，0，1）来描述。决策者便可以根据它考虑项目是否能上马，并且明确如果要上马的话首先要克服哪些困难。

（4）高明的律师在法庭辩论的时候，常常向诉讼的另一方提出一系列的问题，要求对方用"是"与"否"来回答，而不作任何描述和解释。提问后，在律师的脑海里就形成了案件情节的基本轮廓以及如何辩护的大致方案。假如某次法庭辩论对方对问题的回答如下：

问题	1	2	3	4	5	6
回答	否	是	是	否	否	是

如果律师按所提问题的次序，把对方回答为"是"的记作1，为"否"的记作0，那么就得到结果（0，1，1，0，0，1）。

这样的例子可以说应有尽有。上面所举的几个例子，虽然它们的具体内容各不相同，但是都有下列共同属性：

（1）每一个问题都涉及六个因素。如六场比赛、六项指标、六个条件、六个问题，等等。

（2）六个因素按既定的顺序排列。

（3）每一个因素都有两种相互对立的状态。如比赛的胜利与失败，反应的阴性或阳性，条件的合格与不合格，回答问题的肯定与否定，等等。

因此，这些性质迥异的事物，都可以用同一个数学模型——六维布尔向量来统一描述，并根据描述做出判断或决定。

布尔向量是近代数学的一个重要概念，它不仅在许多重要的数学分支中有广泛应用，而且在许多自然科学、社会科学以及技术科学中都有十分广泛的应用。由上面几个例子可以看出，它被广泛用于描述那些具有若干因素，而每个因素都有两种对立状态的事物的数学模型。

在本书第二章中已经比较详细地介绍了六维布尔向量与易卦是同构的。一个布尔向量只需要0和1两个数码，0和1在布尔向量中的全部含义只是两个不同的符号而已，与它们作为自然数的性质没有关系。如果不用0和1而用另外两个符号，例如阴爻与阳爻，同样可以表示一个布尔向量。实际上，易卦与"六维布尔向量"在符号的意义下是二而一的东西。例如，对我们前面提到的布尔向量（0，1，1，0，0，1），如果我们用"—"表示数码1，用"--"表示数码0，并把从左到右的次序改为从下到上，把横写改成竖写，那么就得到蛊卦䷑。

完全类似地，随便写出一个六维布尔向量，都可以得到一个和它对应的易卦。例如：

（1，1，0，1，0，1）→睽卦䷥；

（1，0，1，1，0，0）→丰卦䷶。

反过来也一样，任意画出一个易卦，也就可以写出一个和它对应的布尔向量。例如：

家人卦䷤→（1，0，1，0，1，1）；

小畜卦䷈→（1，1，1，0，1，1）。

我国著名哲学家冯友兰先生说过："《周易》是一部关于宇宙的代数学。"如果给这句话中的"代数学"加一个定语，说得更明确一些，"易卦是一部关于宇宙的布尔代数"，就更准确而清楚了。今天我们应该把"布尔向量"正名为"易经向量"或"伏羲向量"。在举世尊重知识产权的今天，布尔先生泉下有知，大概也是不会表示异议的。对此，笔者有诗曰：

谁将零一易阴阳，卦象原型向量彰。电路集成新代数，机芯编序大文章。

仰观俯察先贤业，远绍旁搜后学纲。文化东西常碰撞，羲皇教我解迷茫。

三、逆命题的检验

布尔向量是今人思维决策的数学模型，那么易卦是不是也是古人思维决策的数学模型呢？

从命题的结构分析，易卦能够作为决策系统的数学模型，是毫无疑问的；但是，反过来，是否《易经》的作者为了思维决策的需要而创造了易卦这套符号系统呢？当然不一定。这两者互为逆命题，一个命题是真的，它的逆命题却不一定也是真的。这一对命题的情况如何呢？还必须通过《周易》的本身进行检验。

（一）从易卦的起源看模型论

要弄清易卦究竟是否是古人思维决策的数学模型，就有必要先弄清易卦是怎样产生的。关于易卦的起源，有种种传说和臆测，可谓众说纷纭。下面只介绍几种有代表性的看法。

1. 法象说

这种说法以《易传》为代表，是历代易学思想的主流。"法象说"认为易卦起源于对天地法象的描述。《系辞下传》说：

古者包牺氏之王天下也，仰则观象于天，俯则观法于地，观鸟兽之文，与地之宜，近取诸身，远取诸物，于是始作八卦，以通神明之德，以类万物之情。

《系辞下传》又说：

《易》之为书也，广大悉备：有天道焉，有人道焉，有地道焉。兼三才而两之，故六。六者，非它也，三才之道也。

《说卦传》则说：

昔者圣人之作易也，将以顺性命之理。是以立天之道，曰阴与阳；立地之道，曰柔与刚；立人之道，曰仁与义。兼三才而两之，故易六画而成卦。

以上这些可以作为法象说的代表。

法象说已经肯定易卦是一种"类万物"的模型，那么这个模型是干什么用的？是用来研究"万物"的变化的。东汉经学家郑玄在《易赞》及《易论》中说："易一名而含三义：易简，一也；变易，二也；不易，三也。"简的意义是简化、简约的意思，但它还有一个意义是书信，即信息的一种载体。这就是说：《易经》提出了宇宙人生、万事万物的一种简化了的模型（易简），通过模型帮助人们认识事物变化的规律，讨论人类知变、应变、适变的法则（变易），研究变化中不变的原理（不易），从而解决各种疑难问题，作为人类行为的规范之书，这正好说明易卦是古人思维决策的数学模型。

另一方面，法象说不仅在《易经》的卦爻辞中找不到相应的文字说明，而且本身也自相矛盾。既说 64 别卦是由八个经卦两两相重而得的，又说是"将三才而两之"得到的。《易经》中并没有三个符号分别表示天、地、人三才，那就意味着必须将一个别卦分成三段，上两爻为天，中两爻为人，下两爻为地。这样一来，别卦就是由"四象"三三相重而得，便与由八经卦两两相重而得的说法矛盾了。所以象数之学的学者们，在用法象说解释经文时，常常无法自圆其说，不得不在象数之学中补充爻位说来解脱困境。而模型论则正是以"爻"为最小单位构建易卦模型的，比法象说更符合实际。

关于模型论与法象说的关系，后面尚有详细论述，此处暂时从略。

2. 数占说

这种观点是由张政烺先生在 1978 年首先提出的，张政烺先生考证了甲骨文中的"奇字"，认为它就是数占法的记录。奇字是由一些据说是数字的符号组成的，把奇数当阳爻"—"，偶数当阴爻"--"，三个数一组便得到八经卦中的某一卦，六个数

一组便得到 64 别卦中的某一卦，如下表所示：①

奇数符号	十 五 乂	八 一 八	十 五 八 六 六 十	一 乂 八 一	十 八 十 六 八	八 二 乂 一	五 二 八 乂 一
数字今译	七五八	八一六	七五六六六七	一六八一六	七八七六七六	六八一一五一	五一一六八一
卦画	䷸	䷜	䷩	䷺	䷿	䷡	䷘
排名	巽	坎	益	涣	未济	大壮	无妄

数占说因有出土文物作根据，而且《说卦传》也是这么说的："昔者圣人之作易也，幽赞于神明而生蓍，参天两地而倚数，观变于阴阳而立卦。发挥于刚柔而生爻。"所以比较容易令人接受。

不过，承认甲骨文中的奇字是数占的记录，并不能证明易卦即起源于数占。

首先必须弄清楚一个问题：究竟是先有易卦的卦图，还是先有揲蓍得数那一套程序？按照"数占说"的观点，是先有揲蓍得数的程序然后才有易卦。人们认识事物一般是由简单到复杂，由具体到抽象，而不是相反。卦画简单而具体，揲蓍得数则是一套理论抽象、操作复杂的程序，先有复杂的筮数，后有简单的卦画，不符合思维发展水平较低的先民们的认知规律。何况成卦的方法还有很多，而且简便易行，如掷钱币、数奇偶等，它们未必都是在揲蓍得数出现之后才有的成卦方法。

其次，甲骨文中的"奇字"中的数字，未必就是蓍数，也有可能是借用数字作为某种特定的符号。为什么这样说呢？

按照《系辞上传》中所说的方法，揲蓍所得的筮数是四个连续的整数"六、七、八、九"，而奇字中的数却是不连续的，这需要做出合理的解释。此其一。

按照《系辞上传》中所说的揲蓍得数的规则，"十有八变而成卦，八卦而小成"，十有八变只能形成六爻卦，虽然张政烺先生在上表中所列举的都是三爻卦和六爻卦，但是奇字中却还有一些由四个数组成的奇字，甚至还有由"五一八六八五五六八一一一一"这样的由 13 个数字组成的奇字，这个矛盾同样需要做出解释。此其二。

如果奇字中使用的数占法是与《系辞上传》中所说的筮法体系不同的筮法，那么得出六个不同筮数的方法，将是一种更复杂的过程，为了占筮的目的，先创造出

---

① 张政烺：《试释周初青铜器铭文中的易卦》，载《考古学报》，1980 年第 4 期。

一套高度复杂的程序，然后得到一个简单的卦，似无必要。此其三。

因此，只有两种可能：要么"奇字"根本不是数占的记录，而是别的什么文字或符号；要么就是先有了易卦，后人为了用卦进行占筮，规定了一些适当的办法随机得到一个卦。本来占筮与决策是二而一的事情，古人在决策时要考虑许多因素是有利还是无利，但又无法判断，只好求助于占筮。因此如果奇字就是占筮的记录，同样指向模型论的观点。

3．结绳说

无论是在亚洲、非洲还是美洲的古代，都有结绳记事的传说，古埃及文字中某些字母的开头都与结绳有关。《系辞下传》说："上古结绳而治，后世圣人易之以书契。"因此，有的学者认为，易卦是古代结绳记事的符号化。连鲁迅先生也相信这种说法，他曾经写道："伏羲皇上的'八卦之流，三条绳一组，都不打结的是'乾'，中间各打一结的是'坤'。"（《且介亭杂文·门外文谈》）

结绳说肯定易卦起源于由结绳发展而来的记事符号，这是正确的。但必须指出的是，这种符号不仅仅是"有事"或"无事"的符号，而且也有可能是表示"有事"时所涉及的事物两种对立状态的符号。

人们可以用各种各样的符号来表示两种对立的状态。作《易》者为什么偏偏要选择"—"与"--"这两个符号而不用别的符号呢？这是由于当时的生产发展水平很低，人们写字画图还没有纸笔，只能用金属或石片等硬物在另一些硬物上刻画，人们选择的符号必须具有下列优点：

①简单明了；
②易于用硬物在硬物上刻画；
③占用的篇幅应尽可能地小；
④改动方便。

在卦变时常常要把一个爻改成与它爻性相反的爻，如果用别的符号，改动起来就非常困难。例如汉帛书《周易》的阴爻写作"∧"，如果在刻画阴爻时"∧"画得不够凸，或者在画阳爻时，"—"画得不够平，两者就很容易混淆，而且要把其中的一个改为另一个也十分不便。

易卦中所用的两个符号"—"与"--"在满足这几点要求上是最为合理的。"—"与"--"非常简单而又能形象地表明两种状态；"—"与"--"显然是硬物刻画硬物的痕迹。不容怀疑的是：即使科学发展到今天，我们可以列举出成千上万种符号来表示一个事物的两种对立状态，但是却绝对找不出另一种符号比易卦阴阳爻更符合上述的几点要求。

结绳说与模型论的观点也是相通的。

由此可见，上述三种关于易卦起源的说法，其最后的、自然的结论都指向模型论的观点。

（二）从阴阳爻的分布看模型论

模型论的基础立足于一个观点：古人对于思维决策的问题要考虑许多因素，每一因素对要解决的问题，大体上可分为有利和不利的两个方面（反映在行动上则是前进或后退、积极与消极等），把有利的因素用符号"—"表示，不利的因素用符号"– –"表示，那么记录的结果就必然得到一个卦。

这个观点是否站得住脚呢？回答是肯定的。

将《周易》的爻辞与相应的卦画相比较，凡对应于阳爻的爻辞多半有"利""无咎""吉"等断语；对应于阴爻的爻辞多半有"不利""凶""有悔"等字样。如上经30卦中共有阳爻86个，对应的86条爻辞中有"吉""无咎""利"等断语的有61条，占71%；属于中性的有18条，占21%；明确地有"凶""悔""不利"等字样的只有7条，仅占8%。而且由于有利和不利的相对性，有些"凶""厉"等断语的爻辞是在特定的语言环境中说的，对某一局部不利而用断语"凶"，却可能对整个系统的全局有利；对一方"不利"，对另一方却"有利"。现将这7条爻辞逐条分析如下：

（1）小畜卦上九爻辞："既雨既处，尚德载。妇贞厉，月几望，君子征。凶。"

这条爻辞说，前一段密云不雨，延误了农时。现在下雨了，雨又停了，正宜开始耕地，抢播作物。快到月十五了，时不我待，如果男子们要应贵族征役而只留下妇女在家，即使努力按正道去做，也难于把事情办好，那是危险的。如果"君子征"，就会"凶"，会"厉"。但是这里还只是一种警告之语、假定之词，并非事实，事实是下雨了，雨也停了，还来得及补耕抢种，只要君子不夺民时，仍然吉利，故记阳爻。

（2）履卦九五爻辞："夬履，贞厉。"

履卦的"履"指人们履行自己的政治理想的行为。作《易》者希望君王能从善如流，即使有人踩了老虎尾巴，惶惶不可终日，也不要追究，使其人最终吉利（九四）。九五爻辞紧接九四而来，认为如果有人强行阻断人们的言路，使匡时济世的言论难于发表，利国富民的行为受到阻碍，那就有凶险。既然是开明的君王，"履虎尾，不咥人"（卦辞），必然会反其道而行之，故本爻可用阳爻。

（3）噬嗑卦上九爻辞："何校灭耳，凶。"

噬嗑卦是一个讲决狱执刑的卦，罪犯不能防微杜渐，终于罪至罔加，戴上了沉重的枷锁，凶多吉少！对罪犯来说，固然是凶险；但对决狱系统来说，是执法的成功，应为有利，故用阳爻。

（4）无妄卦上九爻辞："无妄，行有眚，无攸利。"

历来都认为无妄卦是讲思想修养的卦。如果这样，对后面的六二、六三爻辞就无法解释。无妄卦似乎是一个讲商业问题的卦。在《周易》成书的时代，我国社会已完成了第三次社会大分工,出现了商业和专门从事商品交换的人。《系辞下传》说:"日中为市,致天下之民,聚天下之货,交易而退,各得其所。"古代重农抑商,看不起商人,"无商不奸"几乎是人们带有的普遍性观念。所以,卦辞用"无妄"来要求商人,做生意要公平诚实,童叟无欺,不要弄虚作假,损人利己。因此,也就用"无妄"两字来指代商人。这条爻辞说:虽然能诚实公平地经商,但如果行动盲目,也不能获得利润。"无攸利"指没有利润,此爻是指导人们如何行动才会有利的话,并非行动本身不利,故仍宜用阳爻。

(5)颐卦初九爻辞:"舍尔灵龟,观我朵颐,凶。"

如果舍弃你自己的美味灵龟不食,而看着我鼓起腮帮进食,就凶险了。这条爻辞只是假定的语气:此人有味道鲜美的龟可饱口福,这是有利的条件。如果他不去取食,而只看着别人吃东西产生夺取之心,则有凶险。这是假设的语气,并非真的凶险。有美味资源是有利的,所以用阳爻。

(6)大过卦九三爻辞:"栋桡,凶。"

这一爻也是假设之辞。栋梁不堪重负而弯曲才有凶险。比喻人事,就是对优秀的人才委以重任,固然是好事,但如果让他们负荷太重,超过了力所能及的范围,也会造成不利的后果。栋梁是极为坚实和有用的材料,即使不胜重负,尚可作别的用途。所以,本爻用阳爻。

(7)离卦九三爻辞:"日昃之离,不鼓缶而歌,则大耋之嗟,凶!"

这一爻辞是一个巧妙的比喻,它的含义是说,到了垂暮之年,有如夕阳西下,应该交班让贤,及时隐退;自己则鼓缶行乐,颐养天年。如果勉强恋栈,则可能导致"大耋之嗟",那就会有凶险。这里的"凶"仍是假定的凶,懂得了这个道理是好事,故本爻用阳爻。

总之,对经文逐卦逐爻分析,足以说明阳爻"—"是记录有利条件的符号,阴爻"--"是记录不利条件的符号,从而有理由断言:"易卦是古人思维决策的数学模型。"

(三)从卦爻辞的论述看模型论

《系辞上传》说:

"圣人设卦、观象、系辞焉而明吉凶,刚柔相推而生变化。"

这段话清楚地说明了古人思维决策的模式。当古人在思维决策的时候,心中先有了一个"象"作为参照,"立象以尽意"之前,还要"设卦以尽情伪",用类比等方法对要决策的问题本身作出判断。把决策对象当作一个系统来考虑,分析这一系统所涉及的若干因素,把有利的因素记以阳爻,不利因素记以阴爻,就得到一个卦,这就是"设卦";然后对卦作全面的整体的分析,就是"观象";最后把思考的结果记录下来则是"系辞"。我们今天看到的《周易》经文就是古人的"系辞"。

"明吉凶"是要弄清楚事情的利害关系,"刚柔相推"是要采取适当的措施使事情向有利的方向发展。

《周易》的经文与易卦系统的关系是什么呢？笔者认为：《周易》经文是古人解释如何使用易卦模型来进行思维决策的例题，与数学课本中为了说明一个定理的性质而举出的例题差不多。每一卦相当于一篇解释例题的论文，卦辞相当于文章的总纲或提要，六条爻辞则为详细的分段论述。

在本书的最后一章，以模型论为指导思想对几个卦的卦爻辞作了解读，可供参考。这里我们先用两个卦为例来说明这个问题。

1. 谦卦提出了谦虚之道的一种思维模型

谦虚是我国文化的传统美德，"骄傲使人落后，谦虚使人进步""满招损，谦受益"，一直是人们的座右铭。做一个"谦谦君子"是仁人志士追求的目标。但是，究竟什么是"谦虚"？什么又是"谦谦君子"呢？《易经》中的谦卦就是论述"谦"之道的。

谦䷎　亨，君子有终。

初六　谦谦君子，利涉大川。吉。

六二　鸣谦，贞吉。

九三　劳谦，君子有终，吉。

六四　无不利，撝谦。

六五　不富以其邻，利用侵伐，无不利。

上六　鸣谦，利用行师征邑国。

历代的注《易》者多把"谦谦君子"解释为谦虚而又谦虚的君子，那么，初六爻辞的意义就是：一个人只要有谦虚而又谦虚的精神，就能克服困难，逢凶化吉。其实，这种解释，似乎并不符合《易经》的原意。

"谦"字有两种不同的含义：

第一个含义是"谦虚"，作动词用。

第二个含义是"不足"，作名词用。《左传·昭公五年》："谦，不足。"

谦卦只有第三爻是阳爻，其余五个爻都是阴爻，因而谦卦的基本格局是阴盛阳衰，不利多于有利，"不足"当然是不利条件。用"模型论"的观点分析，谦卦数学模型表示的是一个不利因素多于有利因素的系统，唯一的希望所在是它的九三阳爻。如果九三阳爻的势力特别强大，有持一驭万的能力，中流砥柱的作用，则可逐一消除其他不利因素的消极影响，使谦卦变得较为吉利。

谦卦分为两部分，下卦三爻是一篇发人深省的道德论，它实际上阐明了"谦虚"这一概念的真谛：知谦、鸣谦和劳谦。

初六爻辞中的"谦谦君子"的第一个"谦"字是动词，第二个"谦"字是名词。"谦谦"就是谦其所当谦，即用正确的态度对待不足。与常用的"是是""非非""亲亲""仇仇""善善""恶恶"之类的词结构相同。

知谦就是要认识自己的不足。人无完人，任何人都会有不足之处，谦谦君子会像曾子那样，一日三省吾身，认识自己的不足，不会盲目自大，不可固步自封，这就是知谦。所以初六爻辞说，谦谦君子，有利于克服不足，吉利。

知谦之后是鸣谦，鸣谦就是敢于说出自己的不足，不要文过饰非，不要讳疾忌医。因此六二爻辞说，敢于说出自己的不足是吉利的。

鸣谦之后还要劳谦。人有所不足，能够认识、敢于承认还是远远不够的，更重要的是劳谦，即用自己的努力去改变不足的现状，不能消沉颓丧，不能无所作为。所以九三爻辞说，因知道不足而努力，就有好的结果，终于吉利。

懂得了谦虚的真谛，并用正确的态度对待谦虚，才会懂得怎样去做一个"谦谦君子"。

首先，要学会谦虚。孔子的学生子路曾经是一个不谦虚的人。有一次孔子劝子路要努力学习，子路却认为自己很聪明，智商高，根本不需要学习。他说："南山有竹，不揉自直，斩而用之，达于犀革，何学为乎？"孔子回答他说："刮而羽之，镞而砺之，其入不亦深乎？"子路听了孔子的话心悦诚服，表示"敬受教哉！"子路后来成了孔子最优秀的学生之一。其次，谦虚要恰如其分，不能妄自菲薄。无原则的谦虚则是虚伪，过度的谦虚则是骄傲。这就是说，要分辨事理的是非曲直，确有不足就应该谦虚，没有不足就不必故作谦虚。

上卦三爻则论述"损盈满而益不足"的道理。

六四爻辞指出：能发挥"谦之道"就无往而不利。什么是"谦之道"呢？就是减损盈满以弥补不足。这是古人一种"天下为公"的朴素观念。

六五爻辞说，如果有人违反谦道，以邻为壑，造成邻人的不足，如豪门之剥削穷人，列强之侵略弱国，穷人或弱国只靠自己的"劳谦"，尚不足以解决自己的"不足"，就要对造成邻人之不足者进行讨伐，以主持公道，这没有什么不利。

上六爻辞说，对那些违反"谦道"，以邻为壑的人或国，要充分宣传他们的不足（另一种意义下的不足），以利于对他们名正言顺的讨伐。上六的"鸣谦"与六二的"鸣谦"词同义异，前者指宣传揭露应该受到讨伐者的不足，后者是认识、承认自己的不足。

2. 坤卦提供了一个在逆境中明哲保身、静观待变的思维模型

坤☷ 元亨，利牝马之贞。君子有攸往，先迷，后得，主利。西南得朋，东北丧朋，安贞吉。

初六 履霜，坚冰至。

六二 直方大。不习，无不利。

六三 含章可贞。或从王事，无成有终。

六四 括囊，无咎无誉。

六五　黄裳，元吉。
上六　龙战于野，其血玄黄。
用六　利永贞。

坤卦的六个爻都是阴爻，描述的是一个所有因素都处于不利状态下的系统（当然，不利有程度之别）。不利条件是可以转化的，问题在于采取正确的态度，且看坤卦的爻辞是怎么说的：

初六爻辞说，已经踩在霜上，坚冰即将到来，提醒人们对不利条件要有足够的估计。"冰冻三尺，非一日之寒"。当前已经不利，短暂的将来也不可乐观。但是，坚冰到了，春天还需久待吗？不利条件还是可以转化的。

六二爻辞说，在不利条件下，要保持做人的正直、端方、博大。虽不能拼搏出击，但没有什么不利。习：发展、飞翔、搏击。《礼记·月令》："鹰乃学习。"《管子·集效第八》："畜之以道，则民和；养之以德，则民合。和合故能习。"

六三爻辞说，保持了这些美好的德行就合于正道；事业暂时没有成就，但将来还会有好结果。

六二、六三爻辞讲的是抽象的道理，六四爻辞则是更具体的策略。

六四爻辞说，在不利条件下要保持沉默、低调，不宜轻举妄动，虽然不能得誉，但是可避免不必要的灾咎。

六五爻辞说，终于穿上了吉利华美的黄裳（黄裳，即黄衣，古代士人所着之裳。《仪礼·士昏》疏："士唯有三等之裳：玄裳、黄裳、杂裳。"）。黄为中正之色，有华美吉利之意。不利的局面将出现转机。

上六爻辞的龙指坤卦的对立面。阴盛阳衰，阳盛阴衰，乾卦有利则坤卦不利，乾卦不利则坤卦有利。当乾卦"飞龙在天"，处于极盛的时候，就是使坤卦陷于不利的外部因素。现在，这些龙已经互相残杀，血水横流，两败俱伤，到了"亢龙有悔"的地步，坤卦的有利时机到来了。

坤卦提出的正是在不利条件下如何争取转机的对策：保存实力，静观待变。

坤卦的思维模式还充分体现了《周易》中"三才之道"的思想：

初六爻辞说"履霜，坚冰至"，条件十分不利；六二爻辞马上提出"直方大"的要求，即要学习"地之道"来应对不利条件。

六三爻辞说"或从王事，无成有终"。六四爻辞马上提出了"括囊"的对策：少说多思，无怨无悔，怨天无智，怨人无能。坚守待援，静观待变。这是一种"立人之道"。

六五爻辞说，坚守"黄裳"地位，等待时机。上六爻辞则提出了"龙战于野，其血玄黄"的时机已经到来，"天若有情天亦老，人间正道是沧桑"，体现了"立天之道"。

这些卦例都说明，《易经》是研究思维决策的书，易卦是研究思维决策的数学模型，它的每一个卦讲的多是如何审时度势、扬长避短的谋略思想。

（四）从《易传》的论述看模型论

在《易传》中有许多文字对模型论实际上已经做了清晰的表述或者明显的暗示，将这类文字整合梳理一番，就不难发现一条通往模型论的路线。

《系辞》中有几段话事实上明确地指出了易卦是思维决策的数学模型：

古者包牺氏之王天下也，仰则观象于天，俯则观法于地，观鸟兽之文，与地之宜，近取诸身，远取诸物，于是始作八卦，以通神明之德，以类万物之情。

这段话明确指出，圣人作卦的目的，是设计一种能够"通神明""类万物""定吉凶"的东西。什么东西能模拟万事万物呢？当然是一种模型。什么模型可以通神明呢？那当然不是具体事物的模型，只能是思维决策之类的模型。

圣人设卦、观象、系辞焉而明吉凶，刚柔相推而生变化。……是故君子所居而安者，《易》之序也；所乐而玩者，爻之辞也。是故君子居则观其象而玩其辞，动则观其变而玩其占。是以自天佑之，吉无不利。

设卦——创造模型，观象——考察模型，系辞——运用模型。

这是模型论的典型程序。按照这个程序可以明了事物发展的吉凶变化，从而采用或张或弛，或进或退的策略，使事物合理地发展。所以君子平时安心分析易卦（模型）的秩序，玩味实例（系辞）的启示，乐此不疲。有所行动时则观察掌控事物的变化（对已知的因素），参考玩味占卜的结果（对未知的因素），那就会像有上天保佑一样，总能趋利避害，逢凶化吉。

圣人立象以尽意，设卦以尽情伪，系辞焉以尽其言，变而通之以尽利，鼓之舞之以尽神。

古人在"立象尽意"之前，先要"设卦以尽情伪"。所谓情伪，是指一个因素两种对立的状态。圣人立象以尽意来表达思想，设卦来尽量揭示真伪，附上文字说清楚联想到的意见。会通变化尽量发现有利的因素，推动事物尽量发挥神奇的力量，以争取成功。卦能尽量揭示真伪，判别利弊，找到有利因素以推动事物发展，它必然是一个能帮助人们思维决策的模型。

我们再看《系辞》中其他一些论述：

乾知大始，坤作成物。乾以易知，坤以简能。易则易知，简则易从。易知则有亲，易从则有功。有亲则可久，有功则可大。可久则贤人之德，可大则贤人之业。易简而天下之理得矣；天下之理得，而成位乎其中矣。

在《周易》中，乾坤既指实际的天地，也指象征天地的乾坤二卦，有时还可以互文，泛指自然现象。"乾知大始，坤作成物"的"知"与"作"意义相近，为互文。《经义述闻》引王念孙语："知，犹'为'也，'为'亦'作'也。""乾以易知"中的"易"即易象，《系辞下传》："易者，象也。""在天成象，在地成形，变化见矣!""象"表示事物的纷纭状态,"形"意味卦的简单模型。德与道是中国哲学的一对范畴。"道"原指人行的道路,借用为事物运动变化所必须遵循的普遍规律或万物的本体。"德"通"得",指通过"道"对具体事务悟出的特殊规律或特殊性质。对于"道"的认识修养有"得"于己也称为"德"。在这段话里,"道"特指"一阴一阳之谓道"的道,"德"则指对这个道的心得体会,"亲"的意义为亲近或爱,引申为爱好。

因此,这段话的大意是:乾的作为体现于创始,坤的作为体现于成物。乾是易象的表现,坤有简约的功能。象征容易理解,简约容易效法。容易理解使人产生爱好,容易效法使卦发挥功能。因为有人爱好所以长盛不衰,因为可以致用故能发扬光大。长盛不衰汇聚贤人的心得,发扬光大成就贤人的事业。把复杂的易象提炼为简易的模型,就能求得天下的道理。懂得了天下的道理,成功就孕育在其中了。

易与天地准,故能弥纶天地之道。仰以观于天文,俯以察于地理,是故知幽明之故。原始反终,故知死生之说。精气为物,游魂为变,是故知鬼神之情状。

易卦(模型)的创作与天地相准拟,所以能包涵天下的道理。仰观天上日月星辰的运动,俯察大地山川物种的构成,(通过类比)而探求一切有形或无形的、抽象的或具体的事物的道理。推出原事物的初始、反求事物的终结,就能知晓事物的发生、发展与衰亡的规律。气的精华(按一定的结构)聚集成有形的物体,气的游离引起事物的变易。由此知晓阴阳变化(阴阳不测之谓神)的情况。

一阴一阳之谓道,继之者善也,成之者性也。仁者见之谓之仁,知者见之谓之知,百姓日用而不知,故君子之道鲜矣!

一阴一阳(所构成的模型)显示天下的道理,传承使之完善,成功在其本能。人们(对模型)见仁见智,每天都在使用它却不自觉,所以君子(善用模型)的道理还远未普及,知道的人不多。

生生之谓易。成象之谓乾,效法之谓坤,极数知来之谓占,通变之谓事,阴阳不测之谓神。

生生不绝、此消彼长的现象叫作变易,画出卦的象征(设置模型)叫作乾,仿效卦的法式(推求事理)叫作坤,穷极蓍数预测(未知因素)将来叫作占筮,通转变化(已知因素)叫作事理。阴阳不可测定(特殊因素)叫作神。

夫易广矣大矣!以言乎远则不御,以言乎迩则静而正,以言乎天地之间则备矣。夫乾,其静也专,其动也直,是以大生焉。夫坤,其静也翕,其动也辟,是以广生焉。广大配天地,变通配四时,阴阳之义配日月,易简之善配至德。

易卦(模型)的意义是何等广大啊!从远处说变化难以驾驭,从近处说安静同于正态。将它比拟于天地之间则完备充实,万理俱在。乾卦的象,静则团聚专一(全阳),动则一往直前,所以能成其大;坤卦的象,(全阴)静则收敛闭合(全阴),动则舒张开放,所以能成其广。它的广大和天地相匹配,变通与四时相匹配,易简与至德相匹配（这里的易简指模型的功能，至德指对"道"最深刻的心得）。

圣人有以见天下之赜，而拟诸其形容，象其物宜，是故谓之象。圣人有以见天下之动，而观其会通，以行其典礼，系辞焉以断其吉凶，是故谓之爻。言天下之至赜而不可恶也，言天下之至动而不可乱也。拟之而后言，议之而后动，拟议以成其变化。

圣人看到天地万物的丰富纷纭，于是模拟它们的形态容貌，恰当地象征它们，所以称之为象。圣人看到了天下各种各样的变动，于是考察它们的交会贯通，为它们制定了各种行为规范，附上文字说明用以判断它们的吉凶，所以称之为爻。说明天下最复杂的模型，那是百玩不厌的；说明天下最复杂的运动，那是有条不紊的。模拟之后再谈论，深思之后再行动，模拟、深思以完成它们的变化。

子曰："夫易何为者也？夫易，开物成务，冒天下之道，如斯而已者也。"是故圣人以通天下之志，以定天下之业，以断天下之疑。

孔子说：易，是做什么用的呢？易开启物智，成就事业，囊括了天下所有的行为法则，也就是如此而已。所以，圣人用来开通天下的心志，确定天下的事业，解除天下的疑虑。

易有圣人之道四焉：以言者尚其辞，以动者尚其变，以制器者尚其象，以卜筮者尚其占。是以君子将有为也，将有行也，问焉而以言，其受命也如响。无有远近幽深，遂知来物。非天下之至精，其孰能与于此！参伍以变，错综其数；通其变，遂成天地之文；极其数，遂定天下之象。非天下之至变，其孰能与于此！易，无思也，无为也，寂然不动，感而遂通天下之故。非天下之至神，其孰能与于此！夫易，圣人之所以极深而研几也。唯深也，故能通天下之志；唯几也，故能成天下之务；唯神也，故不疾而速，不行而至。

易包含圣人四个方面的思想：用来指导言论的人崇尚其文辞精义；用来指导行动的人崇尚其变化规律；用来指导制作器物的人崇尚其象征意义；用来指导卜问决疑的人崇尚其占筮原理。所以君子将要有所作为、有所行动的时候，就开口向它请教，它收到你的请求以后就像山谷回声一样立刻回答。不论远近，也不论隐幽深邃，都能推知你要问的事物未来的状态。若不是通晓天下最为精深的道理，谁能做到这些呢！三才五行演绎变化，数量关系交错综合。通过演绎变化，就形成天下的礼仪制度；交错综合数量，便能判定天下的物象事理。若不是掌握天下最为复杂的变化，谁能做到这些呢！易，（本身）没有思想，没有行为，默默地毫无动静，有所感应便通达天下的因由。不是天下最为神妙的东西，谁能做到这些呢！易，是圣人用以探究深奥、研究微妙的凭借呀。正因为它幽深，所以能会通天下的心志；正因为它微妙，所以能成就天下的事业；正因为它神奇，所以不显快捷却万事速成，不须行走而能达远处。

从《易传》的这些论述可知，易卦是被当作一种思维决策的模式来使用的。

（五）从占筮之书看模型论

人们历来都把《周易》看成占筮之书，但占筮之说与模型论并无矛盾。因为在古代，决策与占筮经常是联系在一起的，实际上是二而一的事情。

《尚书·周书·洪范·稽疑》说：

择建立卜筮人，乃命卜筮。曰雨，曰霁，曰蒙，曰驿，曰克，曰贞，曰悔，凡七。卜五，占用二，衍忒。立时人作卜筮。三人占，则从二人之言。汝则有大疑，谋及乃心，谋及卿士，谋及庶人，谋及卜筮。汝则从，龟从，筮从，卿士从，庶民从，是之谓大同。身其康强，子孙其逢。吉。汝则从，龟从，筮从，卿士逆，庶民逆，吉。卿士从，龟从，筮从，汝则逆，庶民逆，吉。庶民从，龟从，筮从，汝则逆，卿士逆，吉。汝则从，龟从，筮逆，卿士逆，庶民逆，作内吉，作外凶。龟筮共违于人，用静吉，用作凶。

"稽疑"就是决疑，不过这里所说的决疑要利用卜筮。"从"与"逆"是赞成和反对的意思。把这段话译成现代汉语，其大意是：

用卜筮决疑：选择建立掌管卜筮的官员，教导他们卜筮的方法。龟兆有的叫作雨，有的叫作霁，有的叫作蒙，有的叫作驿，有的叫作克；卦象有的叫作贞，有的叫作悔，共计有七种。龟兆用前五种，占筮用后两种，根据这些推演变化，决定吉凶。设立这种官员进行卜筮。三个人占卜，就听从两个人的说法。你若有重大的疑难，你自己要考虑，再与卿士商量，再与庶民商量，再与卜筮官员商量。你赞同，龟卜赞同，蓍筮赞同，卿士赞同，庶民赞同，这叫大同。这样，自身会康强，子孙会昌盛，很吉利。你赞同，龟卜赞同，蓍筮赞同，而卿士反对，庶民反对，也吉利。卿士赞同，龟卜赞同，蓍筮赞同，你反对，庶民反对，也吉利。庶民赞同，龟卜赞同，蓍筮赞同，你反对，卿士反对，也吉利。你赞同，龟卜赞同，蓍筮反对，卿士反对，庶民反对，对内行事还吉利，对外行事就不吉利。龟卜、蓍筮都与人意相违，不做事就吉利，做事就凶险。

"从"和"逆"是两种对立的状态，如果将它们分别用符号"—"和"--"来代替，那么上面所述的办法，便可列表如下：

决策因素	因素状态					
王	从 —	从 —	逆 --	逆 --	从 —	从 —
龟卜	从 —	从 —	从 —	从 —	从 —	逆 --
蓍筮	从 —	从 —	从 —	从 —	逆 --	逆 --
卿士	从 —	逆 --	从 —	逆 --	逆 --	从 —
庶民	从 —	逆 --	逆 --	从 —	逆 --	从 —
综合决策结果	吉	吉	吉	吉	内事吉 外事凶	守静吉 行动凶

可见，表中每一种决策状态都是一个（五爻）卦。

从这里我们可以看到：在君王、龟卜、蓍筮、卿士、庶民这五种决策因素中，龟卜、蓍筮这两种因素是起决定作用的。在五个爻中，王、卿士、庶民三者是人的意志控制的；龟卜一爻，虽非人力完全控制，但它把龟卜的征兆分为雨、霁、蒙、驿、克、贞、悔七种类型，对于每一种类型都规定了相应的举措，实际上也是确定了的，唯一不确定的因素是蓍的结果，这个爻才是真正的"变爻"，它对综合决策的结果的作用是决定性的。

《尚书》的决策方法是一个五爻卦模型，《周易》的决策方法则是一个六爻卦模型，《尚书》的决策方法离不开占筮，《周易》的决策方法同样离不开占筮。

易卦是古人考虑涉及六个因素的决策系统时，根据因素的有利和不利两种状态定出的模型。因此，古人在研究决策系统时，必须先对系统中的许多因素的综合作用进行判断，然后才能确定一个卦。但是在科学技术还不发达的古代，由于种种原因，许多因素既不能在事前准确预测，又不能在事中严加控制，对这些因素是有利还是不利就无法判断，因而也就不能把卦实际确定，但又非迅速做出决策不可。在这种情势下（绝大多数情况都会是这种情势），古人就不能不求助于占筮，寄希望于以"鬼谋"助"人谋"。所谓"人谋鬼谋"，按王夫之《周易内传》中的说法，揲蓍成卦依一定的程序，经过四营十八变，求得卦象，其中的"挂一""揲四""归奇"等过程是人所控制的，这是人谋；但其中任意"分而为二"一步，多少出于无心，最后求得什么卦象，则非人力所能安排，属于鬼谋。王夫之指出："古之为筮者，于事神、治人之大事，内审诸心，求其理之所安而未得，在天子诸侯则博谋之卿士以至庶人，士则切问之亲友，又无折中之定论，然后筮以决之。"[1]

所以，占筮是帮助决策的一种手段。它的可取之处在于：让决策之前无所适从的人们相信"成败听命于天"，及时做出决断；事后不管结果如何，又能使人们"得失安之于数"，保持心理上的平衡。一般的老百姓文化不高，知识面窄，控制力弱，在决策遇到困难时不能不更多的求助于占筮。而君王们居庙堂之高，掌握权力，拥有资源，占有情报，熟悉历史，在决策时就更多地依赖于"人谋"。所以古人说："善为易者不占"（《荀子·大略》），"易为君子谋，不为小人谋"（张载《正蒙·大易篇》）。

《系辞上传》说：

是故易有太极，是生两仪，两仪生四象，四象生八卦，八卦定吉凶，吉凶生大业。是故法象莫大乎天地，变通莫大乎四时，悬象著明莫大乎日月，崇高莫大乎富贵。备物致用，立成器以为天下利，莫大乎圣人。探赜索隐，钩深致远，以定天下之吉凶，成天下之亹亹者，莫大乎蓍龟。

---

[1] 王夫之：《周易内传》，第607页，岳麓书社，1988年。

易从"太极"生出了"两仪",两仪又生出了"四象",四象再生出了八卦。通过八种卦象(模型)判定吉凶,判定了吉凶便可成就伟大的事业。所以,建立法象(模型)的典范,没有比天地更好的东西;表达变化纷繁,没有比一年四季更好的东西;高悬形象显明事理,没有比日月更好的东西。尊崇高尚,不会超越天地的的富有和宝贵。提供物品,制成器用以利天下,不会超越圣人的智慧。研究复杂(事物),探索隐秘(东西),穷极幽深,追踪遥远,以判定天下的吉凶,成就天下孜孜以求的事业,不会超过易卦的作用。(亹,音 wei,"亹亹"同"娓娓",勤勉不倦貌。《尔雅·释诂》:亹亹,勉也。)

这里的"莫大乎蓍龟"中的蓍龟一词,应该理解为包括占筮在内的建立易卦的全过程。

因此可见,古人在决策时不仅要依赖"人谋",还要依赖"鬼谋",即占筮。这种情况,即使在今天,也不可能完全避免,只是"占筮"的形式和手段可能不同而已。

对自然(包括人类社会)的种种状态,当人类处于无知无奈的境地,又迫切地企望摆脱这种困境时,就有可能出现占筮或者实质上与占筮同理的行为。英国著名的文化人类学家马林诺夫斯基的话对我们也许不无启示:

当人类遇到难关,一切知识与实际控制的力量都告无效,而同时又必须继续向前追求的时候,我们普遍便会发现巫术的存在。须知人类一旦为知识所摒弃、经验所不能援助、一切有效的专门技术都不能应用之时,便会体认自己的无能,但是,这时他的欲望只是更加逼迫着他,他的恐怖、希望、焦虑,在他的躯体中产生一种不稳、一种替代的行为。①

这种替代的行为就是占筮。

古人相信占筮的灵验,并不是占筮本身确有什么"灵性"。不是因为占筮确实灵验而导致了千百年来许多人对它的迷信;恰恰相反,而是因为出于对它的迷信使许多人以为占筮确实是"灵验"的。这就使相信占筮的古人甚至现代人,总是处于"二律背反"的尴尬境地。从显在的理性逻辑看,只有当《周易》的占筮实实在在是灵验的才能使人相信;而从潜在的非理性"逻辑"看,只要你相信《周易》的占筮,那么,它就必将永远是"灵验"的。要问《周易》占筮究竟灵不灵,首先要看你对它的心诚不诚。蒙卦卦辞说:"初筮告,再三渎,渎则不告。"求筮者初来求筮,怀着诚心,神灵就会告诉你吉凶。若不信初筮,反复多疑,而再三求筮,是狎辱筮人,显得没有诚心。没有诚心,神就不会告诉你吉凶了。人们常说的"诚则灵",即如此。

既然人们相信"诚则灵",那么"不灵则不诚"。这两者互为逆否命题,逆否命

---

① 马林诺夫斯基:《文化论》,第 66 页,中国民族文艺出版社,1987 年。

题总是与本命题同真或同假。要问《周易》占筮究竟灵不灵，首先要看你对它的心诚不诚。本来，灵不灵的问题，是可以放到实践中去检验的，然而，在这里却被归结为你那颗"心"诚不诚。心诚与不诚，则是难于检验的。如东汉王充是一位杰出的朴素唯物主义哲学家，他一方面声言不信占筮，认为占筮"从之未必有福，违之未必有祸"。但从他另外一些言行考察，他实际上仍是处在"不可不信，不可全信"的矛盾状态之中。

其实，古人虽用《周易》进行占筮，但也并非总按占筮的结论去办事，而是按他们对事物常理的分析去行事的。如《左传·襄公二十五年》记载了一次占筮：齐棠公死了，崔武子前去吊丧，发现齐棠公的遗孀棠姜很美，便要娶棠姜。命人用《周易》占了一卦，左右的人为了奉承崔武子，都说是吉卦，可以娶棠姜；但有一个叫陈文子的人却认为是凶卦，引《周易》的卦爻辞来论证是"不可娶也"。但崔武子并不听陈文子那一套，认为"一个寡妇能有什么凶险，如果有凶险也都由她死去的男人承担了！"于是娶了棠姜。又例如，《左传·襄公九年》也记载了一个用《周易》占筮的例子：鲁宣公的妻子，鲁成公的母亲穆姜与大夫叔孙侨如通奸，淫乱无德。成公十六年，叔孙侨如阴谋推翻鲁成公，结果失败，穆姜也因此被迁往东宫。这时，她用《周易》占了一卦，占问自己的前途。史官认为占得的卦有外出之义，劝穆姜赶快逃走，但穆姜却认为，只有有德的人，才能出走而免除灾祸。自己与大臣淫乱，祸国殃民，一德也没有，逃走是没有用的。因而不肯出逃。可见，即使古人，也不完全相信占卜有什么先验的灵验。

即使他们相信《周易》占筮是灵验的，必须照办，但由于对卦爻辞的理解和思维方法的不同，也会得出不同的结论，而这种结论是带有强烈的主观意识的，实际上就是一种决策行为。

如《左传·昭公十二年》记载了一次占筮实例：

南蒯之将叛也，枚筮之，遇《坤》之《比》，曰："黄裳，元吉。"以为大吉也。示子服惠伯曰："即欲有事，何如？"惠伯曰："吾尝学此矣。忠信之事则可；不然必败。外强内温，忠也。和以率贞，信也。故曰：黄裳，元吉。黄，中之色也；裳，下之饰也；元，善之长也。中不忠，不得其色；下不共，不得其饰；事不善，不得其极。外内倡和为忠；率事以信为共；供养三德为善；非此三者弗当。且夫易不可以占险。将何事也？且可饰乎？中美能黄，上美为元，下美则裳。参成可筮，犹有阙也，筮虽吉，未也。"

这段占筮的故事说明：同一占筮，依据《周易》的同一爻辞（《坤·六五》爻辞：黄裳，元吉），却推断出两种相反的结论。南蒯将这一爻辞与他的"叛"作类比，将他的"叛"比作"黄裳"，从而推断出他的"叛"是"大吉也"的结论。惠伯认为南蒯的类比不当，他说："'黄裳，元吉'的意思是：'黄，中之色也；裳，下之饰也；元，善之长也'"。然而南蒯不具有这三个条件，而是相反："中不忠，不得其色；下不共，不得其饰；事不善，不得其极。"所以他的结论是："筮虽吉，未也。"可是，无论南蒯还是惠伯，都是将同一爻辞作为推断的论据和前提，同一前提却得出相反的结论。

据说清代著名文人纪晓岚年少时参加乡试，他的老师想看看学生的运气如何，就用《周易》占了一卦。占筮结果是"遇困之大过"，六三爻变。查阅困卦六三爻辞是："困于石，据于蒺藜，入于其宫，不见其妻，凶。"不禁吓了一跳，认为纪晓岚此去应试前程凶多吉少。纪晓岚本人却认为，爻辞对他是不适用的，因为他当时还是光棍一条，何来"入于其宫，不见其妻"的凶险呢？纪晓岚对占筮结果却另有解说。据他说，这次应试，他的命运是"困于石"，一定有一位姓石的考生会压住他，姓石的考生必得第一名，他本人只能屈居第二。又因爻辞有所谓"据于蒺藜"之说，蒺藜是一种枝干有刺的灌木，其形状有点像"米"字，所以，第三名必然姓米，让纪晓岚居于其上。考试的结果，纪晓岚的解说果然都"应验"了。

传说固然不见得是真实的，但却说明了，无论是对全卦的感受，还是对卦爻辞的解释，都是见仁见智，因人而异的。

孔子说："加我数年，五十以学易，可以无大过矣！"（《论语·学而》）这句话很值得分析。

（1）孔子学的《易》绝不是《易传》，因为有人认为《易传》就是孔子所作，因为《易传》中有孔子的话，即使不是孔子所作，也不会是孔子急于要学习的。

（2）孔子"五十学易"应是重新学习，反复学习。因为孔子"年十有五而志于学，三十而立"（《论语·为政》）。古代的书籍很少，《易经》又是六经之首，像孔子那样的一介名儒、百代宗师，学识渊博，是不可能等到五十岁后再开始学习《易经》的。

（3）孔子"晚而喜《易》，韦编三绝"（《史记·孔子世家》）。如果《易经》只是占筮之书，坚持"不语怪、力、乱、神"的孔子，有什么必要如此努力地去学习呢？

（4）孔子虽然道德高尚，学识渊博，还做过鲁国的大司寇，有一定的行政管理能力，但是也应该看到，他对于运筹决策有时并不高明。他满怀抱负，周游列国，却到处碰壁。"再逐于鲁，削迹于卫，穷于齐，围于陈蔡"（《庄子·盗跖》），"累累如丧家之狗"（《史记·孔子世家》）。

所以，孔子的话的含意是：到了知命之年，他已有了丰富的社会实践，如果天假以年，让他有机会重新研究《易经》，就不会理论脱离实践。在今后的立业断疑、运筹决策中就不会再犯大的错误了。

综上所述，易卦是被当作一种思维决策的模型来使用的。

四、卦爻辞是解释决策模型的例题

本节开头提到，我们研读《周易》最基本的问题是要弄清易卦与经文之间的关系，接着又论证了易卦是古人思维决策的数学模型，那么《周易》的经文与易卦提供的思维模型之间到底是什么关系呢？笔者认为：《周易》的经文是解释决策模型的例题。或者说，易卦是思维决策的元模型，是一切思维决策模型的模型；而卦爻辞则是解决某一具体问题的模型。

根据《周礼》的记载，周代设有称作太卜的官，依据《三易》，职掌占卜。按照东汉经学家郑玄的说法，"三易"是夏、商、周三代不同系统的易学。夏代的易称为《连山》，商代的易称为《归藏》，周代的易则称为《周易》。由于"三易"是流行在上层社会，特别是朝廷或王室中的占卜方法，那些职掌占卜的人都是政府官员，有较高的文化知识水平和思想修养，他们在长期的占卜活动中，积累了相当丰富、深刻的关于社会、人生的经验。他们不但根据占卜结果告诉你吉凶，也试图从因果关系探讨吉凶的原理。官员们在接受咨询、帮助决策（一般情况下都要通过占筮）的时候，按照一定的程序，通过对当事人的询问和自己的学识与经验，先对这件事所涉及的一些因素进行分析，对有利的因素用阳爻记下来，不利的因素用阴爻记录下来，无法判定是有利还是不利的因素则通过占筮决定，于是便会得到一个卦——思维决策的数学模型。

占卜官员们每处理一件这样的事例，也就积累了一个模型（卦），如果是比较典型的事件，便把事件的本身也记录下来，积累一些资料。时间一长，积累的典型事例越来越多，积累的卦也越来越多。从而认识到，人们咨询的事情，事无大小，都可与一个模型（卦）建立一种抽象的联系。很自然地，便会产生对这些模型分析、整理一番的想法。整理的结果，便会发现这样的模式恰好有 64 个，不能再多。虽然人们咨询的事情各有不同，但决定每种事情成败的重要因素，也就是五六个，如果都统一为六个的话，那么人们所咨询事情的状态，记录下来必然是 64 卦中的某卦。换句话说，有了这 64 卦，就足以表示出人们所咨询事情的一种朴实的抽象模型。从而使作《易》者想到可以用 64 卦作为"以类万物之情"的普适模型，也就是元模型。

有了模型之后，还要教会他们的继承者如何认识、运用这些模型，于是，作《易》者又从积累的决策（占筮）中对每一卦都挑选一个适当的例子，来说明对该卦所表示的模型如何分析、判断、运用。慢慢地就使《周易》成了一本学习决策与占筮的范本。

在本书最后一章中，选读了《易经》中的一些卦，那些卦都清楚地表明，每卦的卦爻辞都是说明运用该卦模型建立的思维决策的范例，试以兑卦为例，来说明这个问题。

用"模型论"的观点分析，兑卦☱有四个阳爻和两个阴爻，它提供的数学模型所表示的系统具有如下的特点：有利因素多于不利因素，是一个较为有利的系统。其中有两个值得注意的变局，一个是：如果九四、九五两个阳爻比较弱小，而六三、上六两个阴爻又比较强大的话，那么则有可能逐步蚕食九四、九五两个阳爻，然后合力与最下两个阳爻造成对抗格局，使全卦吉凶趋于不定。另一个变局则是：如果六三阴爻较为弱小时，会被它上、下四个阳爻所吞没，剩下的一个上六阴爻成为强弩之末，势孤力薄，下面四个阳爻连成一气，以摧枯拉朽之势，横扫上六阴爻，使全卦变得十分有利。

"兑"有两个含义：一个是说话的"说"，一个是喜悦的"悦"。

象数学家在分析兑卦时则认为：兑卦的上下卦皆为兑☱，兑卦☱象征泽，有喜悦之义。《序卦传》："兑者，说（悦）也。"《彖传》："兑，说（悦）也。"孔颖达《周易正义》："《说卦传》曰：'说（悦）万物者莫说（悦）乎泽'，以兑是象泽之卦，故以兑为名。泽以润生万物，所以万物皆说（悦）。"朱熹《周易本义》则以爻象解释兑卦之义为悦："兑，说（悦）也。一阴进乎二阳之上，喜之见乎外也，其象为泽，取其说（悦）万物之象。"总之，不管根据什么道理，诸家都以"兑"为"说"，训"说"为"悦"。

象数学家还注意到，除取悦于人之外，"说"还有一义：谈说，即与人交谈之义。《彖传》说："兑，君子以朋友讲习。"朋友相互讲习就是交谈。高亨《周易古经今注》："《彖传》等训兑为说，当取谈说之义，非喜悦之悦也。本卦兑字皆为谈说。"此处从高氏之言，对"说"取其"交谈"一义，即用如何与人交谈为例来建立兑卦数学模型的一个例题。它的第一、第二、第四、第五诸爻从正面（有利、积极）立说，第三、第六两爻则从反面（不利、消极）立说。

☱ 兑　亨，利贞。

初九　和兑，吉。

九二　孚兑，吉，悔亡。

六三　来兑，凶。

九四　商兑，未宁，介疾有喜。

九五　孚于剥，有厉。

上六　引兑。

兑卦的卦辞说，把谈说引向正确的方向，就亨通。

初九爻辞说：和谐而无偏私地与人谈说，是吉利的。和：和谐，光明正大地求同存异。《论语·子路》中"君子和而不同"讲的是与人和谐，但不同流合污。程颐《易传》："以和为说而无所偏私，说之正也。"这一爻讲的是与人谈说的一个原则，既要光明正大，尽量做到与人和谐共处，又要坚持自己的立场而不同流合污。

第四章　易卦是思维决策的数学模型

过与不及，都收不到应有的效果。这一原则有利，要积极坚持，故记以阳爻。

九二爻辞说：用诚实的态度与人谈说，是吉利的，没有悔恨。孚：信，即笃守信用。本爻讲的是与人谈说的另一重要原则，彼此之间必须开诚相见，笃守信用。古人特别强调与人交往的信用。《论语·颜渊》："子贡问政。子曰：'足食，足兵，民信之矣。'子贡曰：'必不得已而去，于斯三者何先？''去兵。'子贡曰：'必不得已而去，于斯二者何先？''去食，自古该有死，民无信不立。'"孔子认为：管理国家要做到兵精，粮足，取信于民，在万不得已的情况下，三者无法同时做到，宁可去掉军队和粮食，也不可失信于民。坚持这一爻讲的原则是有利的，应采取积极的态度，故也用阳爻。

六三爻辞说：一见面就滔滔不绝地抢先谈说，必有凶险。来兑的意思是：一见面就滔滔不绝地抢先谈说。高亨《周易古经今注》："来兑者，言未及我自来说也。"这一爻讲的是与人谈说的又一原则，不要抢先多说。《论语·季事》："言未及之而言，谓之躁。"《荀子·劝学》："不问而告，谓之傲。"这里所说的"来兑"，就是《论语》的所谓"躁"，《荀子》的所谓"傲"。古人处世戒多言，言多必失。所以《系辞下传》说："吉人之辞寡，躁人之辞多。"来兑者必定多言，而言多必失。所以爻辞说："来兑，凶。"本爻讲的做法不合正道，是不利因素，应力求避免，故本爻用阴爻。

九四爻辞说：用商量的态度与人谈说，有些事未能谈妥，有小矛盾，也会有好结果。商：商量。商兑犹今亦释为协商、商谈。王弼注："商，商量裁制之谓也。"陆德明《经典释文》："商，商量也。"未宁：商谈的事未定。宁：安定。《尔雅·释诂》："宁，安也。安，定也。"介疾：汉帛书《周易》作"疥疾"，即癣疥之疾，小毛病。这一爻讲到与人谈说的又一原则，凡事要用商量的语气与人谈话，互相尊重，互相理解，求同存异。这样，即使有些事情一时未能商定，双方有些小矛盾，但终会取得圆满的结果。这一爻讲的也是有利的原则，故用阳爻。

九五爻辞说：对别有用心的小人讲实话，有危险。剥有打击、分离之意，此处借指打击阳刚、分裂正气的小人。九二爻辞强调对人要讲诚信，但有一种情况必须例外，对待别有用心的小人，如刺探机密的阴谋家，搬弄是非的挑拨者，如果对这些人不提高警惕，什么话都和盘托出，就会有危险。这也是一条必须遵守的原则，应该积极去做，并非已经发生了的事实，故用阳爻而不用阴爻。

上六爻辞说：迎合别人的谈说是不利的。引：迎也。张惠言《易义别录》卷十一在解释萃卦六二爻辞"引吉，无咎"时引王肃的话说："引，犹迎也，为吉所迎，何咎之有。"故此处的引作迎解。这一爻说的是某些人与人谈说时总是迎合别人的话说，这是一种吹牛拍马、阿谀奉承者的形象。爻辞虽未置吉凶，但用的是阴爻，即指出这是不利的。

通过对卦爻辞的分析可以看到，兑卦的卦爻辞是以与人谈话的事情为例，来说明对兑卦模型的使用方法。卦爻辞列举出六种谈说的方式，其中的初九、九二、九四、九五是有利的方式，应积极争取做到；六三、上六是不利的，应力求避免。

对于一个符合兑卦数学模型的系统，从兑卦的卦爻辞中能得到一些什么启示呢？兑卦讲的是谈说问题。谈话是一门艺术，无论是从政、经商或从事其他工作，为了打开局面，都要善于言辞。用今天的话来说，就是要有善于谈判、公关的能力。兑卦的卦爻辞对谈说的问题提供了一个思维模式：

（1）谈说要坚持两个原则：

①彼此沟通思想，增进和谐；

②双方开诚布公，加强信任。

（2）谈说要注意几个问题：

①不要一见面就口若悬河，言多必失；

②多用商量的语气说话，善于求同存异；

③警惕别有用心的人，注意保密；

④不要总是迎合别人的话，给人以阿谀奉承的印象。

这个例子又如何迁移到同样是用兑卦作为模型的其他事情上去呢？

兑卦的"兑"字还有另一个解释，即"取悦"之意。如果把本卦的兑作"取悦"讲，也可以说得过去。这正好说明卦爻辞是解释决策模型的例题，同一个易卦可以用不同的卦爻辞为例来解说，是很自然的事情。现在，我们试把卦爻辞的另一种解释写在下面，供读者参考：

初九　和兑，吉。

光明正大，无所偏私地相互取悦，是吉利的。

九二　孚兑，吉，悔亡。

用诚信的态度相互取悦，吉利而无悔恨。

六三　来兑，凶。

专门来取悦于人，是凶险的。

九四　商兑，未宁，介疾有喜。

对别人的取悦要忖度。《广雅·释诂》："商，度也。"《说文》："商，从外知内也。"从外知内，就是要从表面的言行了解其内心的活动，也就是要"听其言，观其行"。

九五　孚于剥，有厉。

为取悦而使诚信受到损害（剥：打击，损害），有危险。

上六　引兑。

迎合取悦于人，不利（虽未明说有利或无利，但用阴爻即意味着不利）。

这里，兑卦的卦爻辞讲的是取悦于人的原则。取悦于人，最终也必然取悦于己。孟子说："敬人者人恒敬之，爱人者人恒爱之。"正确地运用取悦的原则，可以使人际关系和谐，是合乎正道的。如果运用不当，如阿谀奉承、同流合污之类则会适得其反。程颐《易传》："为悦之道，利于贞正。非道求悦，则为邪淫而有悔吝，故戒利贞也。"就指出了这一点。

用"取悦"之道来代替"谈说"解释兑卦模型，同样是非常适合的。所以我们说，卦爻辞是解释决策模型的例题。

还有一个问题：作《易》者在书写卦爻辞时，很有可能不是由某一个人直接创作的，而是用集句的方式凑成的。用于集句的语源，则是他们在"职掌占卜"时所积累的占筮记录。譬如，作《易》者决定了用龙的形象来说明乾卦的思维模型时，便从过去使用乾卦为模型的有关记录中挑选出若干适用的句子，来组成一篇卦爻辞。

我们可以从卦爻辞的许多特点来说明这一问题：

（1）《周易》是一本占筮与决策共用的书，从表面上看，它讲的是占筮；从实际上看，它讲的是决策方法。

（2）占筮是为了决策的需要。集占筮记录的语句来写作卦爻辞，既使占筮的结果有理论的框架支撑，又使决策的理论有占筮的记录作为例证，使得《周易》在占筮与决策两方面更具有权威性。

（3）因为是集句而成的书，有些语句并不能明确表达或充分概括作《易》者的原意，但又找不到更恰当的语句，只好选择一些近似的、勉强的语句来应用，从而使得卦爻辞原意晦涩，像隐谜一样难于理解。不过《周易》本来只是在极小的范围流传的、私相授受的内部资料，并不希望许多人都能看到，也不希望所有看到的人都能读懂。因此，作《易》者也不在乎文字的通俗易懂，只要他们自己清楚就行了。这就使得这本书成为所有中国古代典籍中最佶屈聱牙、难以读懂的书，不能像一般书籍那样文从字顺。

（4）因为是集句而成的书，有时句与句之间显得上下脱节。例如需卦的前五爻都有"需"字，"需于郊""需于沙""需于泥""需于血""需于酒食"，一般把"需"解释为"等待"的意思，而郊、沙、泥、血（洫）、酒食都是地方，与等待可以搭配。但需卦的第六爻却是"入于穴，有不速之客三人来，敬之，终吉"。与等待意义毫不相关，与前面五爻的爻辞显得脱节。可能是因为找不到适当的语句，勉强用这一句来凑合，因而显得脱节。

有的卦爻辞中，某条爻辞与全卦不协调。例如乾卦六条爻辞中有五条都讲龙："潜龙""田龙""渊龙""飞龙""亢龙"，唯独九三爻辞讲的却是"君子"，变成人了。这种不协调爻辞的出现，也可能是因为找不到适合的占筮记录来集句的缘故。

有的根本就没有卦爻辞，如大壮卦九二爻辞"悔亡"。无头无尾，突然来一个断语，与一般爻辞迥异。又如解卦初六爻辞也只有"无咎"两个字，也可能是因为找不到适当的语句，只好用其他爻辞中常见的断语"悔亡""无咎"来敷衍成文，只肯定其是"有利"还是"无利"而已。

有些卦与卦之间，卦爻辞的语言风格相去甚远，很不一致，也可能是因为集句成书造成的。

一般的卦爻辞都是言简意赅的判断句，如小畜卦九二爻辞："牵复，吉。"而中孚卦九二爻辞却是："鸣鹤在阴，其子和之。我有好爵，吾与尔靡之。"却与《诗经》中诗的风格类似了。又如恒卦上六爻辞："振恒，凶。"极其简短。而睽卦上九爻辞却是："睽孤，见豕负涂，载鬼一车，先张之弧，后脱之弧。匪寇，婚媾，往遇雨则吉。"简直像一篇微型小说。

有的卦爻辞明显地表示出不是同时写作，一气呵成的。如随卦六二爻辞"系小子，失丈夫"；六三爻辞"系丈夫，失小子，随有求，得，利居贞。"九四爻辞"随有获，贞凶。有孚在，道以明。何咎？"按一般的写作习惯，两对排比句应当分别写在同一爻中，但这里却分割在三个爻中。

上述种种迹象表明，《周易》的卦爻辞不是根据主题思想直接创作而是集句而成的，用作集句的语句来源，则是占筮的记录。

五、天下之至变——易卦模型的复杂性

易卦作为思维决策的数学模型（元模型），虽然只有六个爻，每个爻也只有两种对立的情况，但却是变化莫测，错综复杂到了极点的。下面分别略加论述。

1. 必须有抽象的观点

阳爻和阴爻代表一个因素的两个对立面，但因素的本身是多种多样的。它可以是人，也可以是物；可以是社会现象，也可以是自然现象；可以是已知的，也可以是未知的；可以是过去的，也可以是未来的。而且每一个因素的两个对立面也是千差万别的，论事者从不同的侧面来分析其对立面，因而变化无穷。《孙子兵法》说："声不过五，五声之变，不可胜听也；色不过五，五色之变，不可胜观也；味不过五，五味之变，不可胜尝也。"对于易卦来说，爻不过六，而六爻之变，不可胜察也。我们千万不可把易卦的模型局限于某一特殊的系统。

2. 必须有系统的观点

每个卦中的六个爻不是孤立的，或者说一个决策系统中的六个因素不是孤立的，它们组成了一个系统。这个系统的组成可以有多种方式。例如：

（1）并列式。六个因素的地位是对等的，某一因素有利或不利与其他因素没有关系。

（2）递进式。第二个因素的有利或不利，要由第一个因素的情况来决定；第三个因素的有利或不利，又要由第二个因素的情况来决定；余可类推。例如某球队参加足球大赛，一共要经过六轮比赛，第二轮形势如何，要由第一轮各组中哪些队出线，本队以第几名出线等情况来决定。

(3) 多层式。某爻或某几爻所代表的因素其结果是有利还是不利，必须由另外一批因素来决定，即卦中有卦，一级系统下面还有二级系统，三级系统……例如，能否办好一个企业，要考虑若干因素：厂长、设备、资金、能源、技术、材料等。对厂长这一因素是否有利，又要由其德、才、资等因素来决定。而对于厂长的"才"这一因素是否有利，又必须由另一些因素来评估。

(4) 分解式。六个爻是一个大系统，其中的部分爻又可各自组成子系统。例如一个卦可以看成由上卦和下卦两个三爻卦组合而成，也可看作三个二爻卦组合而成，或者一个二爻卦和一个四爻卦组合而成，等等。这种分解的方式是很复杂的。通过简单的计算可以知道：

分解为一个部分的方式有 $C_6^6 = 1$ 种；

分解为二个部分的方式有 $C_6^1 + C_6^2 + C_6^3 = 41$ 种；

分解为三个部分的方式有 $C_6^4 + C_6^3 C_3^2 + C_6^2 = 90$ 种；

分解为四个部分的方式有 $C_6^3 + C_6^2 C_4^2 \div 2 = 65$ 种；

分解为五个部分的方式有 $C_6^2 = 15$ 种；

分解为六个部分的方式有 $C_6^6 = 1$ 种。

可见，一个卦有213种不同的分解方式，而每种分解方式中仍然有并列、递进、多层、再分解的不同，其复杂的情况便可想而知了。

3. 必须有矛盾的观点

六个爻的地位不可能等量齐观，有时要特别突出某一因素或某几个因素，即所谓抓主要矛盾。

(1) 矛盾的主要方面。一个因素的两个对立面并不总是处于对等的地位，各以0.5的概率出现；可能有轻有重，即所谓矛盾的主要方面和次要方面。以一个三爻卦为例，卦中有两个阳爻和一个阴爻，意味着考虑的问题所涉及的因素中，三个因素中有两个有利，一个不利，但整个卦有利还是无利却很难说。例如：甲、乙两人参加象棋比赛，甲在三局中两胜一负最终有利。但如果甲、乙两人竞争应聘一个职务，用人单位要考察他们的学历、职称和工作年限三个条件，甲的学历和职称都略高于乙，但工作年限比乙短。三个因素中有两个有利，一个不利。如果用人单位特别强调工作年限，则整个卦对甲仍为不利，最后甲落选。因此，把一个卦作为一个系统进行评价时，必须考虑是否特别强调某些因素。

(2) 质与量。每一个因素有利或无利，固然是质的差异；但有利或不利的程度还有量的区别。如甲、乙两人参加乒乓球比赛，共赛三局，三局的比分是：11∶9；2∶11；14∶12。从比赛的结局看，甲以2∶1的比分战胜乙，甲有利；但从实力分析看，甲与乙所得总分之比为27∶32，甲不如乙，甲不利。如果再赛一场，胜负未必不可逆转。

4. 必须有变化的观点

六个爻代表的六个因素互相制约，互相影响。一因素应取阴爻还是阳爻，即认为是无利的还是有利的,往往因时、因地、因人而不同。在分析一个卦时,必须考虑其各种变化。

(1) 相对性。一个因素有利还是不利,常常具有相对性。今天的有利因素,明天就可能成为不利因素。某因素从当前看,可能不利;但从长远看,又可能有利。有的因素从局部看,可能有利;但从全局看,又可能不利。

(2) 协变性。有的因素在一定的条件下应取阳爻(或阴爻),但由于其他因素的影响,使它向相反的方向转化,发生协变。

(3) 可控性。有些因素有利或不利,其状态可由决策人加以控制。对于这样的因素,既可令其取阳爻,又可令其取阴爻,视决策人的需要而定。

(4) 可调性。一个卦中,将其中某几个爻的爻性改变,即将阳爻变成阴爻,将阴爻变成阳爻,它相当于调整某些因素,使有利变为不利,或使不利变为有利。或者把某些阴爻与阳爻的位置互换,相当于使某些有利因素提前而推迟某些不利因素,或使某些不利因素提前而推迟某些有利因素。象数学家把这些方法称为"卦变"。

综上所述,可见一个卦的变化多么复杂。《系辞》说:"易者,变易也。""非天下之至变,其孰能与于此?""知变化之道者,其知神之所为乎?""易之为书也不可远,为道也屡迁,变动不居,周流六虚,上下无常,刚柔相易,不可为典要,唯变所适。"所以,在分析一个卦时,不可简单地把一个卦看作僵化的模型,简单地把一个爻绝对地看成有利或不利,而要考虑各种可能的变化。

第五章
周易思维与东方模式化思维

在第四章中,笔者提出并且论证了"易卦是古人思维决策的数学模型""卦爻辞是解释决策模型的例题"的观点,因而肯定了《周易》是一本集思维模式而成的经典。所谓思维模式是指哲学家在考虑问题时,自觉或不自觉地运用某些思想方法所形成的一定的习惯和方式。质言之,思维模式是指人脑反映事物时所具有的某种相对稳定的样式、方法或途径,是认识主体反映客体时运用的所有逻辑形式、结构、方法的总和。某种特定的思维模式一经形成,就对人们的存在方式、实践方式起着积极或消极的作用。

人们常把人类的主要思维模式分为两大基本类型,一种是以公理化思维为基础的西方思维模式,一种是以模式化思维为基础的东方思维模式。

西方思维模式的特点是先提出一组公理作为论证的出发点,然后通过科学推理(这里所说的科学推理,即爱因斯坦所说的西方的两大发明,包括实证思维和逻辑思维)得出某种结论。其思维过程可用框图表示为:

建立公理 ⟶ 科学推理 ⟶ 导出结论

东方思维模式的特点是先提供一个模型作为论证的出发点,然后通过合情推理得出某种结论。这里所说的合情推理,既包括通常所说的科学推理,也包括一些非科学推理,如不完全归纳推理、类比推理等,无以名之,姑且称它为合情推理。其思维过程可用框图表示为:

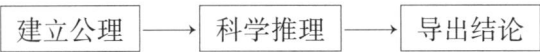

提供模型 ⟶ 合情推理 ⟶ 导出结论

西方的公理化思维模式可以欧几里得的《几何原本》中建立的思维模式为代表,东方的模式化思维则以《周易》建立的思维模式(以后为了论证的方便,我们把它称为"周易思维")为代表。

《周易》建立的模式化思维是一种什么样的思维模式呢?

一、周易思维的标准范式

《系辞上传》说：

圣人立象以尽意，设卦以尽情伪，系辞焉以尽其言，变而通之以尽利，鼓之舞之以尽神。

这段话决定了周易思维的基本范式，它明确地肯定了五个环节：

第一，立象以尽意。

"象"是《周易》的重要概念之一。《系辞下传》："是故易者，象也。象也者，像也。"易就是象。《周易集解》引崔憬曰："言易者象于万物。象者，形像之象也。"朱熹《周易本义》："象者物之似也。"王弼《周易略例》："夫象者，出意者也。"人们在思考问题，表达思想的时候，先立"象"作为参照。人们所考虑的问题与"象"相类似，因"象"的性质是已知的，故可根据象的性质，通过归纳、类比等办法，对所考虑的事物作出某些结论，以达到"尽意"的目的。

第二，设卦以尽情伪。

"卦"是古人思维决策的数学模型。《说卦传》指出："昔者圣人之作易也，将以顺性命之理。是以立天之道，曰阴与阳；立地之道，曰柔与刚；立人之道，曰仁与义。兼三才而两之，故易六画而成卦；分阴分阳，迭用柔刚，故易六位而成章。"所以卦是为"象"而"设"的一种抽象模型，对"象"抽出若干因素进行研究分析之后，揭示它们的"情伪"。所谓"情伪"的本意为"真假"，但在这里则泛指每一因素两种对立的状态，它们的具体内容虽然千差万别，但是都可以用一阴一阳来概括，其总体的表述用符号表示就得到一个卦。通过卦可以记录象的一些主要因素的状态。通过卦的媒介，还可以将象与意的主要因素进行比较，确定两者之间的相同与相异之处。

第三，系辞以尽言。

"言"是对象的观察和对卦的研判后所做的一种语言文字总结。王弼《周易略例》："夫象者，出意者也；言者，明象者也。尽意莫若象，尽象莫若言。言生于象，故可寻言以观象；象生于意，寻象以观意。意以象尽，象以言著。"这一步的工作是：把前两步所得的结果用语言记载下来，以便更明确地指导思考和行动，并储存之以备今后遇到类似的问题时直接用来立象或设卦。

第四，变通以尽利。

"利"是趋利避害之利。对卦爻分析类比，会通推演，尽量发现和运用其有利的因素，避开或改善其不利的因素，使之处于最佳状态。

第五，鼓舞以尽神。

"神"指人的精神力量。根据前面四步的结果，象的各个因数的条件已经判明，并经过适当调整,已经处于最佳状态,就要尽可能发挥有利因素的作用,鼓足干劲,力争上游,发挥神奇的效应。

立象、设卦、系辞、变通、鼓舞

这就是周易思维模型的标准范式。

我们还可以把这个由五环节表示的周易思维模式的范式,简化为由五个元素表示的形式:

象、卦、言、利、神

总之,诚如《系辞上传》所指出的:

是故形而上者谓之道,形而下者谓之器,化而裁之谓之变,推而行之谓之通,举而错之天下之民谓之事业。是故夫象,圣人有以见天下之赜,而拟诸其形容,象其物宜,是故谓之象。圣人有以见天下之动,而观其会通,以行其典礼,系辞焉以断其吉凶,是故谓之爻。极天下之赜者存乎卦,鼓天下之动者存乎辞,化而裁之存乎变,推而行之存乎通,神而明之存乎其人,默而成之,不言而信,存乎德行。

二、周易思维的科学基础

任何一种思维模式都必须有两个基础:一个是它赖以立足的出发点,一个是它的推理方式。

西方的公理化思维模式赖以立足的出发点是公理,推理方式是演绎推理,使用的是形式逻辑。因而它是以两大支柱为基础的,一是公理的真理性,二是逻辑的有效性。但是非欧几何的出现,动摇了它的第一根支柱,即使是不证自明的公理,其真理性也是相对的;理发师悖论的出现,又动摇了它的第二根支柱,形式逻辑是有缺陷的。

周易思维赖以立足的出发点是立象,推理则是由设卦显示的综合评价过程。因而周易思维也是以两大支柱为基础的,一是象的示范功能,二是卦的评价功能。

周易思维立论的出发点是"象",象是人们对自然、社会长期观察与体会而产生的一种认知基础。

《系辞下传》说:

古者包牺氏之王天下也,仰则观象于天,俯则观法于地,观鸟兽之文,与地之宜,近取诸身,远取诸物,于是始作八卦,以通神明之德,以类万物之情。

《系辞上传》说:

易与天地准,故能弥纶天地之道。仰以观于天文,俯以察于地理,是故知幽明之故。原始反终,故知死生之说。精气为物,游魂为变,是故知鬼神之情状。与天地相似,故不违;知周乎万物而道济天下,故不过。

由此可见，周易思维中的"象"，不是随心所欲的想象，也不是信手拈来的物象，而是曾经对构成它的各个细节因素进行观察、研究后而建立的经受过实践检验的模型。以长期观察的结果作为认知的出发点，基础是比较可靠的。

取象有直接的和间接的两种。直接取象的真理性来自人类的直接经验；间接取象的真理性来自人类长期的社会实践。

直接的取象如：

枯杨生梯，老夫得其女妻，无不利。（《易·大过》）

将要枯死的杨树在特殊的环境中长出了新芽，也是正常的现象，不要少见多怪。因而联想到由于特殊的原因，使年迈老头娶了年轻的娇妻，像枯木逢春，重新焕发青春，也没有什么不吉利。因而社会对这类现象要学会宽容。

间接的取象如：

山下有火，贲。君子以明庶政，无敢折狱。（《易·贲》）

山下有火，通明透亮，象征文饰。人们从这一现象联想到，对于复杂的政务，一定要透明，像郑国的执政大夫子产铸刑书那样，把法律向全国人民公布，使人民有所遵循。"未敢决狱"，不是不敢断狱，而是不敢掺杂文饰决狱，必须以事实为基础，以法律为准绳。

又例如：

泽上有地，临。君子以教思无穷，容保民无疆。（《易·临》）

临卦之象为泽在地下。从地上看深渊，有临高视下之象。《周易集解》引荀爽曰："泽卑地高，高下相临之象也。"使人们联想到，治理国家也是一种临高视下的行为。"泽"只是地的一部分，"地"的动态可以使它扩大或缩小，甚至干涸。泽中之水，平静而柔顺，可以行舟，但也可以覆舟。治理国家也应该如此，民为邦本，本固邦宁。载舟覆舟，所宜深慎。所以君子花费无穷的思虑教育民众，用无边的恩泽容纳民众，保护民众。

总之，周易思维中赖以立足的"象"是人类长期实践的经验总结，不仅有可靠的示范性，而且有广泛的适用性。

当代哲学家卡尔·雷蒙德·波普（Karl Raimund Popper，1902—1994）。提出了三个世界的理论，他认为世界由三个部分组成：

世界1——物理世界，即物质世界；

世界2——精神世界；

世界3——人类精神产物的世界。

波普的第一世界（"世界1"）是指包括地球在内的全部宇宙自然界；第二世界（"世界2"）是指人的精神世界，包括所有人的心理活动、心理状态等；第三世界（"世界3"）又称为"客观知识世界"，包括人类所创造的语言、文艺作品、宗教、科学、技术等等。他认为第一世界最先存在，第二世界则在新的层次上出现，而第三世界又出现在更高的层次上。

如果说，古希腊的公理化思维立足于第一世界，古印度的因明思维立足于第二世界的话，那么周易思维赖以立足的"象"则涵盖了三个世界，重点在第三世界。第三世界完全由信息组成。它是以第一世界中的信息为基本原料，在第二世界中进行加工的结果。第三世界独具特色，它是精神世界的产物，但又具有物质世界那种不依人的主观意志为转移的客观规律性。电脑的发明使人类文明走向了以数字化、网络化和集成化的信息革命时代，虚拟空间为第三世界提供了现实的模型，它能最有效地模拟第一世界的状态和检验它的真理性；也为第二世界提供了广阔的驰骋空间，从而使立足于其中的周易思维发挥更大的作用。

周易思维的推理是由设卦表示的综合评价过程。卦则是思维决策的数学模型，而且是一种最原始的、真正可以类万物的"元模型"。

n 爻卦与 n 维布尔向量同构，布尔向量常被用来作为描述一些具有 n 个因素而每个因素都有两种对立状态的事物的数学模型，它是现代决策理论中重要的数学工具，因而与其同构的易卦也是古人思维决策的数学模型，不同的只是，今人是有意识地运用数学的功能，古人是不自觉地遵循数学的规律而已。

按照周易思维模式，当人们要对一个新事物的性质作出判断时，首先取一个与它类似的而且已经了解其基本性质的事物作为参照（立象）；然后依次列举出"象"的若干基本要素，再与被研究的事物（意）的对应要素进行比较，两者比较接近的记以阳爻，距离较大的记以阴爻，便得到一个卦（设卦）；对"卦"的性质进行分析研究后写成文字（系辞）。这一过程实际上等于对新事物的性质进行了一次综合评价。

所谓综合评价，是指使用比较系统的、规范的方法对于多个指标的事物进行评价的方法，也叫多指标综合评价方法。这种方法考虑的因素较多，虽然其分析计算都比较复杂，但由于其综合性和系统性的显著特点，其结论的可靠性得到人们的认可，并在实践中广泛应用。特别是随着计算机的普及，综合评价面临的一些复杂性已经不成问题，其综合性和系统性表现得更加突出，使得综合评价方法作用也更加突出。

在综合评价中使用的推理方法虽然也有演绎推理，但较多的是不完全归纳推理和类比推理，这两种推理的结论有时是不可靠的。但是在今天，这种缺陷已经不是什么大问题。由于计算机的使用，演绎推理已经开始支持不完全归纳推理和类比推理，使它们等效于或充分地逼近于演绎推理的作用。初等几何定理的机械证明就是一个典型的例子。

众所周知，初等几何本来是演绎推理独家统治的王国，也是历史上演绎与归纳分道扬镳的岔路口，今天却不得不让归纳法来分享它的统治权了。初等几何定理的机械证明已经成为现实，证明的基本想法是：先把几何问题化为代数问题，再把代数问题化为代数恒等式的检验问题。代数恒等式的检验是机械的，问题的转化过程也是机械的，整个问题也就机械化了。在检验代数恒等式时，并不需要对所有的数进行检验（实际上是办不到的），只要对为数不多的一些数检验就可以了。在这个问题上，演绎推理支持了归纳推理。

类比同样是发现和发明的重要手段，它的推理形式是：

甲、乙两个事物同时具有性质 A_1，A_2，…，A_n，此外，甲事物还有性质 B，所以，乙事物也（可能）有性质 B。

类比推理虽然不能完全代替证明。但是在 n 不断增大的情况下，结论正确的概率也在不断地增大。特别是在今天，人们在周易思维中进行类比推理时，可以借助于电脑，在"象"与"意"之间建立高度相似的模型，使结论正确的概率极大地提高，并且可以对结果的正确性直接检验。当类比的结论与立象的启示不相符时，可以很方便地对立象或结论进行修改（变通），以不断地增加模型的可靠性、归纳的完备性、类比的可行性，最后达到可以接受的一致。

今天人们公认的所谓科学的思维方式大体上可以分为三种：

（1）以观察和归纳自然（包括人类社会活动）规律为特征的实证思维。

（2）以推理和演绎为特征的逻辑思维。

（3）以抽象化和自动化为特征的计算思维。

周易思维的取象，就是以观察和归纳自然（包括人类社会活动）规律为基础的，它包含了实证思维的要素。

周易思维使用的推理方法虽然较多的是不完全归纳推理和类比推理，在今天，由于计算机的使用，可以使不完全归纳推理和类比推理无限地逼近演绎推理的作用。

周易思维与计算思维的思想则有更多的交集。

综合上述对周易思维的分析，不难发现，周易思维实际上涵盖了上述三种思维的主要精神，因而是一种快捷的、有效的科学思维方法。

周易思维对中国人民影响深远，形成了中国古代人民的一种普遍的思维模式，它是《周易》文化精神在现代思维中极具价值的部分。虽然它的推理方式不完全符合现代科学思维的推理范式，是非逻辑的推理形式，但却有其高度合理的内核和非常有效的使用价值。

三、周易思维的哲学基础

"天人合一"的天人观与辩证的思维方式是中国传统文化的最主要的思想基础，周易思维模式深深地打下了中国古代思想的烙印。

中国古代哲学持一种"天人合一"的观点：太极是天地的根源，天地是万物的根源。"有天地，然后有万物；有万物，然后有男女；有男女，然后有夫妇……"

(《序卦传》) 肯定万事万物（包括人类）都是自然界的产物，是自然的一部分。天地与人有共同的属性，在天成象，在地成形，在人成事，"引而伸之，触类而长之，天下之能事毕矣。"周易思维中的立象以尽意，就反映了天象与人事的共同关系。但天地与人类在性质功能上又有所不同。天地是"显诸仁，藏诸用，鼓万物而不与圣人同忧。"天地的根本性质是生，这叫"显诸仁"；天地含有生成万物的内在功能，这叫"藏诸用"。但天地生物是无目的、无意识的，它并不与人类的考虑相同，也不按人类的愿望办事。人类中的"圣人"则在天、地、人中间起一种调节的作用。周易思维中的"变通以尽利，鼓舞以尽神"则反映了这种调节作用。

圣人的调节功能表现在哪里呢？归纳起来有三点：

第一是"裁成天地之道，辅相天地之宜，以左右民。"(《系辞上传》)

"裁"是节制的意思，"辅相"是帮助的意思。这就是说，圣人能节制天地过头的行为，辅助其不足的地方，指导人类怎样去做。

第二是"范围天地之化而不过，曲成万物而不遗。"(《系辞上传》)

这是说，圣人能对天地的无穷变化范围加以限制，不使它超越中道；能委曲成就万物，不使它遭到遗弃。

第三是"夫大人者，与天地合其德，与日月合其明，与四时合其序，与鬼神合其吉凶。先天而天弗违，后天而奉天时。"(《乾·文言》)

这意味着，大人与天地的行动是协调的。如果大人在天之先行事，则天在以后并不违反大人的意志；若大人在天之后行事，必定顺从天的变化规律。一些《周易》注本把"先天"和"后天"只解释为在天之先行事或在天之后行事，笔者认为这是不全面的。如果按照这样解释，那就是人定胜天了，显然不合《周易》的观点。笔者认为：这里的"先"除了有在前之义外，还有领先之义；"后"除了在后之义外，还有落后之义。特别是"弗违"的那个"违"字，不仅有"违背"的意思，还有"不能承受"的意思。"先天而天弗违，后天而奉天时。"意思是，如果人类的能量能领先于自然，而且是在自然行动之前行事，又不超出自然的承受能力，自然就不会违背人类的意愿。反之，如果人类的能量落后于自然，而且在自然行动之后行事，就只能服从自然的规律，不可以逆天行事。对于人事，也当类此。"天且弗违，而况于人乎？"总之，无论是人与自然的关系，还是人与人的关系，都应该按照"弗违"的原理办事。

（一）周易思维的本体论

周易思维"立象以尽意，设卦以尽情伪"，以象为思维的出发点，以所设的卦为推理的依据。按照模型论的观点，易卦是古人思维决策的数学模型。对一个具体的象抽出其若干本质属性，与所欲尽的意的对应因素相比较，相同或相近的（有利）记以阳爻；相反或相差甚远的（不利）则记以阴爻，就得到一个卦，然后根据卦进行推理。无论是象或卦，归根结底都要落实到"爻"。爻表示的是"一阴一阳之谓道"的阴阳，周易思维的本体就是阴阳观点，阴阳观点的符号表示则是"爻"。

1. **易卦思维模型以爻为基础**

《周易》中关于成卦的原因，有三种不同的说法：

（1）《系辞下传》说：

古者包牺氏之王天下也，仰则观象于天，俯则观法于地，观鸟兽之文，与地之宜，近取诸身，远取诸物，于是始作八卦，以通神明之德，以类万物之情。

按照这种说法，易卦思维模型的最小组成单元是三个爻的八经卦。

（2）《系辞下传》又说：

《易》之为书也，广大悉备：有天道焉，有人道焉，有地道焉。兼三才而两之，故六。六者，非它也，三才之道也。

《说卦传》则说：

昔者圣人之作易也，将以顺性命之理。是以立天之道，曰阴与阳；立地之道，曰柔与刚；立人之道，曰仁与义。兼三才而两之，故易六画而成卦；分阴分阳，迭用柔刚，故易六位而成章。

按照这种说法，易卦思维模型中象的最小组成单元不是三个爻的八经卦，而是两个爻的四象。

（3）《系辞上传》说：

是故易有太极，是生两仪，两仪生四象，四象生八卦，八卦定吉凶，吉凶生大业。

按照这种说法，易卦思维模型是由"两仪—四象—八卦"逐步加爻来完成的，它的最小单元又应该是爻。

笔者在前面已经指出，《周易》既用八经卦相重来组成易卦，又用三才之道来组成易卦，是互相矛盾的。只有都退到以爻为基础时这两种说法才没有矛盾，也与第三种说法相吻合。

可是古人还不可能用现代数学的观点来看待他们自己创造的模型。由于我国古代持一种"天人合一"的哲学观点，古人看天下的万事万物都与自然现象相对应，因而对卦画符号进行了不自觉的"再创造"，把由三爻组成的模型定型为八种自然物，把由两爻组成的模型定型为四象，因此，他们不是把由事物的两种对立现象抽象出来的符号阴爻与阳爻作为模型的最小单元，而是以三个爻的组合（八经卦）或两个爻的组合（四象）作为模型的最小单元，从而使模型局限于某些自然现象的象征。

以象征自然现象的八经卦为基础建立的易卦模型，虽然通过"天人合一"的媒介，在适当的范围内，也可以具备"类万物"的功能，但由于模型的抽象水平已经降低，在解释万物之情时，有时会遇到难以克服的困难。只有以高度抽象的"一阴一阳之谓道"为原型，即在爻的基础上建立的易卦模型，才真正有"类万物"的功能。象数之学在建立易学体系时已经强烈地感受到以八经卦为基础组成易卦模型的缺陷，因而不得不增加爻位说以弥补不足。

2. 揲蓍成卦与揲蓍成爻

按照模型论的观点，在设卦时只有在遇到某一因素（这一因素用一个爻表示）是有利还是不利无法判断时，才使用占筮来决定，因而是"揲蓍成爻"，而不是"揲蓍成卦"。但是在一些文献中都只说揲蓍成卦而不说揲蓍成爻。这是一个矛盾的现象，怎样解释这一现象呢？

《系辞上传》在关于占筮的论述中说"是故四营而成易，十有八变而成卦，八卦而小成。"但是按照"揲蓍成卦"的方法，"四营"只能得到一爻，得一爻就能"成易"，"易者，象也"，这就意味着"象"是以爻为最小单元的。或者说，只要决定了个别因素的爻性之后，就得出了整个卦象。只有对6个因素的性质都无法确定时，才需要"十有八变而成卦"。在科学技术不发达的古代，对各个因素的有利与不利，并不那么容易判断，出现对六个因素都无法判断的情况是很容易发生的，或者对各个因素虽然进行了分析，也做出了判断，但因为分析的过程十分复杂，不方便也不必要详细记录，在占筮的记载中省去了，因此后人看到的都是直接"揲蓍成卦"的记载。

在一些占筮实例的记载中，有很多是以"遇A之B"的形式出现的，即占到的原是A卦，由于某爻的爻性改变而变成B卦。A卦称为遇卦，B卦则称为之卦。例如《左传》《国语》中的记载：

《左传·闵公元年》："遇屯䷂之比䷇"，一爻变，变爻初九。

《国语·周语下》："遇乾䷀之否䷋"，三爻变，变爻初九、九二、九三。

对于这种"遇A之B"的模式，很有可能只是对变爻进行了占筮。以"遇屯䷂之比䷇"为例，筮人在占筮之前，分析了各个因素，除初爻外，其他各爻的爻性都决定了，在筮人的心目中，已形成了一个不完全的卦（图5-1-1a）；由于初爻不能确定，便对它进行一次占筮，得到初九阳爻，从而得到了遇卦屯䷂（图5-1-1b）；但又因为"九"为太阳，是变爻，于是将初九阳爻变为初六阴爻，从而得到之卦比䷇（图5-1-1c）。在一些有关占筮的记载中，筮人在分析占筮的结果时，最常见的是只围绕变爻来说事，可能就是这个原因。

(a) 初爻难定　　(b) 占筮得遇卦屯　　(c) 变爻得之卦比

图 5-1-1

总之，无论是成卦也好，变卦也好，都是以爻为基础进行的。所以，周易思维的本体是"一阴一阳之谓道"的阴阳。

（二）周易思维的认识论

在周易思维的模式中，我们提出了"合情推理"的概念。什么叫合情推理呢？在周易思维中当然包含了推理方法，不过其推理的方式方法很特别。它既有形象思维，又有抽象思维，处于一种由形象思维向抽象思维过渡的状态。它既有普通逻辑，又有辩证逻辑，同样处于一种由普通逻辑向辩证逻辑过渡的状态。它用于推理的依据有客观的事实，也有主观的想象。总之，它的推理方式不合乎现代科学思维的推理范式，是非逻辑的推理形式，但却有其高度合理的内核和非常有效的使用价值。无以名之，故暂且称它为"合情推理"。

1. 周易思维中的形象思维

周易思维中形象思维的基本形式可分成三个层次：

第一层是由"━"（阳爻）和"— —"（阴爻）标志的阴阳的形象，天地、男女、水火、刚柔、进退……

第二层是由"━"与"— —"的三重笛卡儿积生成的八经卦，分别象征天、地、水、风、火、泽、雷、山等八种自然现象或社会现象。

第三层是由八经卦的二重笛卡儿积所生成的别卦的形象：天地定位，山泽通气，雷风相薄，水火不相射……

（1）周易思维中形象思维的认知形式依靠比喻。抽象思维（如形式逻辑）表达被认知对象是什么的语言形式，称为"命题"或者"判断"。周易思维表达被认知对象的语言形式则多是"比喻"或"譬"，即用另一个事物的形象来比喻被认知的事物，构成复合形象的语言形式。周易思维的语言表达方法很多是用描述的方法。

汉刘向著的《说苑·善说篇》中有一个关于"譬"的形象思维的有趣例子：

客谓梁王曰："惠子之言事也善譬。王使无譬，则不能言矣。"王曰："诺。"明日见，谓惠子曰："愿先生言事则直言耳，无譬也。"惠子曰："今有人于此而不知弹者，曰：弹之状何若？应曰：弹之状如弹。则喻乎？"王曰："未喻也。"于是更应曰："弹之状如弓而以竹为弦，则知乎？"王曰："可知矣！"惠子曰："夫说者，固以其所知，喻其所不知而使人知之，今王曰无譬，则不可矣。"王曰："善。"①

可见，譬或比喻是一种"以其所知，喻其所不知而使人知之"的方法。《周易》中这种比喻辞或比喻式是普遍的。几乎所有的爻辞，都包含这种形象思维的认知形式，下面略举数例以见一斑。

升虚邑。（升·九三）

这条爻辞的意义是登上不设防的城邑。通过它比喻这是等待升迁的人获得升迁

---

① 《百子全书》，第一卷，第625页，岳麓书社，1993年。

的最好机会。《象传》说："升虚邑，无所疑也。"意谓提升空缺，不会引起猜疑或竞争，自然顺利。

困于株木，入于幽谷，三岁不觌。（困·初六）

李光地《周易折中》在评论这条爻辞的按语中说："《诗》云：'出于幽谷，迁入乔木'，初（指初六阴爻）不能自迁于乔木，而唯坐困株木之下，则有愈入于幽谷而已。""在人则卑暗穷陋而不能自拔者。"这条爻辞用有人困坐在树桩上，臀部很难受却不会移动一下，陷入幽谷，以至多年不见天日。它比喻那些遇到困难就毫无办法、束手无策的人。

舆说辐。（大畜·九二）

这一爻辞的前一爻是"初九 有厉。利已。"其意为，有危险，能及时停止就有利。这一爻则用车身脱离了车轴，车已无法继续前进做比喻，事情到了不得不停止的地步。

龙战于野，其血玄黄。（坤·上六）

坤卦上六爻辞是理解坤卦主题的关键。坤卦与乾卦是两个对立的卦，一个全阴，一个全阳；阳盛阴衰，阴盛阳衰。坤卦的不利局面是乾卦的强大造成的。上六爻辞用给坤卦制造不利条件的龙（乾卦之象）自相残杀、血水横流、两败俱伤的形象，比喻坤卦的不利因素有了转化的契机。

咸其拇。（咸·初六）

咸卦的主题思想讲的是少男追求少女的过程。这条爻辞说双方的大脚趾发生了感应（使人联想到，某些小说或电影中所描写的，在酒席上少男少女轻轻地相互踩踏对方脚趾的一类情节），比喻情感已处于初始阶段。

震遂泥。（震·九四）

遂：通坠。陆德明《经典释文》："遂，荀本作队。"《说文》："队，从高陨也。""震遂泥"比喻雷声已过，这是古人观察到的自然现象，雷电与地面接触，发出强光巨响，但随之即告消失。比喻使人恐怖的现象已经消失。

（2）周易思维中形象思维的推理形式在于想象。什么是想象，按照心理学家的说法是：

所谓想象，就是我们的大脑两半球在条件刺激物的影响之下，以我们从知觉所得来而且在记忆中所保存的回忆的表象材料，通过分析与综合的加工作用，创造出来未曾知觉过的甚或是未曾存在过的事物的形象的过程。①

模式化思维的想象包含着想象者所具有的主观因素，由于个人主观因素的不同，在同样的客观事物感性表象基础上所产生或发挥的想象可能是大不一样的。李廉先生认为：

---

① 李廉：《周易的思维与逻辑》，第37页，安徽人民出版社，1994年。

从全部形象思维方式来看，想象不仅是形象思维的一种过程，而且是表达形象思维成果——从已知到新知（未知）的一种思维形式——思维表达形式，正如推理是抽象思维从已知到未知的思维过程和思维形象那样，我称之为形象思维的推知形式。①

周易思维模式引出的想象也在其卦爻辞中多处表现出来，试看下面一些例子：

履霜，坚冰至。（坤·六二）

天已降霜，紧接而来的是坚冰，"冰冻三尺，非一日之寒"。这一比喻使人想象到，不利的形势有其发展的过程和深刻的原因。不过，坚冰到了，春天还用等多久吗？事情很快又会发生变化。

乘马班如，泣血涟如。（屯·上六）

骑马的人纷纷而来，伤心泣血，泪如雨下。这是为什么呢？人们在思考着答案。这一比喻使人想象，一些做过错事的人，怎样痛心疾首，追悔莫及。

贲其趾，舍车而徒。（贲·初九）

把脚修饰一番，不坐车而步行。这是为什么呢？如《象传》说："舍车而徒，义弗乘也。"这一比喻使人想象那些淡泊明志、安步当车的人。

三人行，则损一人；一人行，则得其友。（损·六三）

三人同行要减少一人，一人走路则要人做伴。李镜池《周易通义》对此爻有较精确的见解："这是以行旅为譬，说明损益得失。三人同行，难免意见分歧，有一个人被孤立，故是'损一人'；一人走路，孤单寂寞，遇人可以做伴，即'得其友'，这是益。"这一比喻，使人想象到损益之道。

巩用黄牛之革。（革·初九）

用黄牛皮做的带子牢固地捆着。捆着什么呢？这一爻是一个粗浅而又巧妙的比喻，《周易》的作者是在为西周王朝出谋划策，要巩固政权必须进行改革。这一比喻使人想象，怎样对要做的事情牢牢把握，使它万无一失。

鸣鹤在阴，其子和之。我有好爵，吾与尔靡之。（中孚·六二）

鹤在树阴中鸣叫，它的配偶应声和鸣；我有美酒，与你共同干杯。这一比喻使人联想到诚信的作用。爱情、友谊都需要诚信，才能相互呼应，相互沟通。

得敌，或鼓或罢，或泣或歌。（中孚·六三）

遭遇敌人，有的要击鼓进军，有的要班师罢战，有的畏惧低泣，有的慷慨悲歌。这一爻用遭遇敌人时临阵慌乱、毫无主见的军队做比喻，使人想象，人没有坚定信心，行动就不能协调一致。李光地《周易折中》引刘氏牧言："人唯信不足，故言行之间，变动不常如此。"

2. 周易思维中的普通思维

李廉先生认为："自古以来，关于从感性认识上升到抽象的理性认识，即从表

---

① 李廉：《周易的思维与逻辑》，第 37 页，安徽人民出版社，1994 年。

象发展为概念、判断、推理的研究和论证,可以说'历史悠久'了,所有心理学和哲学认识论,一般都涉及这方面认识发展的过程和规律性,然而从形象思维的理性认识过渡到抽象思维的理性认识的研究和论著,尚不多见……其实,《周易》就是这样一部世界罕有的既古老而又有新启示的伟大著作。"①

普通思维又叫抽象同一性思维,它是按照同一律(A 就是 A)、不矛盾律(也称"矛盾律")、排中律进行思维的。形式逻辑的思维,就是这种普通思维。通过这种抽象思维只认识到对象的同一性,而没有认识到同一对象内部存在的差异性或矛盾性。

《易经》的卦辞和爻辞,特别是爻辞,如果分开来看,其中的每一语句都是普通逻辑的判断形式。《易经》中的简单判断主要是性质判断,也有模态判断。例如:

黄裳,元吉。(坤·六五)

是简单判断,也是性质判断。

繻有衣袽,终日戒。(既济·六四)

破絮湿透了,终日提心吊胆。是简单判断,也是状态判断。

《周易》中的普通逻辑推理形式主要是类比推理和演绎推理;关于归纳推理的形式则不明显,但也有蛛丝马迹可寻,特别在"十翼"之中。

(1)类比推理。《周易》卦爻辞中大量使用着类比推理,这种推理的模式是:

大前提　M 是 P

小前提　N 似 M

―――――――――――

结　论　N 是 P

这种形式很像亚里士多德三段论的第一格,所不同的是小前提与大前提的联项不同类,前者是"肯定联项",后者是"类似"联项。这种推理形式的大前提、小前提与结论之间存在内在联系,并不是没有内容的纯形式。

枯杨生梯,老夫得其女妻,无不利。(大过·九二)

大前提　枯杨长了新芽是没有什么不吉利的;

小前提　老头娶了少女似枯杨长了新芽;

―――――――――――

结　论　老头娶了少女没有什么不吉利的。

过其祖,遇其妣;不及其君,遇其臣。无咎。(小过·六二)

大前提　批评祖父,礼遇祖母是没有坏处的;

小前提　责备诸侯,礼遇臣子似批评祖父,礼遇祖母;

―――――――――――

结　论　责备诸侯,礼遇臣子,是没有坏处的。

――――――――――――

① 李廉:《周易的思维与逻辑》,第 37 页,安徽人民出版社,1994 年。

（2）演绎推理。周易思维模式不仅使用类比推理，也使用演绎推理，其中比较多的是三段论推理，但其推理形式一般都是省略小前提的形式。所以，长期以来人们对《易经》的逻辑性质不够理解，只把它单纯地看成占筮之书。《易经》中使用的演绎推理的模式是：

大前提　M 是 P
小前提　N 是 M
─────────────
结　论　N 是 P

例如：

君子终日乾乾，夕惕若厉，无咎。（乾·九三）

大前提　白天自强不息，晚上反省警惕的人是不会有灾祸的；
小前提　君子是白天自强不息，晚上反省警惕的人；
─────────────
结　论　君子是不会有灾祸的。

井洌，寒泉食。（井·九五）

大前提　清洁凉寒的水是可以饮用的；
小前提　此井的水是清洁凉寒的；
─────────────
结　论　此井的水是可以饮用的。

（3）归纳推理。归纳推理的形式在《易经》中虽无明显表现，但在《易传》中仍然有所表现。如《说卦传》说："乾为天，为圜，为君，为父，为玉，为金，为寒，为冰，为大赤，为良马，为老马，为瘠马，为驳马，为木果。""乾"是符号"☰"的名称，它表示一类事物或一类属性。可以说《说卦传》的表述具有归纳推理的表述形式，是归纳推理的结论，其推理模式可表示如下：

天具有"乾"的属性；
圜具有"乾"的属性；
君具有"乾"的属性；
……
所以，乾为天，为圜，为君，……

3. 周易思维中的辩证思维

辩证思维可以分为朴素辩证思维和科学辩证思维两个层次，与之相应的辩证逻辑也分为两个层次。周易思维的辩证思维是朴素辩证思维，逻辑也是朴素的辩证逻辑。朴素辩证思维的两个特点是：一是认识到事物之间的对立统一性，但知其然而不知其所以然；二是对事物辩证关系的认识带有主观猜想成分，即所谓想当然。因此，这种辩证思维有其合理性的一面，也有其谬误性的一面，从而其逻辑也具有这两种特征。《周易》的辩证逻辑是如此，古希腊赫拉克利特（公元前540—前470）的辩证逻辑也是如此。

周易辩证思维主要体现在象数之学中。

《易》的创始者将"—"与"--"作为两个相反相成的符号，用以表示世间一切具体事物的两种属性或两种互相依存的事物。这就是对立统一的"世界观"。《周易》的作者当时已经意识到这个"对立统一"的道理。《系辞上传》说："易与天地准，故能弥纶天地之道。"又说："一阴一阳之谓道，继之者善也，成之者性也。"《系辞下传》说："乾坤其易之门邪？乾阳物也，坤阴物也。阴阳合德，而刚柔有体，以体天地之撰……"这些可以说都是阐释《易》中的"对立统一"思想的。

《系辞上传》说："是故易有太极，是生两仪，两仪生四象，四象生八卦……"这里的"生"含有变化的意思，它反映出"—"和"--"这两个符号不断地从量变到质变的过程，也就是反映了万事万物之间存在量变到质变的过程。

象数之学有一整套卦变和变卦的方法。狭义地说，"卦变"和"变卦"是有区别的，"变卦"是指揲蓍成卦时改变爻的爻性以得到新卦的方法；卦变是指从一个卦出发，适当调动、改变、重组某些爻而得到一些新卦的方法。在第一章中，我们证明了：易卦的集合是一个有限群，它对其乘法运算具有封闭性和循环性。这就是说，按照象数之学中的卦变方法，可以证明：一个卦能变成任何另外一个卦；可以变成它的反面旁通卦；又可以从旁通卦变回本卦，其中已包含着从肯定到否定或从否定到肯定的转化规律。

由此可见，《周易》的卦象系统，体现着作《易》者的朴素唯物辩证思想，同时也体现着这一思想体系的封闭性和循环论。

4. 周易思维在推理中的常见依据

在推理活动中，通常要把某一具体的、特殊的考察对象纳入某一范式中，其逻辑结构由"解释项"与"被解释项"构成。"解释项"包括该范式对外界事物认识结果的全称陈述（用 K 表示）和关于初始条件的特称陈述（用 C 表示）；"被解释项"则是属于个别对象的特称陈述。它们之间的关系可表示如下：

解释项：关于认识结果的全称陈述 $K_1, K_2, \cdots, K_n$（n 为正整数）

关于初始条件的特称陈述 $C_1, C_2, \cdots, C_n$

被解释项：关于个别对象的特称陈述 E

当 E 为已知，那么，将 E 纳入到 K 和 C 的活动与过程，就称之为"解释"。若 K 和 C 已知，则由 K 和 C 推知 E 的活动与过程，就是"预言"或"预测"。"解释"与"预测"的结果是否正确，主要取决于 K 的性质。

我们来考察一下周易思维中的"K 集合"主要由哪些元素构成，它对事物的解释、推理、预测等活动中的效果如何。

（1）长期对自然现象观察积累的经验。如：

履霜，坚冰至。（坤·初六）

天气已经下霜，很快就会结冰，这是人们对自然现象观察的结论，一般是正确的。

日中则昃，月盈则食，天地盈虚，与时消息。（《丰·彖传》）

这也是古人通过观察得出的科学的结论。

无平不陂，无往不复。（泰·九三）

这是在日常生活中容易观察到的现象。作者将其概括为"无平不陂，无往不复"的哲理格言，使平庸的事实，化为普遍的真理。

这些经验都是科学的结论，用其作为推理的前提，在推理形式正确的前提下，推出的结论也是正确的。

密云不雨，自我西郊。（小畜卦辞）

这是古人根据中国地理环境总结出来的气象变化规律。《农政全书·占候》中有农谚："云向东，雨无踪，车马通；云行西，马溅泥，水没犁；云行南，雨潺潺，水涨潭；云行北，雨便足，好晒谷。"说明我国大陆气候，云行方向同雨量大小有必然联系。西边起云，云行向东，下雨概率不大。

这一观察的结论是或然的，其出现与否有一定的概率。以其作推理的依据是一种或然推理，或然推理的结果具有随机性。

（2）长期对社会现象观察积累的经验。如：

君子终日乾乾，夕惕若厉，无咎。（乾·九三）

乾乾：自强不息貌。夕惕若厉：晚上警惕反省，时刻有危机感。这一爻辞说，君子白天自强不息，晚上反省警惕，就不会有灾祸。

括囊，无咎无誉。（坤·六四）

《周易集解》引虞翻语："括，结也。"括囊意为扎紧袋子的口，比喻把口紧闭起来，少说为佳。《周易集解》引卢氏语："慎言则无咎也。"

发蒙，利用刑人，用说桎梏，以往吝。（蒙·初六）

利用刑人意为利用典型教育人。"刑"通"型"，尚秉和《周易尚氏学》："《诗·大雅·思齐》'刑于寡妻'，《左传·襄公十三年》：'一人刑善，数世赖之，注皆训'刑'为'法'，是'刑'与'型'同。"这条爻辞说，利用树立典型以教育人，可以解脱愚蒙者身上的枷锁。

这些都是古人总结出的立身处世的经验，其结论虽然仍具有或然性，用作推理的依据仍是或然推理，但结论正确的概率很大。

师出以律，失律凶也。（《师·象传》）

行军打仗没有纪律是凶险的。

师或舆尸，凶。（师·六三）

军队在战斗中用大车运载（阵亡将士的）尸体，意谓有生力量伤亡太大，必定有凶险。

师左次，无咎。（师·六四）

在敌强我弱的时候，应该采取敌进我退的策略，暂避其锋，以保存有生力量。

比之无首，凶。（比·上六）

朋党没有好的头领是很凶险的。

这些历史经验的总结，虽然也仍然带有不确定性，但出现这些结果的可能性极大，几乎可以看作必然事件，用其作为推理的依据，所得结果一般也是正确的。

（3）天人合一的思想信仰。古人十分相信天人感应，朝廷设天文台，委任太史官每晚观天象，以判断国运的吉凶。据说汉光武帝刘秀一次与故友严光共寝，严光熟睡中以足加于光武之腹，第二天就有太史奏客星犯帝座甚急，刘秀笑着说："朕与故人严子陵共卧耳。"古代史书记载的类似事情很多，足见古人对"天人合一"思想的信仰。《周易》经传中更是俯拾皆是。

天地絪缊，万物化醇。男女构精，万物化生。（《系辞下传》）

同声相应，同气相求；水流湿，火就燥，云从龙，风从虎。圣人作而万物睹。本乎天者亲上，本乎地者亲下，则各从其类也。（《乾·文言》）

声音相同就互相感应，气类相同就互相追求；水往湿处流，火烧干燥物，云伴随着龙，风伴随着虎。圣人的一举一动民众全都知道。本源在天的向上亲近，本源在地的向下亲近，各自追随自己的同类。

夫大人者，与天地合其德，与日月合其明，与四时合其序，与鬼神合其吉凶。先天而天弗违，后天而奉天时。天且弗违，而况于人乎？况于鬼神乎？（《乾·文言》）

大人与天地的德行一致，与日月的光明相同，与四季的顺序合拍，和鬼神一样地施降吉凶。先于上天行动，上天不会违背他；后于上天行动，则要遵守天的变化规律。

天地变化，草木蕃。天地闭，贤人隐。（《坤·象传》）

天地变化，草木繁荣。天地闭塞，贤人隐退。

后以财成天地之道，辅相天地之宜，以左右民。（《泰·象传》）

君主因此裁节成就天地交通之道，辅助赞勉天地化生之宜，以此保佑天下百姓，指导他们的行动。

这些是一种将天象与人事类比的办法。类比法的特点是：两个对象或两类对象有某些属性相同，其中的一个对象还具有另外的属性，从而推测另一对象也具有相同的属性。《系辞上传》说："引而伸之，触类而长之，天下之能事毕矣。"

类比推理的结论有时是不可靠的，"天人合一"的类比有时甚至是很荒唐的。盛唐时代有一次预言的日食未曾出现，名臣张九龄竟向皇帝上一贺状，说这是皇帝诚心斋戒，感应上天的结果。张九龄在贺状中写道：

臣伏以日月之行，值交必食，算术先定，理无推移。今朝之辰，应食不食。陛下闻日有变，斋戒精诚，外宽刑政，内广仁惠。圣德日慎，灾祥自弭。若无表应，何谓大明。①

（4）人类的主观愿望。如：

积善之家，必有余庆；积不善之家，必有余殃。（《坤·文言》）

盛积善行的家族，必然留下许多庆祥；累积恶行的家族，必然留下许多祸殃。

善不积不足以成名，恶不积不足以灭身。小人以小善为无益而弗为也，以小恶为无伤而弗去也，故恶积而不可掩，罪大而不可解。（《系辞下传》）

不积累善行不足以成名，不积累恶行不足以灭身。小人把小善看成没有益处的事而不去做，把小恶看成无伤大体的事而不改正，所以恶行积累得无法掩盖，罪过扩大到不可挽救。

小人不耻不仁，不畏不义，不见利不劝，不威不惩。小惩而大戒，此小人之福也。（《系辞下传》）

小人不知羞耻，不明仁德，不惧怕正理，不奉行道义，不见到好处就不愿勤奋，不受到威胁就不知警惕。让他们受到小的惩罚而获得大的警戒，这是小人们不幸中之大幸。

这些话可说是集中概括了《易经》吉凶悔吝的精髓。吉凶悔吝，不仅是神灵的奖惩，更重要的，是你自己行为的后果。但是这些都只是人们善良的愿望，属于道德伦理的范畴。用其作为推理的依据，也是一种或然推理。

危者，安其位者也；亡者，保其存者也；乱者，有其治者也。是故君子安而不忘危，存而不忘亡，治而不忘乱。是以身安而国家可保也。（《系辞下传》）

凡是倾危的，是因为安于现状；凡是灭亡的，是因为只满足保持已有的；凡是祸乱的，是因为自以为管理得很好。所以，君子安而不忘危，存而不忘亡，治而不忘乱，则自身可以常安而国家可以永保。

德薄而位尊，知小而谋大，力小而任重，鲜不及矣！（《系辞下传》）

才德浅薄而地位尊高，智力低下而图谋宏大，力量微弱而身负重任，很少不招来灾祸的。

天道亏盈而益谦，地道变盈而流谦，鬼神害盈而福谦，人道恶盈而好谦。（《谦·象传》）

天的规律是亏损盈满而补益谦虚；地的规律是改变盈满而流转谦虚，鬼神的规律是危害盈满而福佑谦虚，人类的规律是憎恶盈满而崇尚谦虚。

这些话富有哲学的意义，它体现中国古代哲学思想的中庸之道，用其作为推理的依据，同样是一种或然推理，所得的结果并非一定正确。

---

①《科学与哲学》，第104页，第1辑，1984年。

由此可见，周易思维是讲究推理的，但它所用的推理依据有很多都是或然的，因而所得的结论也大多带有预测的性质，认为它是纯粹的占筮之书显然是不适宜的，但认为它是一本人类最早的预测学之书倒也不是毫无道理。

（三）周易思维的方法论

周易思维的方法论有许多精辟的论述，虽不能说它已达到科学的高度，但至少具有了对方法论之"方法"的一定认识，这其中既无唯心色彩，更无迷信成分。它还提出了一个一般的程序化方法，对所有关于思维的问题都切实有效，更是难能可贵。这一方法就是《周易》经文中随处可见的"元亨利贞"四个大字。

1. "八卦定吉凶"不是既定的结果，而是力争的过程

《系辞上传》中有两句很重要的话：

圣人设卦、观象、系辞焉而明吉凶，刚柔相推而生变化。

易有太极，是生两仪，两仪生四象，四象生八卦，八卦定吉凶，吉凶生大业。

这两句话应该如何理解呢？

先说"吉凶"二字，历来诸家皆训吉凶为得失。如《系辞上传》："吉凶者失得之象也"，"吉凶者言乎其失得也"。《周易集解》引虞翻语："吉则象得，凶则象失。"李光地《周易折中》引赵玉泉语："吉则顺理而得之象也，凶即逆理而失之象也。"但是在《周易》经文中，有许多卦爻辞所附的断语"吉凶"与"得失"的意义并不完全相符。如：

乘其墉，弗克攻。吉。（同人·九四）

既然已经登上城头，最后却攻不进去，付出的代价必然十分惨重，哪里还会有"得"可言呢？

来兑，凶。（兑·六三）

李鼎祚《周易集解》："以阴居阳，故位不当；谄邪求悦，所以必凶。"王弼《周易注》："以阴柔之质，履非其位，来求说者也；非正而求说，邪佞者也。"按照他们的说法，因为六三以阴爻而居阳位，故凶。但是"兑·九二"爻辞却说："孚兑，吉，悔亡。"兑卦的九二以阳爻而居阴位，同样是失位，为何却是吉呢？

由此可见，把《周易》中的"吉凶"简单地认为只是占断用语，训为得失，在《易经》中就有许多地方说不通。

再说"定"字（"明"字类此）。《周易》历来被视为占筮之书，"定"容易被人作两种理解：一种是带有宿命论意义的"注定"，即八卦本身注定了事物的吉凶。这样的理解是不妥当的，八卦是八种自然物的象征，自然物无所谓得失，八卦又怎能"定吉凶"呢？即使八卦可以定吉凶，"吉凶"既定，"吉"固然可以"生大业"，"凶"又怎能"生大业"呢？另一种理解是根据八卦可以判定事物的吉凶，"定"在这里被当作完成式的动词。这样的理解同样是不妥当的，"吉凶"已定，那

么接下去的"刚柔相推而生变化",还有什么意义呢?

因此笔者认为,"定吉凶"应该看作是对未来事态发展的一种评估,一种掌控。它包括对事物结果预测性的期望,对实现期望目标可以采取的最好对策,对事物发展方向的有效控制,通过一张一弛、一阴一阳等做法使结果尽量向有利的方向转变。一言以蔽之,"吉凶生大业"不是既定的结果,而是一种力争的过程。《系辞上传》的另一段话,是"定吉凶"的最好注释:

圣人立象以尽意,设卦以尽情伪,系辞焉以尽其言,变而通之以尽利,鼓之舞之以尽神。

2. "八卦定吉凶"的基本方法是"元亨利贞"

"元亨利贞"是《周易》经文中开宗明义的文字,也是《易经》所有文字中最难解释的文字。

《乾·文言》对此四字的释义是:

元者,善之长也;亨者,嘉之会也;利者,义之和也;贞者,事之干也。君子体仁足以长人,嘉会足以合礼,利物足以合义,贞固足以干事。

《乾·文言》对"元亨利贞"的解释虽然影响深远,但对于《周易》经文文字的注释却很难体现出来。

现存的汉魏时代《易经》注本,也未见对"元亨利贞"的新解,王弼《周易注》并无对"元亨利贞"的集中说明。孔颖达的《周易正义》和李鼎祚的《周易集解》都引《子夏传》的注释,认为"元亨利贞"的意思是:

元,始也。亨,通也。利,和也。贞,正也。

《子夏传》对"元亨利贞"的解释,被大量地引入了各种《易经》注释中。它基本上成了对汉魏时代各种《易经》注本的概括或总结。特别是其中以"亨"为"通",以"贞"为"正",成了亨、贞的正解。

到了宋代,程颐在《易传》中提出了自己对"元亨利贞"的理解:

元者,万物之始。亨者,万物之长。利者,万物之遂。贞者,万物之成。

他把"元亨利贞"当成了万物从始到终的发展过程。朱熹虽然在原则上没有否认程颐的解释,但在《周易本义》中,他还是提出了自己的理解:

元,大也。亨,通也。利,宜也。贞,正而固也。

近现代学者则有许多人认为:亨即享,祭祀的意思;而贞乃是卜,即占问的意思。

综合诸家对"元亨利贞"的解释,笔者认为此四字应该这样理解:

元,始也。指事物最原始、最本质的方面,含有寻根探源、原始反终之意。

亨,通也。指会通、联通、变通,含有融会贯通、触类旁通之意。

利,宜也。指适宜、有利,含有趋利避害、因势利导之意。

贞,正也,定也。"正"指正道、常规,"定"指决定,即按正道常规去决定之意。并且在决定的过程中也可能包含占卜活动的成分。

因此"元亨利贞"四字是《周易》中"定吉凶"时所使用的方法的概括，或者说它是周易思维在方法论方面的纲领，无怪《易经》中最先出现的就是"元亨利贞"这四个字。

人们要决定一件事物的发展过程的吉凶，首先必须抓住事物的本质或获得第一手资料（元），然后用融会贯通的办法了解事物的各种性质（亨）。做了这两步之后，不能无所作为，让其自由地、盲目地发展，而要从最适宜事物发展的方向因势利导（利），使其按正道常规发展以决定其结果（贞）。

这一思维方法可以概括地表示如下：

抓住本元—融会贯通—因势利导—正道发展。

值得注意的是：在这一过程中，体现出系统论和控制论的思想，也体现出规范逻辑的思想。

例如《系辞上传》开宗明义地指出：

天尊地卑，乾坤定矣。卑高以陈，贵贱位矣。动静有常，刚柔断矣。方以类聚，物以群分，吉凶生矣。在天成象，在地成形，变化见矣。是故刚柔相摩，八卦相荡。鼓之以雷霆，润之以风雨。

"天尊地卑，乾坤定矣。卑高以陈，贵贱位矣"是事物之"元"；"方以类聚，物以群分"是对事物之"亨"；"动静有常，刚柔断矣""刚柔相摩，八卦相荡"是对事物之"利"，即为了使事物能顺利发展而采取一些必要的措施。该雷厉风行时要"鼓之以雷霆"；该休养生息时则"润之以风雨"。"变化见矣"是使事物能按正道常规发展变化，决定其吉凶及吉凶的程度。

《系辞下传》也明确地指出：

八卦成列，象在其中矣；因而重之，爻在其中矣；刚柔相推，变在其中矣；系辞焉而命之，动在其中矣。吉凶悔吝者，生乎动者也；刚柔者，立本者也；变通者，趋时者也。

八卦给出了事物的象征，爻出现于重卦之中，其相互推移使事物发生变化。卦爻辞的文字说明吉凶，指示人们的行动。吉凶悔吝，都是由人们的行动而发生的。阳刚阴柔，确立一卦的本元；变化会通，趋向合宜的时机，控制事物的正道发展。

"元亨利贞"四字在《易经》中同时出现的共有六次，计有：

（1）乾卦卦辞：元亨利贞。

（2）屯卦卦辞：元亨利贞。勿用，有攸往，利建侯。

（3）随卦卦辞：元亨利贞。无咎。

（4）临卦卦辞：元亨利贞。至于八月，有凶。

（5）无妄卦卦辞：元亨利贞。其匪正，有眚。不利有攸往。

(6) 革卦卦辞：巳日乃孚。元亨利贞。悔亡。

这些卦辞都毫无例外地应作上述的解释，即将其当作一种求解问题的方法论。其中乾、临、无妄三卦的卦辞将在第九章介绍，此处不赘。现将屯、随、革三卦的卦辞解释于下：

屯卦是一个讲如何正确对待新生事物的卦，对于一个新生事物的出现，往往不是一开始就十全十美的，不能盲目地全盘接受或坚决抵制，应该考察它的本原，与有关事物会通比较，引导它向正确的方向发展。不可放任自流，不可揠苗助长。

随卦是论述如何选择追随对象的卦。人们无论是从政、求学、经商、习艺，都会有一个选择追随对象的问题。随卦的议论体现了人的思想观念要随着时代的进步而改变以顺应潮流。和对待新生事物一样，对待潮流，也应该考察它的本原，会通它的关系，以利于自己的思想向正确的方向发展。

革卦是讲改革的卦。变革一开始往往不被人们认识，受到守旧势力的阻挠，人们会徘徊观望。革卦卦辞希望人们认清改革的初衷，疏通、理顺它的关系，把改革引向正确的道路。

综上所述，可以说"元亨利贞"是周易思维的方法论。

在一般的卦爻辞中，"元亨利贞"四个字虽然不一定同时出现，但是按这四个字的程式展开，其论述的脉络依然清晰可见，试以比卦的卦爻辞为例来说明这个问题。

比·第八

（坤下坎上）比 吉。原筮元，永贞无咎。不宁方来，后夫凶。

初六：有孚，比之，无咎。有孚，盈缶。终来有它，吉。

六二：比之自内，贞，吉。

六三：比之匪人。

六四：外比之，贞，吉。

九五：显比。王用三驱，失前禽，邑人不诫，吉。

上六：比之无首，凶。

比：亲比，亲附。指一些人结成利益与共的团体。李鼎祚《周易集解》引崔憬言："方以类聚，物以群分，人众则群类，必有所比矣。"《序卦传》说："众必有所比，故受之以比，比者，比也。"意思是说：上一卦师卦说到众，人一众多必定会拉帮结伙，所以这一卦谈比，比就是朋比结党。《论语·为政》："君子周而不比，小人比而不周。"朱熹集注："比，偏党也。"在这一卦里的"比"可理解为一般的朋党或社团。

欧阳修《朋党论》说：

臣闻朋党之说，自古有之，惟幸人君辨其君子小人而已。大凡君子与君子，以同道为朋，小人与小人，以同利为朋。此自然之理也。然臣谓小人无朋，惟君子则有之。其故何哉？小人所好者，利禄也；所贪者，货财也。当其同利之时，相党引以为朋者，伪也；及其见利而争先，或利尽交疏，则反相贼害，虽其兄弟亲戚，不能相保。故臣谓小人无朋，其暂为朋者，伪也。君子则不然：所守者道义，所行者忠信，所惜者名节。以之修身，则同道而相益；以之事国，则同心而共济，始终如一。此君子之朋也。故为人君者，但当退小人之伪朋，用君子之真朋，则天下治矣。①

在《周易》成书的西周末年，已是"王道既微，诸侯力政"的时代，《系辞下传》说："作《易》者，其有忧患乎？"指出了当时的形势。一些社会力量为了共同的利益而组织起来，"方以类聚，物以群分"，便形成了朋党。朋党既然是客观存在的，人君不能不正视这个问题。

因此，比卦是一个讲朋党问题的卦。对于朋党问题，比卦是怎样论述的呢？

首先比卦的卦辞开宗明义地说："原筮元，永贞无咎。""原筮元"即原筮以其元之意。原、筮是调查研究、做出决定的意思。原，推求，察究。《管子·戒》："春出原农事之不本者谓之游。"尹知章注："原，察也。"古人用占筮来决定事情，故筮有决定之意。孔颖达《周易正义》："原，穷其情；筮，决其意。"元，始也，指朋党的原始动机，原始言行。"永贞"即永远合于正道。所以卦辞的意思是说：必须调查研究，弄清其本源是否永远合于正道，才决定是否参与。程颐《易传》："人相亲比，必有其道，苟非其道，必有悔咎。故必推原占决可比者而比之。"

卦辞强调要抓住朋党问题之"元"，先调查清楚，再做出决定。

其次，初六爻辞指出："有孚，比之，无咎。有孚，盈缶。终来有它，吉。"孚，诚也，信也。盈缶：斟满酒。盈，满；缶，装酒的器皿。《说文》："缶，瓦器，所以盛酒浆。"这里形容人们亲比，为了表示大家的诚意，满饮一杯酒以为盟誓，是一种宣誓形式。终来，纵使。有它，有变故。它，高亨《周易古经今注》："重文作蛇。是古人称意外之患曰它。"初六爻辞强调互相亲比，要大家都诚心诚意，以共同的信仰为基础，还要举行一定的宣誓仪式。这样大家就会和衷共济，经受得起困难或失败的考验。

中孚卦的某些论述与比卦初六爻辞的论述颇为类似：

初九：虞，吉。有它，不燕。

九二：鸣鹤在阴，其子和之。我有好爵，吾与尔靡之。

初九爻辞说，安心专一，则吉利。别有所图，则不安。这是参加朋党的一条基本守则。

九二爻辞说，鹤在树阴中鸣叫，它的同类应声和鸣；我有美酒，与你共同干杯。

---

① 《古文观止·朋党论》，第427页，中华书局，1963年。

正是比卦初六爻辞"有孚，盈缶"的形象比喻。《系辞上传》指出：

"鸣鹤在阴，其子和之。我有好爵，吾与尔靡之。"子曰："君子居其室，出其言善，则千里外应之，况其迩者乎？居其室，出其言不善，则千里之外违之，况其迩者乎？言出乎身，加乎民；行发乎迩，见乎远。言行，君子之枢机；枢机之发，荣辱之主也。言行，君子之所以动天地也，可不慎乎？"

这段话指出朋党的宣言，正如"君子之枢机"，是"动天地"的事情，必须慎重。

初六爻辞强调了对朋党问题之"亨"及彼此之间要诚信沟通。

接着比卦的爻辞指出：朋比要出自内心，不失落自我（六二）；要防止与不适当的人亲比（六三）；要外比于贤（六四）；要光明正大地亲比，舍弃不自愿的，团结自愿的（九五）；要防止朋党没有好头领，那是最危险的（上六）。

比卦提出了一系列措施，力图像欧阳修所说的"退小人之伪朋，用君子之真朋"，因势利导，使朋党问题沿正道发展。这是对朋党问题之"利"。

比卦卦辞强调"永贞无咎"，强调对朋党问题要保持"永贞"，使其永远按正道常规发展。

四、周易思维的主要特色

与其他的思维模式比较，周易思维的优势在于其整体性、开放性、主动性和快速性。

（一）整体性

周易思维把宇宙、自然、人类社会统一为一个整体，特别是把天、地、人纳入一个整体，使它具有系统论的特色。

系统论认为，任何系统都是一个有机的整体，它不是各个部分的机械组合或简单相加，系统的整体功能是各要素在孤立状态下所没有的性质。亚里士多德有一句名言"整体大于部分之和"，强调系统的整体性的重要。公理化思维方法把事物分解成若干部分，抽象出最简单的因素来，然后再以部分的性质去说明复杂事物。虽然这种方法千百年来在特定范围内是行之有效的，但它的着眼点在局部或要素，遵循的是单项因果决定论，在现代科学的整体化和高度综合化发展的趋势下，在人类面临许多规模巨大、关系复杂、参数众多的复杂问题面前，就显得力不从心了。周易思维则能高屋建瓴、综观全局地认识事物。

将天、地、人作为一个整体来讨论更是特别重要的。在很多场合，一个命题是否成立对于不同的人群来说会有所差异；而形式逻辑的精髓却是，决定一个命题是否成立完全与人没有关系，在许多场合这是不现实的。《韩非子·说难》中有一个有趣的例子：

宋有富人，天雨墙坏。其子曰："不筑，必将有盗。"其邻人之父亦云。暮而果大亡其财。其家甚智其子，而疑邻人之父。

对于"墙不修好，必将被盗"这一命题，这两人的结论都是对的，但是对于听的人却是完全不同的效果。一个被认为发现了真理，因而得到夸奖；一个被认为散布阴谋，因而遭到怀疑。在今天这类现象仍然随处可见。当今之世，国内、国际的许多命题，从抽象的道理出发，一些做法也许是对的，但施之于不同民族、不同历史背景、不同文化观念、不同宗教信仰的地区和人民，其效果会有很大的差异，甚至导致完全事与愿违的后果。

（二）开放性

公理化思维方法要求它的公理系统具有完备性，但是任何公理系统的完备性都只能是相对的，它不可能包罗万象。由某一公理系统所能导出的结论在现实世界的应用中都会有时而穷。公理化方法推出的结论具有封闭性，因此常常捉襟见肘，难以满足不断出现的新事物的实际需要。周易思维则能比较容易弥补这类缺陷。

周易思维先以阴阳来立象，阴阳之不足，则加之以四象；四象之不足，再继之以八卦。八卦之不足，再像邵雍的"加一倍法"那样，不断地增加爻数。周易思维的开放性，极大地扩充了它的适用范围。

（三）主动性

公理化思维讲究因果关系，公理的选择一经确定，便没有选择结论的自由，这种类似于宿命论的严密性，曾深刻地影响着古希腊人的思维。如在索福克勒斯的悲剧《俄狄浦斯王》中，似乎看不到意志和力量的作用，一切都是命中注定的。主人公俄狄浦斯是底比斯的国王，他企图逃脱自己的厄运，但却看不到人的意志和力量的作用，只能毫无作为地朝自己的命运奔去，命中注定必然走上悲惨的、残暴的乱伦结局（弑父、淫母），别无选择。

周易思维的特色不仅讲究天、地、人作为一个整体系统要和谐共处，也要根据天地变化去控制、协调或创新这一系统，"变而通之以尽利，鼓之舞之以尽神"，使它的存在与发展合乎人类的需要。人类应该也有可能运用意志和力量，运用刚柔相推的办法，使事物的发展按对人类有利的方向发生变化。

（四）快速性

周易思维的最大特色是它的快速性。有许多事情，例如古代战争，它既不能让你有实证思维的资本，也不能让你有逻辑思维的时间，需要在最短的时间内迅速作出结论，这时周易思维就能表现出更大的作用。

例如《史记·张仪列传》记载：战国时期，韩魏之间的战争相持一年，胜负难分。秦惠王对参战与否拿不定主意，便问计于陈轸。陈轸并没有从政治、军事、外交、经济等方面条分缕析，再做出结论，而是先向秦惠王讲了一个"卞庄子刺虎"的故事：有两只老虎为了争吃牛肉，正在你死我活地搏斗，卞庄子见了就想上去刺死两只老虎。旅馆里的侍者连忙劝止他，说，两只老虎争食的结果必然一死一伤。等到死的死了，伤的伤了，你再去刺杀，就会收到事半功倍的效果。

陈轸用卞庄子刺虎的故事立象，用不着多说，秦惠王已经认识到应该在什么时候出兵了。

中医相关理论的形成很大程度上来源于周易思维。

中医的思维方式是把人体的各部位看作一个统一的整体，同时还与居住环境、季节变化、生活习惯甚至人际关系、思想情绪等联系起来。人在疾病面前，不是完全被动的。中医治病的基本道路是：

第一是认识上的发现。中国古代医家在长期的临床实践中发现，人体内脏腑、经络、气血功能异常而发生病变后，就会相应地出现某些与病变有一定关联的症状，而这些症状消失后又可恢复正常的生理功能。这样就直接从人体上发现和总结出了生理与病理、体内与体外征象之间存在着的"对应关系"。

第二是控制上的总结。仅仅了解体内变化与体表征象之间的相互关联是不够的，还必须能够通过收集病理征象信息，对病理状态的机体进行调控，这才是诊疗的目的。名医不仅善于"治已病"，更重要的是善于"治未病"。在发现人的机体可能发生病变时，就采取"增水行舟""釜底抽薪"等方法进行调控。

五、两种思维模式的比较

在本章开头已经提到：人类的主要思维模式分为两大类型，一类是以公理化为基础的西方思维模式，一类是以模式化为基础的东方思维模式。东方的模式化思维又以周易思维作为代表。

两种思维模式具有平行的意义和互补的作用。它们在人类认识真理的长河中都曾经起过并将继续起着重要的作用，各有千秋，相辅相成。它们之间并没有不可逾越的鸿沟，更不存在高低优劣的差异，而是你中有我，我中有你。许多西方的学者在坚持公理化思维的同时，也注意吸收模式化思维的精华。牛顿的《自然哲学的数学原理》是用公理化思维写成的著作；而笛卡尔的《方法论》则是用模式化思维写成的。

可是长期以来，许多学者只认为西方思维模式才是科学思维，周易思维不属于科学思维的范畴，这种看法实际上是一种偏见。

通过上面的论述，我们看到周易的模式化思维与西方的公理化思维都是行之有效的科学思维，它们相辅相成，各有千秋，现将其列表比较如下：

	古希腊公理化思维模式	周易模式化思维模式
基本形式	以一些不证自明的事实建立公理系统，从公理系统出发，利用演绎推理方法推出新的结论	用人类的经验和智慧把事物提炼为若干模型，以模型为参照，用合情推理方法（包括演绎、归纳、类比）推出新结论
思维过程	类似"点—线—面—体"，是逐步聚合的过程	类似"太极—两仪—四象—八卦"，是不断分裂的过程
数学支撑示范	欧氏几何。适合当时社会发展水平，推行顺利	布尔代数。超前当时社会发展水平，后继乏力
使用能力要求	起点较低，可以从零开始，按部就班地学习，易于掌握	起点较高，需要较丰富的经验和较高的文化科学修养，较难掌握
推理结论性质	正确	不一定正确（经验丰富者则一般正确）
未来发展展望	由于公理的相对性及形式逻辑的局限性会遇到一些困难	由于计算技术的迅速发展，计算机模拟更加有效，会有更长足的进步

由上表可知，以周易思维为基础的东方模式化思维模式也和西方公理化思维模式一样，具有科学的基础。西方公理化思维模式与东方模式化思维模式在本质上有许多相通之处。

1. 公理化思维离不开模式化思维

第一，公理化思维的正确性是以两点为支柱的：一是公理的真理性，二是逻辑方法的有效性。欧几里得的《几何原本》为这一思维体系提供了光辉的典范。但是非欧几何的诞生，动摇了它的第一根支柱。它使人们认识到，世界是多元的，真理是相对的，即使是极其简单、看似不证自明的公理，也具有相对性。"理发师悖论"的出现，又动摇了它的第二根支柱。人们惊奇地发现，形式逻辑是有缺陷的，有时甚至是失效的。去掉了这两根支柱。公理化思维还剩下一些什么呢？所以公理化思维有时不得不向模式化思维靠拢，用模式化思维从总体上思考赖以出发的公理体系。

第二，公理化思维要求它选择的公理体系具有相容性，即各个公理相互之间没有矛盾，否则就会导出荒谬的结论。怎样才能判断它的公理体系是没有矛盾的呢？又不得不向模式化求助，即建立一个实际的模型来检验。除此之外，别无他法。

第三，公理化思维在没有提出新的结论之前，它的演绎论证方法就很难有用武之地。怎样才能提出新的结论呢？人类的历史证明，更多的时候是借助于模式化思维，从已有的模型出发，通过归纳、类比等手段，猜想新的结论，然后再用公理化思维给予证明。实际上，人类知识宝库的建立，是一个不断地用模式化思维猜想，用公理化思维证实的循环过程。

第四，公理化思维推出的结论具有封闭性，因此常常捉襟见肘，难以满足不断出现的新事物的实际需要。例如西方国家的许多法律，都声称是用公理化思维方式建立起来的。但是，西方国家的许多审判，并不是完全以法律的条文为依据的，而很多是以历史上曾经发生的、被公认为公正公平的案例为依据的。在公理化思维的局限性造成的尴尬局面下，人们又不得不向开放性的模式化思维寻找出路。

2. 模式化思维也离不开公理化思维

第一，模式化思维的认知形式依靠比喻，即用另一个事物的形象来比喻被认知的事物，构成复合形象的语言形式。但是任何比喻，都难免有不够确切、不够精密的地方，这就可能使模型化思维导出的结论"差之毫厘，谬以千里"。这一缺陷必须通过抽象思维来弥补。否则，立象本身都不可靠，由立象推出的结论更是不可靠的。

孟子在论证梁惠王能不能推行王道的时候，先举出了一件梁惠王不忍心让一头牛去做祭钟的牺牲而"以羊易牛"的事例之后，接着便进行了如下的推理：

今恩足以及禽兽，而功不至于百姓者，独何与？然则一羽之不举，为不用力焉；舆薪之不见，为不用明焉；百姓之不见保，为不用恩焉。故王之不王，不为也，非不能也。

这一结论不管正确与否，推理方式的不严密是显而易见的。第一，梁惠王只是用一只羊去代一头牛做祭钟的牺牲，只有恩于个别的牛，而孟子却说他"今恩足以及禽兽"，从个别性的前提不一定能得出普遍性的结论。第二，即使是"恩足以及禽兽"的人，也未必就能得出"恩足以及百姓"的结论。这之间还有很大的差距，决不是像力能举百钧的人而不能举一羽那么简单。

宋朝罗大经的《鹤林玉露》记载了这样一个故事：

张乖崖为崇阳令，一吏自库中出，视其发傍巾下有一钱。诘之，乃库中钱也。乖崖命杖之，吏勃然曰："一钱何足道，乃杖我耶？尔能杖我，不能斩我也。"乖崖援笔判云："一日一钱，千日一千。绳锯木断，水滴石穿。"自仗剑下阶斩其首，申台府自劾。

县官查办贪污，防微杜渐，特别是对那些监守自盗的人更应严惩，本来无可厚非。但他用"绳锯木断，水滴石穿"取象，并得出"一日一钱，千日一千"的结论，罗织罪名，草菅人命，实在太荒唐了。

第二，模式化思维推理中赖以出发的前提，表面看来，虽然不要求它本身是不证自明的公理，但归根结底总还是一个可以由一些不证自明的事实推出的结果。换言之，模式化思维推理的前提与结果之间，一定有一条公理性思维的纽带作为其支撑。

魏徵在《谏太宗十思疏》中写道："求木之长者，必固其根本；欲流之远者，必浚其泉源；思国之安者，必积其德义。"不但"求木之长者，必固其根本；欲流之远者，必浚其泉源"的本身就可以当作公理，而且与"思国之安者，必积其德义"之间更有"民为邦本，本固邦宁"这一公理性的事实作为其支撑。

第三，模式化思维的论证方法，虽然从总体上说不是完全的演绎推理，但它的一些局部、许多细节却是演绎推理，与公理化思维的方法并无二致。在模式化思维的论证过程中，一定要能够疏通转换，找到一条隐含的演绎道路，才能保证其结论的正确。

例如南北朝学者范缜在《神灭论》中写道："神之于形，犹利之于刀，未闻刀没而利存，岂容形亡而神在。"这是一种"比类""取象"的论证方法，是典型的模式化方法，其结论虽然是正确的，但却无法使人信服。因为"神之于形，犹利之于刀"，并不是不证自明的公理，也不是人类的经验结论，而只是人类的一种信仰，所以其结论不一定正确。但如果把"神之于形，犹利之于刀"当作一条公理（无异于把"物质是第一性的"还是"精神是第一性的"当作公理），那么"未闻刀没而利存，岂容形亡而神在"则是完全用演绎方法推出的结论，当然是正确的。

第六章
对象数之学的重新评价

象数之学是历代易学研究的主要方法，《周易》的重要组成部分有所谓"象、数、理、占"。从春秋战国时代起，经汉、唐、宋、清直至当代，不少易学家都以象数为注释经文的工具。《周易》经文中虽有卦象、爻数的言辞，《易传》也多言"象""数"，但并未"象""数"二字并提连用。

"象""数"并提，最早见于《左传·僖公十五年》："龟，象也；筮，数也。物生而后有象，象而后有滋，滋而后有数。"杜预注："龟以象告，筮以数告，象数相因而生，然后有占，占所以知吉凶。"

"象数"作为一个连用的概念，大约始于汉代。它是指一种解易的学说（"象数学"）和解易的流派（"象数派"）。

象数之学在魏晋以前是易学研究的主流，自王弼扫象之后，逐渐遭到易学界的诟病。本书提出了"模型论"的观点，与象数之学分道扬镳。但是"圣人立象以尽意，设卦以尽情伪"，象与卦难以分离。模型论与象数学之间的关系如何？两者之间有无矛盾？能否沟通？很有必要对象数之学进行详细的讨论和重新评价。

一、象数学中之象

象数之学分为"象"与"数"两部分，据黄宗羲《易学象数论》一书称：易象计有"八卦之象""六画之象""像形之象""爻位之象""反对之象""方位之象""互体之象"七项。数则有"大衍数""方位数""天地数""图书数"等。

概括言之，我们可以把黄宗羲所提的七项易象分成三个方面，即由卦所生之象、由爻所生之象和由变所生之象三种类型。

（一）由卦所生之象

《系辞下传》说：

古者包牺氏之王天下也，仰则观象于天，俯则观法于地，观鸟兽之文，与地之宜，近取诸身，远取诸物，于是始作八卦，以通神明之德，以类万物之情。

前人认为八经卦象征宇宙间的八种自然物，即所谓"八卦之象"：

卦名	乾	坤	艮	兑	坎	离	震	巽
卦画	☰	☷	☶	☱	☵	☲	☳	☴
卦象	天	地	山	泽	水	火	雷	风

易卦的每一个卦都是由两个经卦上下重叠而成的，因而可以看成是两种自然物的适当组合，即易卦是代表 $8 \times 8 = 64$ 种不同的复合的自然现象，称为该卦的卦象。象数学派认为："圣人设卦、观象、系辞焉而明吉凶。"（《系辞上传》）作《易》者在观察卦象之后，得到了某种弥纶天地的体会，并把它写成经文。

例如，大有卦☲的下卦乾☰为天，上卦离☲为火，火焰高悬天上，光明普照四方，象征大获所有。《象传》说："火在天上，大有。"程颐《易传》："火高在天上，照见万物之众多，故为'大有'。"困卦☱的上卦兑☱为泽，下卦坎☵为水，水漏到了泽下，象征"泽中无水"，有"困穷"之义，程颐《易传》："水居泽上，则泽中有水也。乃在泽下，枯涸无水之象，为困乏之义。"《周易浅述》："水在泽下，（泽中）枯涸无水，困乏之象。"

但是由于《易经》的文字古奥，含义难明，而且过于简略，并非所有的卦都可以这样顺理成章地解释，对于某些卦是无法自圆其说的。

例如泰、否两卦就是如此。否卦☷是乾上坤下，即天在地上，宇宙间的确是这种现象；而泰卦☷却是坤上乾下，即地在天上，宇宙间并不存在这种现象。为了解决这类矛盾，大约成书于战国时代的《说卦传》，进一步把八种自然物抽象为八种属性，天的属性是刚健，地的属性是柔顺，等等，从而把八经卦转变成八种抽象属性的象征：

卦名	乾	坤	艮	兑	坎	离	震	巽
卦画	☰	☷	☶	☱	☵	☲	☳	☴
卦象	天	地	山	泽	水	火	雷	风
属性	健	顺	止	悦	陷	丽	动	入

于是，对于泰卦的乾下坤上，就不再用"地在天上"来解释了，而把天与地的本身转化为"天地之气"，便成了天的阳刚之气与地的阴柔之气上下交融的象征。孔颖达《周易正义》："天地气交而生养万物，物得大通，故云泰也。"程颐《易传》："天地交而阴阳和，则万物茂遂，所以泰也。"

引进卦的属性之后，扩宽了解释易卦的范围，但仍感不足。《说卦传》又将八种抽象的属性反过来去考察万事万物，从而使八经卦与宇宙这个系统的各个子系统的事物相对应。例如，对于动物这一子系统，象数学家认为：马有刚健的德性，牛有柔顺的德性，等等。从而又衍生出乾卦之象为马，坤卦之象为牛，等等。

卦名	乾	坤	艮	兑	坎	离	震	巽
卦画	☰	☷	☶	☱	☵	☲	☳	☴
卦象	天	地	山	泽	水	火	雷	风
属性	健	顺	止	悦	陷	丽	动	入
卦象	马	牛	狗	羊	豕	雉	龙	鸡

经过这样反复地扩张对应，《说卦传》就把每一个经卦之象扩大到许多种了，如《说卦传》认为：

乾为天，为圜，为君，为父，为玉，为金，为寒，为冰，为大赤，为良马，为老马，为瘠马，为驳马，为木果。

即使这样，仍不能圆满地解释卦爻辞，所以汉人又在《说卦传》的基础上补充了很多"逸象"，使八卦之象越来越多，越来越复杂。

卦象还有所谓"方位之象"和"象形之象"。

象数之学把八经卦纳入九宫图中，分别进入除中宫外的八个方位，即乾为西北；坎为正北；艮为东北；震为正东；巽为东南；离为正南；坤为西南；兑为正西。称为"方位之象"。

象数之学还将卦画的"形象"与某些事物挂起钩来，如鼎卦☲的形象像一只鼎，最下一爻像鼎的脚，中间三个阳爻像鼎的身，六五阴爻像煮着的食物，最上一爻像鼎的盖。颐卦☲的形象像人的口齿，等等，因而称为"象形之象"。

（二）由爻所生之象

因为用卦象来解释卦爻辞，即使在扩大卦象之后，也难以自圆其说，汉儒终于突破了"卦象"的局限，创立了"爻位说"的新思路来补充对易卦的认识。"爻位说"是以爻为基础的一种思维体系。

1. 爻位之象

所谓"爻位之象"是把一个卦的六个爻分成（从下至上）六个等级，初爻为"元士"，第二爻为"大夫"，第三爻为"公卿"，第四爻为"诸侯"，第五爻为"天子"，上爻为"宗庙"。象数学家认为，同样是阳爻或阴爻，但处于不同的爻位上却有不同的作用。例如师☷、比☵两卦都只有一个阳爻，师卦☷的阳爻在第二爻位，处于"大夫"的地位，只能是将帅之象，所以师卦九二爻辞说："在师中，吉，无咎，王三锡命。"意谓大将在军中，有成绩而无过失，君王多方嘉奖。但比卦☵的阳爻在第五爻位，处于"天子"之尊，故比卦九五爻辞是："显比，王用三驱。"同样一个阳爻，在师卦中只能为将，在比卦中却须为王。

2. 六画之象

所谓"六画之象"，其要点是把每个卦的六个爻分成三组：上两爻为天，中两爻为人，下两爻为地。其思想可能来自《说卦传》："昔者圣人之作易也，将以顺性命之理。是以立天之道，曰阴与阳；立地之道，曰柔与刚；立人之道，曰仁与义。兼三才而两之，故易六画而成卦。分阴分阳，迭用柔刚，故易六位而成章。"这样，象数学家在分析卦象时，就不限于分为上下两种自然物，也可分为天地人三部分。

爻位说还把每个卦的六个爻分为阳位和阴位，奇数的第一、第三、第五等三个爻位为阳位，偶数的第二、第四、第六三个爻位为阴位，若阳爻居阳位，阴爻居阴位，就是得位而吉；反之，则是失位而凶。

3. 承乘比应

此外，爻位说中还有所谓"承""乘""比""应""据""中"等一系列规定。阴爻居阳爻之上称为乘，阴爻居阳爻之下称为承，承则吉利，乘则凶险。相邻两爻有亲密关系，称为比，如果它们爻性相反，则易于得比。在一个卦中第一爻与第四爻、第二爻与第五爻、第三爻与第六爻是应的关系，即上、下卦处于同位次的爻是应的关系。相应的两爻爻性相同，称为敌应；爻性相反，称为顺应。顺应则吉，敌应则凶。在一个卦中，阳爻位于较高的爻位称为据，据一般吉利。

"爻位说"的引入，扩大了注释经文的思维空间。如咸卦☶九四爻辞中有"贞吉悔亡"之句，虞翻的注释是："失位悔也，应初，动得正，故贞吉而悔亡矣。"意思是：咸卦的九四爻以阳爻而居阴位，这是失位，所以有悔恨；但九四阳爻能与初六阴爻顺应，这又是合于正道的，所以吉利，而使原来的悔恨消失了。然而，爻位说有一个致命的弱点，就是它的一些关于爻位的假定是有矛盾的，缺乏兼容性。例如，临卦☱的九二是阳爻，按照爻位说的规定，九二处于下卦之中，这叫"得中"，"得中"则吉；但第二爻位是阴位，九二以阳爻而居阴位，又应该"失位"而凶。九二阳爻与六五阴爻顺应，应该顺应则吉；但九二阳爻与初九阳爻失比，又应该"失比"而凶。吉耶？凶耶？四个相反的结论，到底应该相信哪一个？

（三）由变所生之象

卦象说和爻位说仍然不足以顺利地解释卦爻辞，象数学家再引入"卦变"和"互体"的方法。"卦变"和"互体"是指从一个卦出发，人为地调动、改变、重组某些爻而得到一些新卦的方法。换言之，在用卦象和爻位解释卦爻辞都有困难时，就设法把原卦变为一个新卦，用原卦和新卦的象结合起来解释卦爻辞。

1. 卦变

卦变的方法很多，计有往来、消息、旁通、反对、上下象易等方法。

往来——将一个卦的两个爻（爻性不同）互换位置以得一新卦的方法（图6-1-1）。

消息——将一个卦中某些爻改变其爻性而得到新卦的方法。由阴变阳谓之"息"，由阳变阴谓之"消"（图6-1-2）。

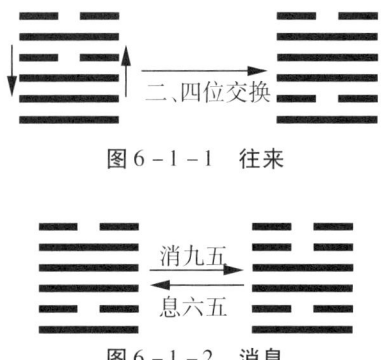

图6-1-1 往来

图6-1-2 消息

旁通——将一个卦的所有爻都改变其爻性而得到一个新卦的方法。新旧两卦互相称为旁通卦（图6-1-3）。

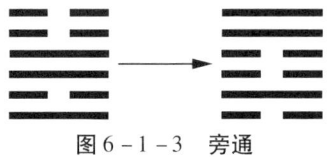

图6-1-3 旁通

反对——将一个卦倒转过来而得到一个新卦的方法。所得之卦称为原卦的复卦，复卦的卦象称为原卦的"反对之象"（图6-1-4）。

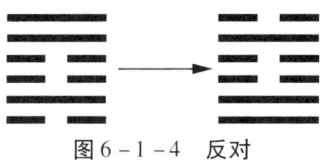

图6-1-4 反对

上下象易——将一个卦的上卦和下卦互换位置得一新卦的方法（图6-1-5）。

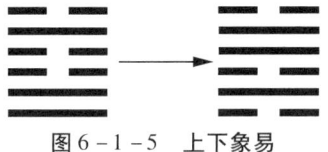

图6-1-5 上下象易

在本书第二章中已经指出，按照象数之学的卦变方法，要把任何一个卦 A 变为另外一个卦 B，相当于用另外一个具有某种性质的卦 C 去乘 A 的结果：

$AC = B$。

因为易卦的集合是一个群，在一个群中，对它的任意两个元素 A 和 B，方程 $Ax = B$ 在群中有解。这意味着，对任何一个卦 A，都可以通过适当的卦变方法，使它变为另外一个卦，几乎可以随心所欲。卦变为注释卦爻辞扩大了空间，增加了灵活性，但是因它太缺乏定准，所以也难免遭到后人的诟病。

2. 互体

一个卦有六爻，不改变爻的次序，依次取其三爻，可组成四个三爻卦，试以无妄卦䷘为例（图 6-1-6）：

【初二三】（震卦）——由原卦的初爻、第二爻、第三爻组成的三爻卦；
【二三四】（艮卦）——由原卦的第二爻、第三爻、第四爻组成的三爻卦；
【三四五】（巽卦）——由原卦的第三爻、第四爻、第五爻组成的三爻卦；
【四五上】（乾卦）——由原卦的第四爻、第五爻、上爻组成的三爻卦。

图 6-1-6 互体

利用震、艮、巽、乾这 4 个经卦，不改变顺序两两组合可得六个新的别卦：

【初二三】【二三四】——震下艮上——颐卦䷚
【初二三】【三四五】——震下巽上——益卦䷩
【初二三】【四五上】——震下乾上——无妄卦䷘
【二三四】【三四五】——艮下巽上——渐卦䷴
【二三四】【四五上】——艮下乾上——遁卦䷠
【三四五】【四五上】——巽下乾上——姤卦䷫

其中除无妄卦为原卦外，其余的五个卦为新卦，称为原卦的"互体之象"。

东汉经学家郑玄、虞翻等解易大师常用"卦变""互体"之法解释经文，以弥补卦象、爻位等方法的不足。

例如，在豫卦䷏的六二爻辞中有"介于石，不终日，贞吉"这样的话，但是豫卦的上卦为震，下卦为坤，震卦与坤卦都无石之象，于是虞翻注释说："与四为艮，艮为石。故介于石。"意思是说，豫卦的互体之象中由第二、第三与第四爻组成的卦为艮卦䷳，《说卦传》中有，"艮为小石"之说，故爻辞说"介于石"。

再如无妄卦䷘的六三爻辞说："无妄之灾，或系之牛，行人之得，邑人之灾。"它的意义是什么？历来都不得其解，众说纷纭，莫衷一是。虞翻的注释说：

上动体坎，故称灾也。四动之正，坤为牛，艮为鼻为止，巽为桑为绳。系牛鼻而止桑下，故或系之牛也。乾为行人，坤为邑人，乾四据三，故行人之得；三系于四，故邑人之灾。

这段话的大意是：无妄卦的下卦是震䷲，上卦是乾䷀，中间两个互体的卦是艮䷳（【二三四】）和巽䷸（【三四五】）。如果把它们的上爻改变为相反的爻，那么，巽䷸就变成了坎䷜。坎卦有凶险之象，所以说"灾"。艮䷳则变成了坤䷁，坤之象为牛；又艮卦䷳之象为鼻，为止；巽卦䷸之象为桑，为绳。因此全卦就有用绳子系住牛鼻而止于桑树下的象，所以说"或系之牛"。乾卦之象为行人，它的九四阳爻据于六三阴爻之上，是正确关系，所以说"行人之得"。坤卦之象为邑人，但依于第四爻的改变才能互体出坤卦，所以说"邑人之灾"。

这样的解释有无道理，姑且不说。单从"卦变"看，虞翻先用"互体"方法，得出无妄卦中间两个互体之卦艮卦☶和巽卦☴，又利用"消息"的方法，将无妄卦的上九、九四阳爻改为阴爻，使巽卦☴和艮卦☶再变为坎卦☵和坤卦☷，然后加上原卦的上卦乾卦☰和下卦震卦☳，共六卦，用六个卦的卦象及爻位解释爻辞，实难免穿凿附会之嫌。

二、象数学中的数

象数学中的数基本上就是《周易》中所涉及的那些数，如河洛数、天地数、策数、大衍数、勾股数等。其中天地数、策数、大衍数等是《周易》中固有的，河洛数是隐含的，勾股数则是衍生的。

（一）河洛数

《系辞上传》说：

是故天生神物，圣人则之；天地变化，圣人效之；天垂象，见吉凶，圣人象之。河出图，洛出书，圣人则之。

传说在远古的伏羲时代，有一神奇的龙马背负着一张神秘的图出现在黄河水面，人们把那张神秘的图称之为"河图"。到了大禹治水的年代，又有一只神奇的龟背负着另一张神秘的图浮出洛水，人们称那张神秘的图为"洛书"。所以，这"河图""洛书"一出现就带有十分神秘的色彩。但是这神奇的"河图""洛书"到底是什么样子，先秦、两汉直至隋唐的典籍中都从来没有出现过，直到宋人的著作中才出现"河图""洛书"的画面。

如果去掉那些神秘的传说，那么根据宋人的图案，"河图""洛书"就是两张如图 6-2-1 所示的点阵图。

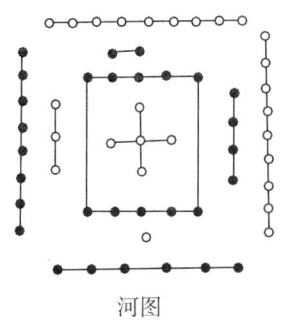
河图

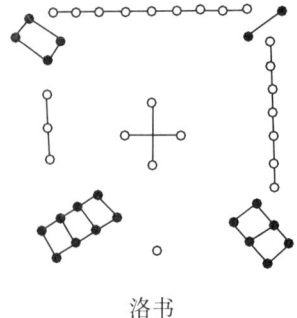
洛书

图 6-2-1

这"河图""洛书"到底表示什么东西呢？虽然历来众说纷纭，但比较普遍的看法是，那些小圆点表示数字。空心点表示的是奇数，实心点表示的是偶数。特别是，如果将"洛书"中的点换成数字，就得到一个由1～9这九个数字排成的3×3方阵（图6-2-2）。

在这个3×3方阵中，每行每列以及两条对角线上的三个数之和都是15。

4	9	2
3	5	7
8	1	6

图6-2-2

宋朝著名数学家杨辉称这种图为"纵横图"，曾对它进行了深入的研究，并把它推广为：

将1，2，…，n^2，这n^2个连续的自然数排成一个n行n列的方阵，使得每行每列以及两条主对角线上的n个数之和都相等。

满足这种要求的方阵称为"n阶纵横图"，也称为"n阶幻方"。"洛书"是一个三阶幻方。

《系辞上传》中既然提到了它，说明它与象数学有些关系，非常明显，与河图、洛书关联的是数，而不是象。在河图中出现的10个数有1，2，…，10，其和为55；洛书中出现的9个数有1，2，…，9，其和为45。因为河图、洛书中的数与"天地数""大衍数"接近，应该与揲蓍成卦的程序中所涉及的数有关。所以笔者认为：古人不是根据河图、洛书的象而画卦，而是根据河图、洛书的数来设计揲蓍成卦的方法。

"河出图，洛出书，圣人则之"这句话一直使人误读，认为圣人是根据河图、洛书以画卦的。以致欧阳修还据此断言，《系辞》非孔子所作，因为孔子不会这样糊涂，既主张圣人是通过仰观俯察而作卦，又主张圣人是根据河图、洛书以作卦的。

联系到揲蓍成卦，笔者认为本节开始所引《系辞上传》的那段话应该这样句读：

是故天生神物，圣人则之；天地变化，圣人效之；天垂象，见吉凶，圣人象之；河出图，洛出书，圣人则之。

天生神物，圣人则之：惠栋《周易述》云："神物，谓蓍龟。蓍龟定天下之吉凶，成天下之娓娓者，圣人则之，知存知亡，而不失其正也。"神物不限于指蓍龟，而是泛指天地、阴阳（阴阳不测之谓神）、河图洛书等，是一个总的概念。圣人怎样效法这些"神物"则表现在三个方面：

第一是"天地变化，圣人效之"：圣人效法天地的变化思考问题，"仰则观象于天，俯则观法于地"，从而造出"以类万物之情，以通神明之德"的卦。

第二是"天垂象，见吉凶，圣人象之"：圣人把天象转化为卦象以判吉凶，即"设卦、观象、系辞"之类的行为。

第三是"河出图，洛出书，圣人则之"：圣人根据河图、洛书中数的规律设计了揲蓍成卦的方法，即"四营以成易"之类的法则。

总之，这段话告诉人们：画卦的依据是仰观俯察，成卦的参照则是河图、洛书。

（二）天地数

《系辞上传》有两处提到天地数：

天一，地二，天三，地四，天五，地六，天七，地八，天九，地十。

天数五，地数五，五位相得而各有合。天数二十有五，地数三十，凡天地之数五十有五，此所以成变化而行鬼神也。

在有的版本中这两段话是连在一起的。为了方便，我们也把它放在一起说。《系辞上传》是把这段话和"大衍之数"一起说的，所以与"大衍之数"也有一定关系。把"天地"和"图书"放在一起说，而天地数又与河洛数一样，都是1，2，…，10这10个数，因此与河洛数也有内在的联系。

作《易》者把河图、洛书当成了与天地相似的"神物"，河洛之数也就是天地之数。在10以内的自然数中，奇数为天数，偶数为地数。天数之和为25，地数之和为30，天地数之和为55。天地之数是成就万物变化的神妙之数。因而进一步又被采用为揲蓍成卦之数。

（三）大衍数

关于揲蓍成卦的具体方法，最早的也是最权威的记载见于《系辞上传》：

大衍之数五十，其用四十有九。分而为二以象两，挂一以象三，揲之以四以象四时，归奇于扐以象闰，五岁再闰，故再扐而后挂。天数五，地数五，五位相得而各有合。天数二十有五，地数三十，凡天地之数五十有五，此所以成变化而行鬼神也。

这段话说明揲蓍成卦的程序，其具体操作方法是：

(1) 准备50根蓍草，先取掉一根，这一根象征太一即太极，实际使用的是49根。

(2) 将49根蓍草任意地分成两部分，分别握在左、右手中，象征天地两仪。这一步称为"分二"。

(3) 从象征"地"的右手中抽出一根放在一边，象征"人"，与原来的两仪共同象征"天、地、人"三才。这一步称为"挂一"。

(4) 将左手中蓍草四根四根一数，象征"四时"，称为"揲四"。把最后剩下的零头（1根、2根、3根或4根）夹在中指与无名指之间，叫作"归奇于扐"，象征"闰年"。

(5) 对右手中蓍草（已抽去一根），按照左手的办法四根四根一数，将最后剩下的零头（1根、2根、3根或4根）夹在中指与食指之间，即"归奇于扐"。

(6) 两手中"归奇于扐"的蓍草合起来不是4根（这种情况称为"少"），就是8根（这种情况称为"多"），加上原来从右手中取出的一根，合起来不是9根就是5根（一挂二扐）。弃掉这9根或5根蓍草，剩下44根或40根蓍草。这叫作一变。

(7) 对剩下的44根或40根蓍草重复（2）～（6）所述的做法，"一挂二扐"的蓍草数合起来必为8根（多）或4根（少），弃掉这8根或4根，剩下的蓍草数必为40根、36根或32根，称为第二变。

(8) 再对第二变后剩下的蓍草重复（2）～（6）的做法，"一挂二扐"的蓍草数合起来必为8根（多）或4根（少），将这8根或4根蓍草弃去，最后剩下的蓍草必为36根、32根、28根或24根四种情况之一。这叫第三变。

(9) 将上述的四个数分别用4除之，商数必为9、8、7、6四数之中的一个数。根据商数的奇偶即可以确定一爻。商数为7的称为"少阳"，得到阳爻；商数为8的称为"少阴"，得到阴爻；商数是9的称为"老阳"，取阳爻，但也可以变为阴爻；商数是6的称为"老阴"，取阴爻，但也可变为阳爻。这就叫"四营（分二、挂一、揲四、归奇）成一变"，"三变成一爻"。现将三变过程及所得爻性列表如下：

三变后所剩蓍草数	24	28	32	36
用4除所得的商数	6	7	8	9
归奇于扐的过程情况	三多	两多一少	两少一多	三少
名　　称	老阴	少阳	少阴	老阳
所得爻性	阴（可变）	阳	阴	阳（可变）
记　号	□	—	--	×

同样再做5次，即可得到另外的5个爻，按先下后上的顺序排列起来，便得到一个卦。总共经过了 $3 \times 6 = 18$ 次操作，所以叫作"十有八变而成卦"。

揲蓍成卦的程序虽然简单，但是因为它涉及深刻的数学原理，也涉及天人合一的哲学理念，历来都有许多人对它进行研究。大衍之数为什么用50根蓍草，而实际开始时又只用49根，这是易学史上一个长期悬而未决的问题。历代易学家对它作过种种猜测，自汉至今，众说不一，并无确定的结论。如：

《汉书·律历志》说："是故元始有象一也，春秋二也，三统三也，四时四也，合而为十，成五体。以五乘十，大衍之数也。而道据其一，其余四十九，所当用也。"按照这种解释，"大衍之数五十"是这样得来的：把元始之象一的一，春秋二的二，三统的三，四时的四，以及它们之和的十，共称为五体。拿五体的五去乘和十的十得到五十，就是大衍之数的五十。再从五十中减去道所据的一，就得四十九。即

$(1 + 2 + 3 + 4) \times 5 - 1 = 49$。

《周易正义》则引述了下面一些说法：

京房曰："五十者，谓十日，十二辰，二十八宿也，凡五十，其一不用者，天之生气，将欲以虚来实，故用四十九焉。"按这种解释，五十是由十日加十二辰再加二十八宿而得，四十九则由五十减去"将欲以虚来实"而不用的一所得。即

$(10+12+28)-1=49$。

马融曰："易有太极，谓北辰也，太极生两仪，两仪生日月，日月生四时，四时生五行，五行生十二月，十二月生二十四气，北辰居位不动，其余四十九转运而用也。"按照这种说法，五十是由太极一，两仪二，日月二，四时，五行，十二月，二十四气相加而得，由五十减去不动的北辰一，就得四十九。即

$(1+2+2+4+5+12+24)-1=49$。

荀爽曰："卦各有六爻，六八四十八，加乾、坤二用，凡五十。乾初九：'潜龙勿用'，故用四十九也。"按照荀爽的说法，五十是由八经卦的八与每卦六爻的六相乘，再加乾坤两卦中的"二用"（即用九和用六）而得，减去乾卦中有"潜龙勿用"的这一爻便得四十九。即

$(6 \times 8+2)-1=49$。

李鼎祚《周易集解》中引崔憬的说法却是："艮为少阳，其数三；坎为中阳，其数五；震为长阳，其数七；乾为老阳，其数九；兑为少阴，其数二；离为中阴，其数十；巽为长阴，其数八；坤为老阴，其数六；八卦之数总有五十……其用四十有九者，法长阳七七之数也。"按崔憬的说法，八经卦的每一卦都对应一个数，把它们所对应的数加起来就得到五十。至于四十九，则是根据长阳：数七自乘而得。即

$(3+5+7+9)+(2+10+8+6)=50$；　$7 \times 7=49$。

朱熹《周易本义》则说："大衍之数五十，盖以河图中宫，天五乘地十而得之，至用以筮，则止（只）用四十九，盖皆出于理势之自然，非人之知力所能损益也。"按照朱熹的说法，五十是由天的生数五与地之成数十相乘而得出的，至于为什么只有四十九，则不是人的智力所能增减的。

以上的解释可谓五花八门，但是不难看出它们有一个共同的特点：所有这些解释，都是从一些无可验证的形而上学的假定出发，硬凑出五十和四十九这两个数字来的。

当代也有不少易学家对"大衍之数"进行研究。如顾明《周易象数图说》谈到沈宜甲先生对"大衍之数"的研究时写道：

说《易》之书，仅《四库全书》中的著录就有158部，1757卷，还有附录8部，12卷。但对筮仪的论述几乎千篇一律，都把50、49、4、1等主要数据说得神乎其神，简直是非此莫属，不容作任何考虑。可是旅居比利时的华人科学家沈宜甲未被这些权威所吓倒，他在参考资料奇缺的条件下，破除迷信，勇于探索，终于在这个问题上有所突破。

根据《周易象数图说》一书的介绍，沈宜甲的研究工作得出下列结论：

（1）筮仪所用的策数不必限于50，用49、51以及别的什么数都可以；

（2）不一定非挂一不可，不挂一也行，挂几不挂几都无所谓；

（3）不一定非揲四不可，也可以揲别的数；

（4）最后所得筮数是4个相邻的整数，必然是二奇二偶，从而能以相等的机会决定阴阳。

上述结论是不能普遍成立的。如果仍然按照《系辞上传》的筮法程序去做，却改变其中某个数据是不行的。

例如，如果不是"虚一不用"，直接将50策按照《系辞》筮法的程序去做，则三变之后所得的筮数只有7、8、9三个数，是二奇一偶，而不是二奇二偶。

事实上，50策挂1之后，尚有49策，第一变之后，总是去掉5策，这意味着，第一变后总是余下50−1−5=44策。其三变过程如下：

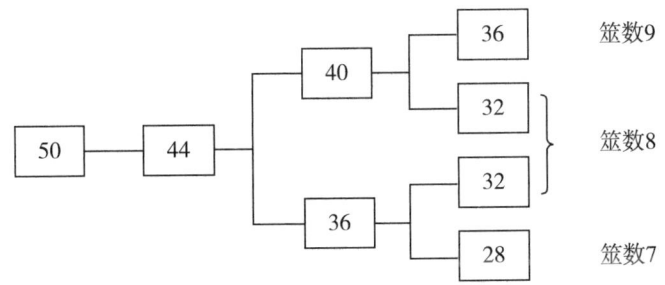

再例如，如果用49策，但不挂一而挂三，其余均按《系辞》筮法去做，只能得到7与6两个筮数。

因为挂三之后，还有46策，第一变后，去掉2策或6策，剩下44或40策。第二变和第三变总是去掉8策（包括挂的3策），其三变的过程为：

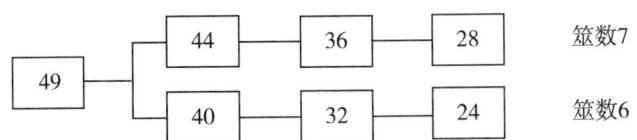

笔者认为，"大衍之数五十"是古人经过深思熟虑而得到的。《系辞上传》中的筮法所规定的程序应该分作两部分来考虑，一是它的形式，二是它的数据。

先说它的形式。因为古人在"设卦"时，是以天地的法象为基础的，"是故法象莫大乎天地，变通莫大乎四时，悬象著明莫大乎日月"，所以在揲蓍成卦时，就必然要围绕"天地""四时""三才""日月"等对象进行，因而程序中规定了"分二"的程序象征"两仪"，"挂一"的程序象征"三才"，"揲四"的程序象征"四时"，"归奇"的程序象征"闰月"。

再说它的数据。大衍之数五十，可能来自天地之数。因为"设卦"是借助天地进行的，蓍数自然也要配合天地之数。"天数五，地数五，五位相得而各有合。天数二十有五，地数三十，凡天地之数五十有五，此所以成变化而行鬼神也。"可是天数只有25，地数却有30，两者不相匹配，为了相对相称，所以地数也只取25，和起来是50，所以大衍之数以取50为宜。前面我们还说到，天地数与河洛数相关联，河图的10个数之和是55，洛书的9个数之和是45，河图、洛书都是"神物"，不宜偏重于一，故取其平均（55＋45）÷2＝50；天数、地数同隐玄机，地顺从天，天数二十有五，故地数也只用25，两数相合便是50。

为什么实际使用时又只用49呢？笔者在《周易的数学原理》一书中曾经论证，那是由于数学的原因。

占筮的具体办法虽然可以人为主观地规定，但这种规定必须服从一些不言而喻、约定俗成的道理，这些道理类似于数学或其他学科中的"公理"，是建立学科理论的出发点。因为建立易卦时所用的占筮程序，其目的是要得出阴爻还是阳爻，爻的阴阳则由数的奇偶决定。不管选择什么方法，如果是数占的话，占筮最后所得筮数，应当满足下述要求。

1. 随机性原理

占筮的结果出现什么筮数应该是随机的，所谓"阴阳不测之谓神"。为了保证筮数的随机性，选择的参数就要求不容易出现人为的控制或频率的不均。

2. 等概率原理

无论采用何种筮法，奇数或偶数（或者说阳爻与阴爻）出现的概率应该相等，才合乎事理与人情。数学的计算可以证明，《系辞上传》所用筮法，奇数或偶数出现的概率分别为：

筮数	6	7	8	9
概率	0.052	0.289	0.448	0.211

可见奇数与偶数出现的概率是相等的，各为50%。

3. 变爻原理

如果只是为了满足随机性和等概率性，那么只用两个筮数就可以了，一奇一偶，奇数为阳，偶数为阴。为什么还要选取四个筮数呢？筮人为了满足求筮者趋吉避凶的心理，也要为自己的预言留有变通的余地，就要求有一些可变的爻，并要求出现变爻的概率有一个适当的幅度。《系辞上传》所用筮法规定，老阴之数6与老阳之数9为可变之爻，就留下了变通的余地。如果只用一奇一偶两个筮数，就无法达到这一目的。由计算知，《系辞上传》中介绍的筮法出现变爻个数的概率如下表所示：

变爻个数	0	1	2	3	4	5	6
出现概率	0.16	0.34	0.31	0.15	0.04	0.01	0.00

可见，至少出现一个变爻的概率约为84%，而出现多于3个变爻的概率只约5%，为小概率事件。既保证了有84%以上的机会出现变爻，大部分占筮有变通的余地；但出现3个以上的变爻的概率却很小，又不给人以变爻太多，占筮缺乏定准的感觉。

4. 最小数原理

占筮时为了操作的方便和道具的简单，在能保证满足上述三原理的条件下，所用的蓍草数要求最少。

因为要进行三变，每一变最多可以去掉8策，三变就有可能去掉 $8 \times 3 = 24$ 策，最小的筮数6也有24策，所以要求在去掉24策之后，至少还剩24策，总策数就不得少于 $24 + 24 = 48$ 策，再加上其他因素，用49策是最少的数。

笔者在《周易的数学原理》一书中证明了，在满足这四个原理的条件下，用49根蓍草是唯一的最佳选择。它合乎数理，顺乎人情，是逻辑的必然，数学的限定，诚如朱熹所云："盖皆出于理势之自然，非人之知力所能损益也。"它运用了初等数论、组合论、概率论的知识，对一个复杂的数学模型求出了最佳解，其理论之严密与计算之精确都使人叹为观止，因而为我国历代数学家所推崇。秦九韶把他的重要发明"一次同余式组解法"称为"大衍求一术"，也从侧面反映了人们对"大衍之数"的推崇。可惜数千年来，它被披上种种神秘的外衣，在巫术的笼罩下被埋没了。正本清源，现在应该是剥去其神秘的外衣，让它重现光辉的时候了。①

上节和本节所述的关于象与数的一整套规定统称为象数之学。

三、象数之学的启示和困境

"象数之学"研究方法的缺陷是显而易见的：

第一，撇开《周易》经文只认定卦象和爻位，不管卦、爻辞讲的是什么，都按照既定的框框去生硬凑合，从卦象和爻位两个方面去牵附，用卦象难以解释时则加之以爻位，爻位又不足时则加之以卦变，严重地束缚了人们的思想。

第二，象数学家关于卦象和爻位的种种说法，如"乾为天，坤为地""得中而吉""敌应则凶"等，都是一些形而上学的假定。这些假定是被当作公理来使用的，但却不具备公理系统的完备性与兼容性，因而难以自圆其说。

---

① 欧阳维诚：《周易的数学原理》，第203～216页，湖北教育出版社，1993。

尽管象数之学存在着一些难以克服的缺点，使自己陷入困境，但它对我国古代思维方式的发展是很有启发意义的。

第一是抽象化。抽象化是人类思维进步的一大标志。人们历来都认为中国古代文化的一个特点是缺少抽象思维，这一论点证之象数之学显然不能成立。象数之学把宇宙人生的各种矛盾对立抽象为阴阳的概念。"一阴一阳之谓道""观变于阴阳而立卦，发挥于刚柔而生爻"，这一高度的抽象概括决不仅限于哲学的意义，对后人分析事物、认识客观世界、进行科学研究的指导意义都是不言而喻的。象数之学研究"八卦"与八种自然物的对应。反复地运用了从具体到抽象，从抽象到具体；从特殊到一般，从一般到特殊的思维方式。象数之学的抽象方法，不在于这种抽象本身产生了什么具体的科学内容，而在于科学研究的方法论上的意义。

但是它的不足之处是抽象的程度还不够彻底。象数之学既然把易卦看成了"通神明，类万物"的模型，但又把八经卦局限于八种自然物，抽象的程度便降低了，再两两相重为别卦，抽象的程度就更低了，要用它来"类万物"自然就存在困难。尽管后来《说卦传》步步为营，把八经卦的象征意义不断地扩大，但毕竟是有限的，用有穷的事物之象去普适（类）无穷的万物之情，很多时候是做不到的。只有模型足够抽象，比如说数学模型才有可能。如我们所论证的，易卦本质上是数学模型，是一种元模型，才有"类万物"的可能，可惜象数之学没有认识到这一点。如果象数学家认识到这一点，直接以阴爻和阳爻两个符号为基础建立易学体系，就不会出现他们遇到的那些困难。虽然象数学家补充了爻位说，可惜并没有直接推到"一阴一阳之谓道"的最高境界。

第二是公理化。爱因斯坦曾经认为中国的贤哲没有走上公理化的道路，中国的许多学者也认为，中国近现代科学之所以落后于西方，是因为中国人没有建立起公理化思维的思想体系。其实象数之学正是公理化思维的一种体现。象数之学力图从"卦象""爻位"等一些形而上学的假定出发，通过推理的方法建立起易学的体系。象数之学实质上是一个庞大的公理系统。遗憾的是这个系统虽然庞大，但却不具备完备性与和谐性。因为不完备，它的卦象必须不断扩充；因为不和谐，它的推理可能产生矛盾。就拿爻位说中的承、乘、比、应等那一套规定来说，就是互相矛盾的。如既济卦䷾，它的阳爻居阳位，阴爻居阴位，六个爻都得位；每一对相应的爻都顺应，应该吉利；但它的每一个阴爻都位于阳爻之上，又应该凶险。诸如此类，比比皆是。作法自毙，使象数之学陷于困境。

第三是模型化。易卦可以说是人类在研究复杂系统中建立最早的模型。象数之学把易卦当作"通神明，类万物"的模型，力图把宇宙、人生的无穷变化，通过易卦模型的阴阳交错、爻位高低、往来消息等的变化以及各种易数的对应来描述。它为建立东方模式化思维体系奠定了基础。通过取象（建立模型）来说明道理，是中国人思维的最大特色，它渗透哲学、伦理学、科学等各个方面。如：

神之于形，犹利之于刀，未闻刀没而利存，岂容形亡而神在。（范缜：《神灭论》）

君子之过也，如日月之食，人皆见之；及其更也，人皆仰之。（《论语》）

乌鸢之卵不毁，而后凤凰集，诽谤之罪不诛，而后良言进。（路温舒：《尚德缓刑书》）

圆方者，天地之形，阴阳之数。然则周公之所问天地也，是以商高陈圆方之形以见其象，因奇偶之数以制其法。（赵爽：《周髀算经注》）

毋庸讳言，象数之学的方法也容易造成人们的思维定式。说《易》、注《易》之书虽然数以千计，但是"述而不作"者多，推陈出新者少。如宋代理学家朱熹曾从数学的角度研究过"大衍之数"，显示出相当大的数学功力，但由于受到象数之学方法的影响，始终未能跳出"天地数""河洛数""天圆地方"等框框，绕来绕去得不到任何要领，最后只好无可奈何地说是"出于理势之自然，而非人之知力所能损益也"。

第四是模糊化。人们的思维比较习惯于二值逻辑，但二值逻辑在研究复杂系统时有明显的不足之处。在《周易》中，虽然易卦反映的也是二值逻辑系统，但象数之学并不完全局限于二值逻辑，如它虽然提出"八卦定吉凶"，但却并不是"非吉即凶，非凶即吉"。而使用了类似于现代模糊数学处理模糊概念的方法，在吉与凶之间使用了"大吉""吉""利""亨""无咎""悔""吝""厉""凶"等表示吉凶程度的概念，类似于模糊数学中模糊集合的隶属度，象数之学给人们开创了模糊化思维方式的思路。

四、对象数之学的重新评价

由于象数之学的缺陷，笔者提出了模型论的说法，但是象数之学与模型论并不是完全对立的，两者有很大的交集。从模型论的观点重新认识象数之学，对它的一些说法作合理的解释和必要的补充，能使两者达到和谐的统一。

模型论认为，易卦中的阳爻"—"与阴爻"--"是表示一个事物两种对立状态的符号，当我们把两种对立状态的一方称为"阳"，另一方称为"阴"，便与象数之学有了共同的基础。

（一）卦象

《系辞》说："是故易有太极，是生两仪，两仪生四象，四象生八卦。"我们可以按"两仪""四象""八卦"的次序来重新认识前人的卦象之说。

1. "两仪"之象

"两仪"就是阴阳。前人早已认识到，宇宙人生中的万事万物，它的每一个因素都可分为两个对立的方面："阴"与"阳"。世界本身是阴阳变化的过程，易卦则是模拟它的一种模式。一会儿阴，一会儿阳，阴阳交叠无穷，就是世界变化的规律。故《系辞上传》说："一阴一阳之谓道。"世界变化的规律中有必然性的因素，也有偶然性的因素；有人可知的因素，也有人未知的因数，故《系辞上传》说"阴阳不测之谓神"。

《说卦传》一开始就十分明确地指出："昔者圣人之作易也，幽赞于神明而生蓍，参天两地而依数，观变于阴阳而立卦。发挥于刚柔而生爻，和顺于道德而理于义，穷理尽性以至于命。"

这段话说明：古代圣人是根据对阴阳的观察而做出易卦的。他们对于未知的、难知的因素，则依靠神明借助于占筮来判断；对于已知的因素，则根据"参天两地"之数来推测。观察阴阳的变化而立卦，发挥事物具有刚柔两个对立面的道理而生爻，进而顺和道德，穷究物理，尽知人性，直至通晓天命。

可见，两仪之象与"模型论"的假说是相符合的，它包含于"模型论"的假说之中。

2. "四象"之象

前人都认为"四象"只是"两仪"与"八卦"中间的过渡环节，没有象的意义。"模型论"认为：每个卦中的六个爻不是孤立的，或者说一个决策系统的六个因素不是孤立的，如果两两分成三组，就得到"四象"。一个易卦的组成，既可以用每个爻为单位，作六次重叠而成卦；也可以用四象为单位，作三次重叠而成卦。

《说卦传》接着说："昔者圣人之作易也，将以顺性命之理。是以立天之道，曰阴与阳；立地之道，曰柔与刚；立人之道，曰仁与义。兼三才而两之，故易六画而成卦；分阴分阳，迭用柔刚，故易六位而成章。"

《说卦传》的作者从另一个角度阐明作卦的原理：圣人作易卦时，要顺应人性天命的道理，所以用阴与阳来建立天道，用柔与刚建立地道，用仁与义建立人道。这里把宇宙人生的万事万物，用"天""地""人"来概括，每个环节都有两种不同的状态。这里所说的"阴与阳""柔与刚""仁与义"应是异名而同实，都泛指事物的两种对立的属性。将"天""地""人"三者重叠，便得六画的易卦。

《说卦传》关于成卦的这一说法，同样与"模型论"的假说是兼容的。

3. "八卦"之象

如果把一个决策系统中的六个因素三三分组，就得到了两个经卦，经卦有八种不同的形式，即为"八卦"。将两个经卦相重叠，同样生成易卦。

不论以"两仪""四象""八卦"中的哪一种为基础作成易卦，都是64个，都是集合 {—, --} 的笛卡儿积，都与六维布尔向量同构。

《说卦传》中认定：八经卦表示自然界八种事物的象，即乾为天，坤为地，震为雷，巽为风，坎为水，离为火，艮为山，兑为泽。前人是根据什么方法来定这"八卦之象"的呢？《系辞》认为是通过"仰则观象于天，俯则观法于地""近取诸身，远取诸物"而得到的。先民们是怎样"仰观""俯察"，又怎样"远取""近取"的呢？则语焉未详，后人也没有做出合理的解释。我们试根据"模型论"的思想，对八卦的取象做一些联想。

乾卦☰的三个爻都是阳爻，是极其强健、刚劲的形象，只有伟大的天，才有这样的力量。所以《说卦传》说"乾，健也""乾为天"。

坤卦☷与乾卦的爻性完全相反，它的象也应与天相反，与天相反的莫过于地。坤卦的三个爻都是阴爻，是极其柔顺、宽容的形象，只有地才有这种德性。所以《说卦传》说"坤，顺也""坤为地"。

震卦☳的第一爻是阳爻，象征它的来势猛健，地动山摇，但随后两爻都是阴爻，逐渐柔弱无力。这有雷的形象。雷来势迅急而猛烈，光电交加，使人感到害怕，但雷电过后，即音消光灭，变为阴柔。所以，《说卦传》说"震，动也""震为雷"。

巽卦☴的第一个爻是阴爻，柔弱无力，但随之而来的两个爻都是阳爻，逐渐变为刚劲，强大有力。就像大风将至，开始风势非常微弱，微风起于青萍之末，但风力逐渐加大，无所不入，终至推倒房屋，拔起大树，所以巽卦有风的象征。因而《说卦传》说"巽，入也""巽为风"。

坎卦☵是两个阴爻中间夹着一个阳爻，两个不利因素夹着一个有利因素。两个阴爻虽然性显阴柔，但它们像水一样，阻碍着人们前进的道路。中间的一个阳爻，像小河中的一块石头，可以帮助人们踩着石头过河；或像大河的桥梁、舟楫，可以帮助人们渡河，化险阻为通途。坎卦可以作为水的象征。《说卦传》说"坎，陷也""坎为水"，形象地表明，水使人陷于进退两难的境地，中间必须有桥梁或舟楫来沟通。

离卦☲是两个阳爻夹着一个阴爻，两个阳爻象征光明、热烈、火爆。古人生火用的是木柴，用木柴生火，中间应该空虚通气，俗话说"火要空心"。离卦两个阳爻中夹着阴爻，像架空的木材，有生火的形象。所以，离卦有火的象征。《说卦传》说"离，丽也""离为火"。

艮卦☶的前两爻都是阴爻，不利因素一个接着一个，阻碍着事物发展的道路。像一座山一样，横在人前，要前进就必须克服重重困难，一步一步地攀登，只有到了顶峰，才会欣赏到无限风光，越过困难，走上有利的前途。所以艮卦有山的象征。《说卦传》说"艮，止也""艮为山"。

兑卦☱的前两爻都是阳爻，它象征顺利一个接着一个，有利条件接踵而至，但逐渐下滑，越向前越变为不利。好像到湖泊中游泳，开始悠游好玩，但越向前，湖泽的水越深，也越危险。乐极可以生悲。所以兑卦有欢悦的属性，有湖泽的象征。

《说卦传》说"兑，说（悦）也""兑为泽"。

上面我们对"八卦之象"所做的联想，虽然也难免"郢书燕说"之嫌，但是至少可以说明，象数之学与模型论是可以互相沟通、调和的。

（二）爻位之象

阴阳和变化都是《周易》中的基本要素，阴阳的概念显现于卦象之中，变化的概念则体现于爻位之说。《系辞》说："易者，变易也。""非天下之至变，其孰能与于此？""知变化之道者，其知易之所为乎！"又说："八卦成列，象在其中矣；因而重之，爻在其中矣；刚柔相推，变在其中矣。"

用模型论的框架理论解释"爻位说"十分方便。

模型论认为易卦是一个六因素决策系统的数学模型，但六个因素并不是等量齐观、一成不变的。它对系统的作用，不仅由它对系统的基本作用是有利还是不利来决定，还与它在系统中所处的时间、空间与周围因素的相互关系等有关。例如：

（1）在同一系统中，某一因素对系统是有利的或不利的，但它们处于不同的位置时，有利或不利的程度却可能大不相同。例如一位优秀企业管理人才对企业是有利的，当让他处于领导阶层的位置时，有利的作用很大；但如果让他干一些杂活儿，对企业的有利程度就非常小。又例如一个贪得无厌、损公肥私的人，对社会是不利因素。如果他处于社会底层，也许只能搞点小偷小摸的事情，对社会的危害有限；如果他位高权重，就会变成贪官污吏、独夫民贼，给社会带来更大的危害。"爻位说"中的"君位说""得中说"等就反映这一观点。它认为，阳爻如果处于卦中的第五爻，就是"九五之尊"，能起最大的作用。一个爻能居于下卦或上卦的中间，是"得中而吉"。

（2）一个决策系统的某一因素不是一成不变的，有利的可以变为无利，无利的可以变为有利。"爻位说"中的"消息""往来"之说则反映这一观点。原来的有利因素转化成了不利因素，或者不利因素转化成了有利因素，那么决策模型中相应的阳爻就应改为阴爻，阴爻则应改为阳爻，这就是"消（阳变阴）息（阴变阳）"。如果一个决策系统中，一个有利因素变成了不利因素，而另一个不利因素却变成了有利因素，相当于这两爻交换了原来所在的位置，这就是"往来"。

（3）在同一个决策系统中，它的六个因素不是孤立的，它们互相之间有着各种各样的关系，两个因素的相互关系不同，对整个系统的影响也就不同。例如，一个企业聘请两位强人，就每个人来说，都是对企业有利的因素，但两个强人相互在一起，结果又如何呢？他们可以团结起来，互相取长补短，发挥出"1+1>2"的作用；也可以互相掣肘，大量内耗，产生"1+1=0"甚至"1+1<0"的效应。象数之学中的"承""乘""比""应"等关系就描述这些情况。

通过以上的论述，我们也能清楚地看到，"爻位说"的一些思想，完全包含在

"模型论"的假说之内。

(三) 卦变

卦变是前人在解释一个卦的卦爻辞时，改变卦中一爻或几爻的爻性，使它变成另外一个卦，然后同时用原卦和新卦的卦象注释卦爻辞的做法，这更是研究决策模型的应有之义。

在一个决策系统中，有的因素究竟是有利还是不利是不确定的。之所以不能确定，有各种各样的原因，例如：

有的因素是难以预测，也无法控制的。两个足球队比赛，谁胜谁负，可能由许多因素决定。甲队害怕天气炎热，乙队不习水战。在较早时间就决定了的比赛日期，那一天是烈日当空，还是大雨滂沱，事前很难预测，也难于人力控制。因此，对一个球队的决策者来说，天气这一因素是有利还是不利就无法确定（古人可求助于占筮，今人则寄希望于气象的早期预报）。

有的因素有利还是不利是由外部因素掌控的，非决策者的意志所能控制。例如一家企业上马一个新项目，其是否成功，由市场、技术、设备、资金等许多因素来决定。但资金这一因素的状态则由银行的意志所控制。银行肯贷款，资金这一因素就是有利；银行拒贷，资金这一因素就是不利。

有的因素的状态虽然可以由决策人自己决定，但决策人并不了解该因素处于哪种状态才是有利的。

在诸如此类的种种情况之下，由于有些因素是有利还是不利无法确定，决策者理所当然地要对该因素的两种可能的情况都加以分析，做两手准备，预备应急方案。反映在决策模型中就是让该因素既取阴爻又取阳爻，得到两个不同的卦来分别研判，这就涉及前人的卦变方法。

还有卦变中的"互体""连互"之象，则可理解为一个决策系统中部分因素进行重组，生成新的决策系统。例如经济工作中的资源重组，战争中的军队换防，等等。

由此可见，象数之学的"卦变"方法，也完全包容在"模型论"的思想之内。

总而言之，"易卦是思维决策的数学模型"这一思想，与"象数之学"并无矛盾。易卦模型是元模型，是一切思维决策模型的模型，它能包容象数之学的内容；象数之学只是易卦模型的子模型，未能也不可能全面地、明确地阐述"模型论"的全部思想。

第七章
周易思维对中国古代文化的影响

周易思维形成以后，便对中国古代的文化思想产生了深远的影响，即使在今天，还起着十分明显的作用。

一、周易思维对中国古代哲学思想的影响

中国古代不少哲学家都曾经模仿周易思维模式建立他们认识宇宙、弥纶天地的哲学理论框架。如汉儒扬雄的《太玄经》，宋儒邵雍的《先天八卦图》和周敦颐的《太极图说》等。

（一）《太玄经》

扬雄（公元前53—公元18），字子云，西汉蜀郡成都（今四川成都）人，著名经学家和文学家。扬雄的主要哲学著作有《太玄》和《法言》。《太玄》又称《太玄经》，是摹仿《易经》和《易传》的形式而写成的一部哲学著作。

从形式上看，《太玄》模仿并扩充了《易经》的符号系统。《易经》的符号系统有两种（--，—），分别称为阴、阳；《太玄》的符号系统有三种（—，--，---），分别称为一、二、三。《易经》以六画为一单位，称为卦，共有 $2^6=64$ 卦；《太玄》以四画（从上往下依次称为"方""州""部""家"）为一单位，称为首（参见图7-1-1），共有 $3^4=81$ 首，每首也都有专门的名称。《易经》每卦分为六爻，分别称为初（一）、二、三、四、五、上（六），每爻附有爻辞；《太玄》则每首分为九赞，分别称为初一、次二、次三、次四、次五、次六、次七、次八、上九，每赞附有赞辞。《易经》的六爻是一个小循环，《太玄》的九赞也是一个小循环。此外，还有《玄首》，摹仿《象传》；《玄测》摹仿《象传》；《玄动》摹仿《序卦传》；《玄错》摹仿《杂卦传》；《玄数》摹仿《说卦传》；《玄文》摹仿《文言》；《玄攡》《玄莹》《玄掜》《玄图》《玄告》摹仿《系辞》。《太玄》还有一玄、三方、九州、二十七部、八十一家、七百二十九赞，以对应《易经》之两仪、四象、八经卦、六十四别卦、三百八十四爻。总之，凡《易经》有的东西，在《太玄》中都有与之对应的元素。

图 7-1-1　太玄经中的首

就《太玄》的内容而论，扬雄创造了"玄"这一范畴。"玄"的意义为玄奥，源出《老子》"玄之又玄"。其中心即是以老子的天道观和阴阳变易思想与《易经》《易传》思想相结合而建立起来的一整套关于世界形成及变化的体系。黄老之学与《周易》的融会是《太玄》的鲜明特点。扬雄《太玄赋》中"观大易之损益兮，览老氏之倚伏；省忧喜之共门兮，察吉凶之同域"，正表明了《太玄》的这种特色。《玄摛》曰："玄者，幽摛万类而不见形者也"。《玄图》曰："夫玄者，天道也，地道也，人道也"。《太玄》以"玄"为中心思想，揉合儒、道、阴阳三家思想，成为三家的混合体。扬雄运用阴阳、五行思想及天文历法知识，描绘了一个世界图式。提出"夫作者，贵其有循而体自然也""质干在乎自然，华藻在乎人事"等观点。《太玄》含有一些辩证法观点，对祸福、动静、寒暑、因革等对立统一关系及其相互转化情况均做了阐述。

扬雄对《太玄》自视很高，《玄擒》曰：

晓天下之聩聩，莹天下之晦晦者，其唯玄乎！

玄卓然示人远矣，旷然廓人大矣，渊然引人深矣，渺然绝人眇矣。嘿而该之者玄也……故玄者，用之至也……知阴知阳，知止知行，知晦知明者，其唯玄乎！

扬雄希望《太玄》能像《周易》一样产生广泛的影响，成为又一部"经"书。但实际上，后世学者对《太玄》少有较高的评价，还颇多挞伐之词。本书不可能对《太玄》的意义作全面的论述，仅从思维模式的角度对《太玄》在思想史上的地位谈两点认识。

首先，《太玄》在形式上比较好地摹仿《周易》的模型思维，并试图利用这一模型思维表达其严密思虑与深邃哲理，使《太玄》成为易学史上的一朵奇葩。《太玄》兼容儒道，不仅对道家关于自然本体论及宇宙生成、结构论有集中的阐发，而且对于儒家学说有所继承与改造，为儒、道的融合与互补奠定了有力的基础。然而《太玄》的模式过于呆板，认为事物皆按九个阶段发展，在每一首的"九赞"中，皆力求写出事物由萌芽、发展、旺盛到衰弱以至消亡的演变过程，甚至说天有"九天"，地有"九地"，人有"九等"，家族有"九属"。凡事都用"九"去硬套，反映了扬雄的形而上学观点。

其次，《太玄》的思维模式扩张了周易模型的思维空间，把《周易》的二元逻辑扩张到三元逻辑。《周易》的卦与二进制数同构，《太玄》的首则与三进制数同构，是世界上最早涉及三进制体系的著作。正像计算机软件的设计最初是建立在二进制的基础上的，后来发展到八进制、十六进制一样，三进制算法也开始在软件设计中得到使用。《太玄》的这个三元模型，无疑对人类的思维是很有帮助的。现实中的许多现象，如"天、地、人""宇宙、地球、生命""作用力、反作用力、制动者""国家、政府、公民""操作系统、载承平台、互动者""医院、医生、病人"，以及"中庸之道""模糊数学"等很多体系，都有可能运用三进制体系来描述。

值得注意的是，《易经》用表示纯阳、纯阴的"乾""坤"开篇，而《太玄》则以名为"中"的首揭卷，是否在暗示，万事万物除了分阴分阳、非阴即阳之外，还有一种"中"的状态。

（二）《先天八卦图》

邵雍（1011—1077），字尧夫，谥康节。其先祖河北范阳人，少时随父邵古迁共城（今河南辉县），后移居洛阳。

邵雍的著作有《皇极经世书》和诗集《伊川击壤集》。《皇极经世书》分《观物内篇》和《观物外篇》，据说外篇为门人弟子所记之言。邵雍的易学，属于北宋象数派的系统。邵雍说易，继承了图书学派利用图式的特点，制造了大量的图式。邵雍设计了一个八经卦的排列图，称为《先天八卦图》（图7-1-2）。

图7-1-2 先天八卦图

所谓先天者，即伏羲所画之易；所谓后天者，即文王所演之易，也就是孔子为之作传的今本《周易》。"先天"一语，虽然出自《乾·文言》之"先天而天弗违，后天而奉天时"，但邵雍的先天易学，兴趣在于伏羲氏所画的图式，而对《周易》经文则不甚关注。他创立了一套与传统易学不同思想体系的先天易学，在易学发展史上独树一帜，在中国哲学思想史上也有重要影响。但是撇开其具体内容，从思维模式的角度分析，同样是继承和发展了周易思维模式的产物，它以自创的《先天八卦图》作为基本模型，力图通过其基本模型的象数图式去揭示宇宙本体及其衍化法则，进而探索宇宙及人类社会发展的规律性。

在《先天八卦图》中,乾兑离震四卦为天,巽坎艮坤四卦为地。乾坤坎离四卦称为正卦,正卦是自复的卦,其象倒转过来并不改变,故称正卦。震巽艮兑四卦称为变卦,因为兑与巽,震与艮,互为覆卦,其中一个倒转即变为另一个,故称为变卦。天中包含乾、离二正卦,地中包含坎、坤二正卦,并且天中的兑、震二卦与地中的巽、艮二卦为互变关系,所以说"天有二正,地有二正,共用二变。"

邵雍根据《先天八卦图》,提出了一个具有东方思维特色的宇宙发生模型,他在《皇极经世书》中对这一理论作了阐述。他写道:

太极既分,两仪立矣。阳上交于阴,阴下交于阳,四象生矣。阳交于阴,阴交于阳,而生天之四象;刚交于柔,柔交于刚,而生地之四象,于是八卦成矣。八卦相错,然后万物生焉。故一分为二,二分为四,四分为八,八分为十六,十六分为三十二,三十二分为六十四。故曰分阴分阳,迭用柔刚,易六位而成章也。十分为百,百分为千,千分为万。犹根之有枝,枝之有叶。愈大则愈小,愈细则愈繁,合之斯为一,衍之斯为万。(《观物外篇·第二》)

以宇宙本体——太极为核心,太极生两仪,两仪生四象,四象生八卦,八卦生万物,表面看来,同《周易》所描述的宇宙生成模式相似,但与《周易》不同的是,邵雍在他的体系中,提出了"天之四象"和"地之四象"两个新概念。先天易学中关于宇宙生成发展模型可用如图7-1-3所示的经世衍易图表示。

走	飞	草	木	体	形	情	性
雨	风	露	雷	夜	昼	寒	暑
水	火	土	石	辰	星	月	日
坤	艮	坎	巽	震	离	兑	乾
太柔 --	太刚 —	少柔 --	少刚 —	少阴 --	少阳 —	太阴 --	太阳 —
柔 --		刚 —		阴 --		阳 —	
地(静) --				天(动) —			
太极							

图7-1-3 经世衍易图①

在经世衍易图中,宇宙衍化过程分为四个层次。

第一层次是太极分为两仪,上为天,下为地。二者不仅有上下之分,而且有动静之别。与《周易》之说"天动为圆,地静为方"相应。

第二层次是两仪之中,天分阴阳,地分刚柔。"立天之道,曰阴与阳;立地之道,曰柔与刚;立人之道,曰仁与义。"本是《周易》提出的,但《周易》中的四

---

① 唐明邦:《先天易学象数思维模式管窥》,载《国际易学研究》第三辑,第179页,华夏出版社,1997年。

象（太阴、太阳、少阴、少阳）只讲阴阳，未及刚柔，邵雍认为是不全面的，便在先天易学中加以发挥，提出了新的"四象"概念，把传统易学的"四象"扩张为"天之四象"与"地之四象"。

第三层次是"天之四象"与"地之四象"两者错综为用。"天之四象"指的是：阳中阳，阳中阴，阴中阳，阴中阴；"地之四象"指的是柔中柔，柔中刚，刚中柔，刚中刚。天之四象与地之四象各有其本质属性和具体内涵，实指日月星辰、水火土石八种象，但其抽象的符号形式仍为八经卦。

阳中阳，日也；阳中阴，月也；阴中阳，星也；阴中阴，辰也。柔中柔，水也；柔中刚，火也；刚中柔，土也；刚中刚，石也。夫四象若错综而用之。日月，天之阴阳；水火，地之阴阳；星辰，天之刚柔；土石，地之刚柔。（《观物外篇·第一》）

第四层次是日月星辰、水火土石八种象的错综为用，它能产生64种模式。"八卦生万物之类，重卦定万物之体"。

二仪生天地之类，四象定天地之体。四象生日月之类，八卦定日月之体。八卦生万物之类，重卦定万物之体。类者生之序也，体者象之交也。推类者必本乎生，观体者必由乎象。（《观物外篇·第十》）

先天易学提出了"类"与"体"这一对范畴，"类"表示一般，"体"表示个别，其符号形式则可用集合与它的笛卡儿积来表述。这里所说的"生"，实质上是不断加爻的过程，或者说布尔向量增加维数的过程。"交"则指加爻后所生成的新象。

日为暑，月为寒，星为昼，辰为夜，寒暑昼夜交而天之变尽之矣。水为雨，火为风，土为露，石为雷，雨风雷露交而地之化尽之矣。暑变物之性，寒变物之情，昼变物之形，夜变物之体，性情形体交而动植之感尽之矣。雨化物之走，风化物之飞，露化物之草，雷化物之木，走飞草木交而动植之应尽之矣。（《观物内篇·第一》）

《周易》也提出了"方以类聚，物以群分"的分类思想，但没有先天易学这样鲜明的层次性。先天易学阐发宇宙万物发生发展有不同层次的思想观点，则条理清楚，层次分明。

邵雍的先天易学在用易卦解释宇宙发生发展的观念上，与传统易学有不同之处，而且在对易卦结构的认识上，也有新的突破，他认为易卦是以爻为单位构建的：

故一分为二，二分为四，四分为八，八分为十六，十六分为三十二，三十二分为六十四。

一变而二，二变而四，三变而八卦成矣；四变而十六，五变而三十二，六变而六十四卦备矣。

这种关于八卦和六十四卦形成的说法，如用图式来表现则是下面的八卦次序图（图7-1-4）和六十四卦次序图（图7-1-5）。

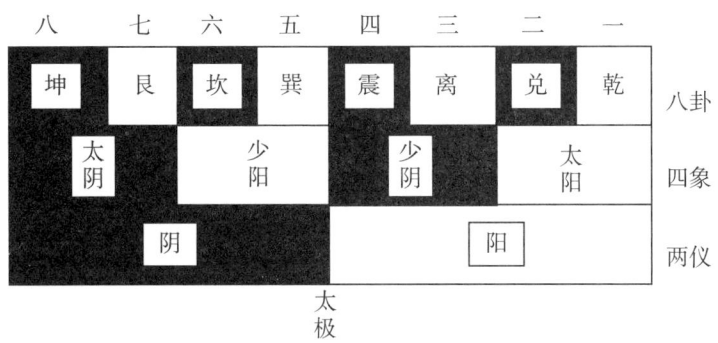

图 7-1-4　八卦次序图

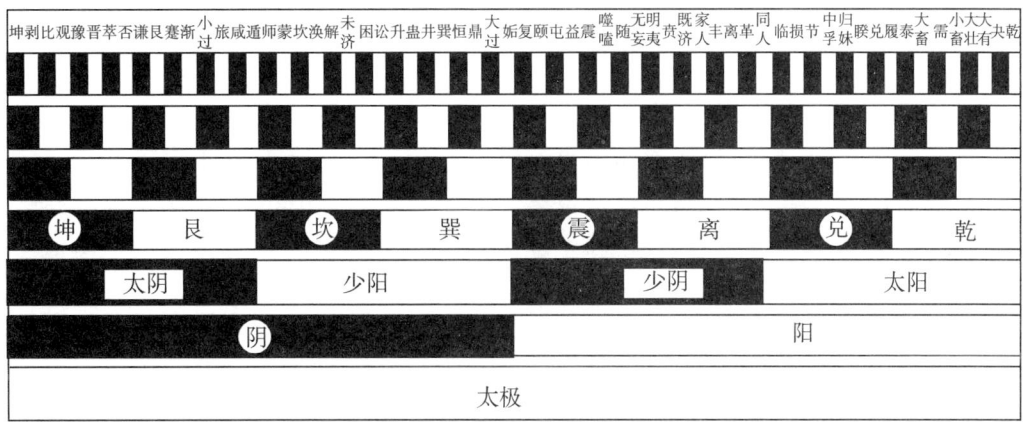

图 7-1-5　六十四卦次序图

按照邵雍的想法，卦不限于六爻，可以不断地增加爻数，把卦推广到 n 爻，n 爻卦共有 2^n 个。程颐称邵雍的方法为"加一倍法"，朱熹则称之为"一分为二法"。从思维模式的角度看，这两种说法都不太确切。笔者认为称它为"加爻法"更为恰当，它反映对所考虑的系统涉及的因素不断增加时，模型的爻数也要作相应的增加。如果用数学的语言，称它为"作两仪集 $\{\text{—},\text{--}\}$ 的 n 重笛卡儿积"则更确切明了。邵雍的模式突破了《周易》模式限于六爻的局限，从另一方面扩宽了周易模型思维的空间。这种以爻为单位的易卦结构观较之"重卦"的观点更接近于科学。遗憾的是，先天易学与象数学一样，也是先入为主地把八经卦当成了八种自然物及其属性，因而象数学遇到的那些困难，在先天易学中同样无法避免。而且它关于类与体的推演，并不像科学分类学中种概念与属概念那样具有逻辑关系，很多是凭自己的想象主观臆断，毫无根据。因为先天易学并不注意《易经》卦爻辞的阐释，"三角形问题"已经少了一个顶点，三角形也就不存在了，因而不可能对"三角形问题"给出明确而合理的解释。

·思维模式视野下的易学·

(三) 《太极图说》

周敦颐 (1017—1073), 字茂叔, 宋道州营道 (今湖南省道县) 人。晚年号濂溪, 世人称濂溪先生, 死后宋宁宗赐谥"元公"。后人皆尊称周敦颐为理学的开山祖师,《宋元学案·濂溪学案》中黄百家评论说:"孔孟而后, 汉儒止有经传之学, 性道微言之绝久矣。元公崛起, 二程嗣之, 又复横渠诸大儒辈出, 圣学大倡。"

周敦颐的易学著作传世的有《太极图说》与《易通》,《易通》又称《通书》。周敦颐的《太极图说》, 由图和对图的解说两部分构成。《太极图说》的文字解说全文如下:

无极而太极。太极动而生阳, 动极而静, 静而生阴。静极复动。一动一静, 互为其根。分阴分阳, 两仪立焉。阳变阴合, 而生水火木金土, 五气顺布, 四时行焉。五行, 一阴阳也; 阴阳, 一太极也。太极本无极也。五行之生也, 各一其性。无极之真, 二五之精, 妙合而凝。乾道成男, 坤道成女。二气交感, 化生万物, 万物生生而变化无穷焉。惟人也, 得其秀而最灵。形既生矣, 神发知矣, 五性感动而善恶分, 万事出矣。圣人定之以中正仁义, 而主静, 立人极焉。故圣人与天地合其德, 日月合其明, 四时合其序, 鬼神合其吉凶。君子修之吉, 小人悖之凶。故曰"立天之道, 曰阴与阳; 立地之道, 曰柔与刚; 立人之道, 曰仁与义。"又曰"原始反终, 故知死生。"大哉易也, 斯其至矣!

太极图的图式则如图 7-1-6 所示。

显而易见, 周氏太极图之来源为道教的先天太极图和陈抟的无极图 (图 7-1-7), 而二者均属道教的解易系统。从周氏《太极图说》的形式和内容来看, 都受到了道教和道家学说的影响。周敦颐把道家的观念引入儒家的解易系统, 这对后来的易学发展产生了很大影响, 关于无极太极的辩论, 成了宋易的一个重要内容。

周敦颐继承了《周易》的模型思维方法, 用太极图的"图"以"立象尽意"(朱熹语), 用太极图的"说"描述一个关于宇宙生成论的模式。"五行, 一阴阳也; 阴阳, 一太极也; 太极本无极也"是其宇宙生成论的概括。之后则沿袭与化用了《系辞》中太极—两仪—四象—八卦—万物的生成论模式。周敦颐虽然沿袭了《系辞》太极衍生万物的宇宙生成模式, 但是却提出了自己的阴阳动静观。他以太极能动静, 动而生阳, 静而生阴, 结果是"一动一静, 互为其根。分阴分阳, 两仪立焉", 回答了太极如何生两仪的问题。这是以往学者没有提及的问题, 也是宋明理学反复论术的焦点。

154

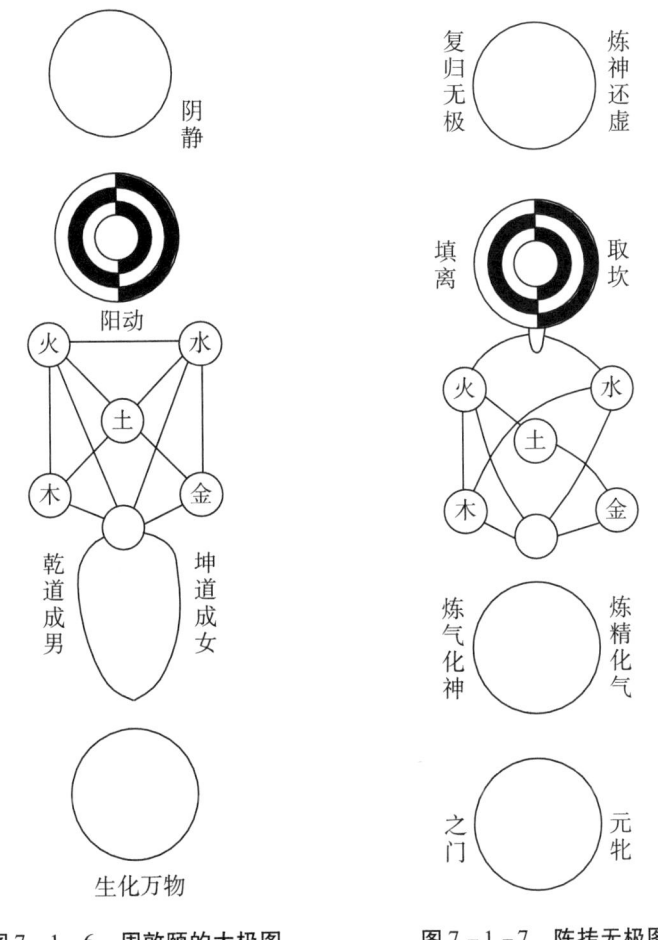

图 7-1-6 周敦颐的太极图　　图 7-1-7 陈抟无极图

二、周易思维对中国古代政治思想的影响

中国古代许多思想家、政治家都深受《周易》的影响，虽然他们的政治主张和学术思想可能互不相同，但是他们的思维方法却是比较典型的模式化思维方法，他们在思考或论证一个问题时，一般都要采取"立象以尽意"的方法，先举出一个典型事例作为模型，并且把它的主要构件划分为若干因素，然后把自己要做或要论证的事情也划分为相类似的若干因素，再根据模型，用类比和演绎的方法进行推理论证，发扬共性，找出差距，该效法的效法，该改进的改进。他们举出的模型或者是自然现象，或者是社会现象。其中有的是历史上已发生的真实事件，有的则是精心塑造、培养的典型事物，有的则只是一种理想或信仰。他们的推理论证在总体上是"言之成理，持之有据"，但在许多细节上却不太注意逻辑联系。在表述方法上往往

是跳跃式的，不大注意系统性。这种模式化的思维方法有时是非常有效的，因为有现成的模型可供借鉴，有相应的办法可以遵循，有既定的标准用于检校，所以能按部就班地取得成功。但是，如果参照的模型选得不当，或者因时间、地点的变化而可能失效；或者类比的办法缺乏可迁移性，都有可能导致失误的发生。

一些政论文章常常用一个模型开头，然后根据模型展开自己的议论，如：

圣王在上，而民不冻饥者，非能耕而食之，织而衣之也，为开其资财之道也。故尧、禹有九年之水，汤有七年之旱，而国无捐瘠者，以畜积多而备先具也。（汉·晁错：《论贵粟疏》）

齐有无知之祸，而桓公以兴；晋有骊姬之难，而文公用伯；近世赵王不终，诸吕作乱，而孝文为太宗。由是观之，祸乱之作，将以开圣人也。（汉·路温舒：《尚德缓刑书》）

求木之长者，必固其根本；欲流之远者，必浚其泉源；思国之安者，必积其德义。（唐·魏徵：《谏太宗十思疏》）

古之所谓豪杰之士，必有过人之节。人情有所不能忍者，匹夫见辱，拔剑而起，挺身而斗，此不足为勇也。天下有大勇者，卒然临之而不惊，无故加之而不怒。此其所挟持者甚大，而其志甚远也。（宋·苏轼：《留侯论》）

这些有名的政论文，都是用一个模型开头的，然后才比照模型论事。

有些政论文章则常常使用比喻作为立论模型，例如：《战国策》的《庄辛论幸臣》一文，通篇都是用模型论的方法逐步推进其议论的：

见兔而顾犬，未为晚也；亡羊而补牢，未为迟也。

王独不见夫蜻蛉乎？六足四翼，飞翔乎天地之间，俯啄蚊虻而食之，仰承甘露而饮之，自以为无患，与人无争也。不知夫五尺童子，方将调饴胶丝，加己乎四仞之上，而下为蝼蚁食也。

夫蜻蛉其小者也，黄雀因是以。

夫黄雀其小者也，黄鹄因是以。

夫黄鹄其小者也，蔡灵侯之事因是以。

蔡灵侯之事其小者也，君王之事因是以。

庄辛用一个比喻接一个比喻，由远及近地揭露楚王宠信幸臣所面临的潜在危险。它的比喻，不是随便打个比方，而是精心设计的说理论事的思维模型。

古代的许多政论家论事时，虽然不至于像惠子那样"言事也善譬，王使无譬，则不能言矣"。但是"立象以尽意"的表述方法，则是普遍被使用的。

（一）《孟子》中的模式化方法案例

孟子是一个很会通过比喻来说理的人，也就是说他是一个善用模式化思维方法论事的人。《孟子·梁惠王章句上》就有这样一段话：

孟子见梁惠王。王曰:"叟!不远千里而来,亦将有以利吾国乎?"孟子对曰:"王何必曰利?亦有仁义而已矣。王曰,'何以利吾国?'大夫曰,'何以利吾家?'士庶人曰,'何以利吾身?'上下交征利而国危矣。万乘之国,弑其君者,必千乘之家;千乘之国,弑其君者,必百乘之家。万取千焉,千取百焉,不为不多矣。苟为后义而先利,不夺不厌。未有仁而遗其亲者也,未有义而后其君者也。王亦曰仁义而已矣,何必曰利?"

孟子不远千里来到魏国,梁惠王待以国宾之礼,并向他请教一些怎样有利于国计民生的办法,这本是人之常情。可是孟子却提出了关于"利"与"义"的辩论。孟子关于"利""义"的主张,自有他的道理。不过,在逻辑上,孟子的话却有不少问题。首先,关于"利"的概念很不清楚。梁惠王说"何以利吾国?"所言的"利"是一个动词,即如何兴利除弊的意思。可是孟子的回答"王何必曰利"的话中,已经转换了概念,把"利"变成了"利益"之"利",是一个名词,即国土、霸权、财富的综合体。其次,孟子说"王曰,'何以利吾国?'大夫曰,'何以利吾家?'士庶人曰,'何以利吾身?'"是一个递进式的推理,这个推理也缺乏逻辑根据。上行下效,出现这种情况的可能性虽然很大,但是从逻辑上讲,由王好利,并不能推出大夫也一定好利;即使大夫是由王选拔和任命的,方以类聚,人以群分,因而大夫也好利,但决不能进一步推出士庶人也好利。

梁惠王曰:"寡人之于国也,尽心焉耳矣。河内凶,则移其民于河东,移其粟于河内;河东凶亦然。察邻国之政,无如寡人之用心者。邻国之民不加少,寡人之民不加多,何也?"

孟子对曰:"王好战,请以战喻。填然鼓之,兵刃既接,弃甲曳兵而走。或百步而后止,或五十步而后止。以五十步笑百步,则何如?"曰:"不可。直不百步耳,是亦走也。"曰:"王如知此,则无望民之多于邻国也。"

梁惠王向孟子请教,他认为:"我对于治理国家可以说是尽心尽力了。河内遭到了灾荒,就把那里的一部分老百姓迁移到河东,并且把河东的一部分粮食运往河内。如果河东遭了灾害,也同样这样做。考察邻国的执政者,没有一个像我这样诚心诚意为百姓着想的。可是,邻国的百姓不见减少,我国的百姓也不见增多,这是什么道理呢?"

孟子见梁惠王,是为了宣传他的"王道"主张,梁惠王不能采纳孟子的意见,用"王道"治国,而是想通过战争推行霸道。所以在孟子看来,因为梁惠王好战,战争与和平是人口变动的重要原因。

但是孟子却并没有正面回答梁惠王提出的问题,直接从战争与和平的关系来论述"寡人之民不加多"的原因,而是采取"立象尽意"的办法,先用了一个比喻:两军对阵,战鼓刚刚擂响,有人便丢盔弃甲而逃跑。有的跑了一百步,有的跑了五十步。如果有人因为自己只逃了五十步而嘲笑那逃了一百步的人,行吗?梁惠王说:

不行！同样是逃跑啊！在这里，孟子先建立了一个"五十步笑百步"的模型，拿这个模型与梁惠王的执政比较，认为梁惠王与邻国的执政者没有什么区别，从而断然地做出结论说：大王如果懂得这个道理，就不要寄希望您的百姓会比邻国的增多了。

孟子的回答在逻辑上也显然是站不住脚的。

第一，人口的变动与将士临阵脱逃是两件性质很不相同的事，两者的相似性很小，几乎缺乏逻辑上的联系，用"五十步笑百步"的"象"来尽"无望民之多于邻国也"的"意"缺乏充足的理由。

第二，梁惠王的问题要求回答"邻国之民不加少，寡人之民不加多"是什么原因，按孟子的答案是因为梁惠王好战。那么邻国的执政者是不是也好战呢？如果不是，就不存在"五十步笑百步"的问题，将两者比较就没有意义；如果是，就意味着两国的人口增加或减少都与好战的程度处于同样的状态。梁惠王的好战与邻国的执政者比较，是五十步与一百步之比呢？还是一百步与五十步之比呢？无论是哪一种情况，都与"邻国之民不加少，寡人之民不加多"（不增不减）的现状不符。孟子的回答并没有抓住问题的要害。

第三，好战并不是人口变动的唯一原因，许多原因都可能引起人口的变动，例如在河内发生饥荒的时候，梁惠王就把大批粮食从河东运往河内，把大批灾民从河内转移到河东。这之间牵涉大量的运输费用和灾民安置问题，如何合理地统筹安排，使费用降低到最低限度，是一个很复杂的系统工程。现代数学中有一个叫作运筹学的分支，专门研究这类问题。在科学技术、运输力量都不发达的古代，梁惠王大规模、远距离地调运粮食、搬迁居民，无异于打一场战争。如果处理不当，是很容易劳民伤财，造成二次灾害，把好事办成坏事的，又怎能期望其民一定"加多"呢？

不过从总体上说，孟子还是讲清了，因为梁惠王好战使得魏国的人口难以增加的原因，做出了有说服力的论证。他接下去说：

不违农时，谷不可胜食也；数罟不入洿池，鱼鳖不可胜食也；斧斤以时入山林，材木不可胜用也。谷与鱼鳖不可胜食，材木不可胜用，是使民养生丧死无憾也。养生丧死无憾，王道之始也。五亩之宅，树之以桑，五十者可以衣帛矣。鸡豚狗彘之畜，无失其时，七十者可以食肉矣。百亩之田，勿夺其时，数口之家，可以无饥矣。谨庠序之教，申之以孝悌之义，颁白者不负戴于道路矣。七十者衣帛食肉，黎民不饥不寒，然而不王者，未之有也。狗彘食人食而不知检，途有饿莩而不知发；人死，则曰，"非我也，岁也。"是何异于刺人而杀之，曰："非我也，兵也。"王无罪岁，斯天下之民至焉。

梁惠王如果不好战，才能保持和平。只有在和平的环境里，人民才能安居乐业。只有人民安居乐业，老百姓有了存粮，才可以在丰年丰衣足食，在凶年自救度荒，免于死亡，从而从根本上避免那种"移其民于河东，移其粟于河内"的大规模运动。这样天下的老百姓都会来投奔了。

《孟子·梁惠王章句上》中还有另外一个例子：

齐宣王问曰："齐桓、晋文之事可得闻乎？"孟子对曰："仲尼之徒无道桓、文之事者，是以后世无传焉，臣未之闻也。无以，则王乎？"曰："德何如则可以王矣？"曰："保民而王，莫之能御也。"曰："若寡人者，可以保民乎哉？"曰："可。"曰："何由知吾可也？"曰："臣闻之胡龁曰，王坐于堂上，有牵牛而过堂下者，王见之，曰：'牛何之？'对曰：'将以衅钟。'王曰：'舍之！吾不忍其觳觫，若无罪而就死地，'对曰：'然则废衅钟与？'曰：'何可废也？以羊易之！'不识有诸？"曰："有之。"曰："是心足以王矣……"

齐宣王向孟子请教齐桓、晋文之事，孟子不愿与齐王讨论霸道，而乘势向齐王宣传王道。齐宣王问怎样才能实行王道，孟子说：只要能够保民，就什么都不成问题了。齐宣王又问，我能保民吗？孟子肯定地说，可以！于是孟子举出齐宣王曾经可怜一头牛，不忍它做祭钟的牺牲，而命令用一条羊去代替牛祭钟的故事作为模型，并从这一模型出发，推断齐宣王一定可以保民。其实，梁惠王只有"恩"于个别的牛，并不能推出他"恩足以及禽兽"；即使恩至于禽兽，仍无法推出他可以保民。个别性的前提不能得出普遍性的结论。

孟子接着还进行了如下的推理：

有复于王者曰："吾力足以举百钧，而不足以举一羽；明足以察秋毫之末，而不见舆薪，则王许之乎？"曰："否。""今恩足以及禽兽，而功不至于百姓者，独何与？然则一羽之不举，为不用力焉；舆薪之不见，为不用明焉；百姓之不见保，为不用恩焉。故王之不王，不为也，非不能也。"

孟子又用这个模型来推断齐宣王一定可以保民而王，在逻辑上仍然是不严密的。

恩及禽兽的人而未能保民，决不是像力能举百钧而不能举一羽那样简单，力能举百钧的人而不能举一羽，的确是他不肯用力的缘故。孟子提出的模型与他要表述的结论之间，还有十分遥远的距离，两者之间缺乏可比性。

最后孟子还用另一个模型来解释"不为"与"不能"的问题：

挟太山以超北海，语人曰"我不能"，是诚不能也。为长者折枝，语人曰"我不能"，是不为也，非不能也。故王之不王，非挟太山以超北海之类也；王之不王，是折枝之类也。

这个模型同样使用不当。如果用"挟太山以超北海"来比喻"王之不王"的"不可能"是可信的，因为那两件事的难度都很大；但用"为长者折枝"来比喻"王之不王"是"不愿做"则很难令人信服，因为这两件事的难度相差太大，是不可能同日而语的。

《孟子》中的两个例子说明东方的模式化思维在使用不当时，推理会出现不可靠的情况，但在模型恰当，推理正确的情况下，它的作用则又是不可估量的。

（二）《左传》中的模式化方法案例

春秋末年，郑国的大夫子产是一位著名的政治家，有很多故事说明他是一个善于用东方思维模式来论证事情的人。

有一次，郑国的执政大夫子皮想派尹何担任自己采邑（封地）的行政长官。子产说："尹何年纪太轻，不知道能不能胜任。"子皮说："尹何忠厚老实，我很喜欢他，他是不会背叛我的。让他去学习学习，他也就会懂得治理政事了。"子产说："不能这么办。大凡爱护一个人，总希望对他有利。现在您爱护一个人，却把政事交给他，就好像他还不会拿刀却要他去割东西，那对他一定会造成许多伤害。您这样爱护人，只能把他伤害罢了，那还有谁敢来求得您的爱护呢？您对于郑国来说，好比国家的栋梁。栋梁折断了，屋椽自然要崩塌，我也将被压在下面，所以我必须把这些话全说出来。您有一块美锦，不会让初学裁缝的人给您做衣服；家国是身家性命的庇护所，您却让刚学习政事的人去管理。您把一块美锦看得比家国更重要了。只听说学习好了然后才去管理政事，没有听说过拿政事去叫人学习的。如果真的这样做，一定有危害。譬如打猎，只有习惯了驾车、射箭的人才能捕捉到野兽，要是让一个从来没有射过箭、驾过车的人去打猎，他担心翻车之不暇，还有什么心思去考虑获取野兽呢？"

子产先用制衣与治国比较，阐明事情有大小之分，不能轻重倒置。再用先会驾车射箭才能去打猎来说明先要学习政事然后再去管理，而不能反过来，先做管理再去学习。子皮认为子产说得很好，完全接受子产的意见。并且感慨地说："我听说君子务知大者远者，小人务知小者近者。我只算得一个小人，衣服穿在我身上，我知道小心爱护它；家国重任反而被我疏忽了，看轻了。不是你这么一说，我还不知道啊。"子皮认为子产很忠诚，很有才能，便推荐他接替自己执政，管理郑国。

子产执政以后，善于任用贤能，听信批评，因而政绩卓著。一段时期，郑国人喜欢在乡校游学聚会，批评议论当朝政事。有人认为这有损于郑国的威信，劝子产毁掉乡校。子产说："我何尝不想立即制止这些议论，但这就像阻止大河的水一样，一旦决口，伤人必多，连抢救都来不及。不如开个小口疏导水流，让我听听这些议论，当作治病的药石。"

他在思考是否应该毁掉乡校时是这样说服他的下属的：

首先提出"阻止大河流水"这个自然现象作为模型（设卦）；然后联想到"防民之口甚于防川"的道理，如果一旦决口，其伤实多，连挽救都来不及（观象）；最后决定不毁乡校，不如开个小口，进行疏导（系辞）。

子产执政主张宽猛相济的政策。在他病危的时候，对他的继承人子太叔说："我死之后，一定由你来做执政大臣。只有有德的人能够施行宽政而使民众服从，其次就不如实行严厉的猛政。譬如火的性格猛烈，人民看见就畏惧，所以很少有人被火烧死；水的性格很柔弱，人民敢去游玩戏耍，一点也不怕它，所以被水淹死的人数反而特别多。所以，实行宽政是很困难的啊。"子产的思维方式是又一种典型的模式化思维。

子产首先提出"水"与"火"的自然现象作为模型（设卦），然后看到"夫火烈，民望而畏之，故鲜死焉；水懦弱，民狎而玩之，故多死焉"的现象（观象），最后得出结论，执政必须宽猛相济。他铸刑书，把严厉的法律条文明确地告诉人民，使他们知道，什么事情可以做，什么事情不能做，使得郑国的犯罪率大大降低。

三、周易思维对中国古代兵家思想的影响

中国古代许多兵家思想与周易模型思维也有极为密切的关系。以《三十六计》为例，便足以说明这个问题。现传《三十六计》的作者及成书年代已经难以确考，全书有总说和跋，该书集中了古代兵家不少奇谋方略，归纳为36计。书中每计的解说，多依据《易经》中的阴阳变化关系及相互转化的思想推演而成。其论述的文字虽然十分简略，却处处表现出周易思想的运用。在有些计谋的表述中，直接以《周易》的卦来"立象"，通过兵家思想观象后，再用《周易》的语言来"系辞"。

兹举数例以明之：

六六三十六，数中有术，术中有数。阴阳燮理，机在其中。机不可设，设则不中。（《总说》）

《周易》中的坤卦六爻皆阴，老阴的数为六，"六六三十六"者是借坤卦来立象，象征客观形势的复杂多变。数：数目，数量，自然之理，可引申为客观规律，这里指敌我双方的情况和战场实际。术：手段，计谋，策略。燮：调和，谐和。阴阳燮理的意思是指对立物的统一，有相反相成的作用。机不可设，设则不中的意思是，运用计谋不能凭主观设想，不能脱离实际情况，否则必然遭到失败。

敌已明，友未定，引友杀敌，不自出力，以《损》推演。（"借刀杀人"计）

敌人的情况已经明确，而友军还在举棋不定的时候，要引导友军去和敌人拼杀，不必自己出力攻打，以保存自己的有生力量，应根据损卦中损益之道的原理推演。损卦中有"三人行则损一人，一人行则得其友"。当对手有可能组成联军或集团的时候，要设法分解、离间、拉拢，用对手的损失来换取自己的增益。《三国志·诸葛亮传》有"孔明借孙权之力拒曹操于赤壁"的故事，赤壁之战前夕，曹操已经基本上统一了北方，挥师南下，一路势如破竹。大败刘备于当阳，收降刘琮于荆州，组成数十万大军，浩浩荡荡，顺流而东，计划一举消灭刘备，占领东吴。曹操对东吴，一方面大军压境，迫其投降；一方面又向孙权伸出橄榄枝，诱其就范。是战是降，孙权正拿不定主意。这时诸葛亮审时度势，如果孙权被曹操拉了过去，组成联合阵线，那么刘备必遭覆灭的命运。所以诸葛亮当机立断，只身来到东吴，舌战群

儒，彻底驳倒了以张昭为代表的投降派，说服了孙权；并放言曹操此战的主要目的是夺取江东的两位美女"二乔"，激怒了周瑜，终于使孙权和周瑜下定了联刘抗曹的决心。在曹操与孙权的直接对抗中，刘备得以保存残余力量，重新整合，在赤壁之战后形成了三国鼎立的局面。

敌志乱萃，不虞，坤下兑上之象；利其不自主而取之。（"声东击西"计）

此计借萃卦立象。萃的意思是聚集，乱萃比喻敌军聚集如一堆乱草。不虞，不安定。萃卦是坤在下，兑在上。坤为地，兑为泽，泽在地上，意味着泽中的水高出地面，围堤聚水时有崩溃之虞。我方应当利用敌方不能自主的时机去夺取胜利。

示之以动，利其静而有主，"益动而巽"。（"暗度陈仓"计）

此计来源于"明修栈道，暗度陈仓"的故事。楚汉相争时，刘邦在南下汉中路上，采纳张良建议，先是烧毁栈道，表示不再回关中，以麻痹项羽。然后，乘齐王、赵王等反项羽之机，向关中进军，刘邦大张旗鼓派人修复栈道，摆出一副要立即修复栈道以进攻关中的样子，但栈道修复工程浩大，进展缓慢，楚兵并未重视。实际上刘邦暗地迂回至陈仓（今陕西省宝鸡市），突袭咸阳，一举占领关中。此计的特点是，故意暴露我方行动，用正面佯攻的手段来迷惑敌人，利用敌人集中注意力正面固守之机，分兵迂回敌后发动突然袭击，出奇制胜。

《益·象传》云："益动而巽，日进无疆。"益，增长之意。巽为风，风能无孔不入，益动而巽作为军事行动的象征，可以理解为增益军队的机动能力，使能像风一样随时随地乘虚而入，攻敌不备，出奇制胜。

逼则反兵；走则减势，紧随勿迫。累其气力，消其斗志，散而后擒，兵不血刃。需，有孚，光。（"欲擒故纵"计）

这一计谋出自《孙子》"穷寇勿迫"。逼敌太甚，他会反扑，让敌逃跑则可以消减他的气势。对逃敌只须紧紧跟随，不要过于逼迫，以使他的身体劳乏，斗志消沉，等到他溃散后再去擒获，就能够不经血战而取得胜利。

此计以需卦立象，需的意义是等待，需卦的下卦为乾，上卦为坎，乾卦象征刚健进取，而坎为险阻。险阻在前，不宜轻率冒进，应该耐心等待。《杂卦传》说："需，不进也。"程颐《易传》说："需之义，须也。以险在于前，未可遽进，故需待而行也。"

通过上面的几个例子可以看到，《三十六计》的写作方式，基本上是按《周易》的模式化思维展开的。

四、周易思维对中国古代文艺思想的影响

《系辞上传》云：

子曰："书不尽言，言不尽意。"然则圣人之意，其不可见乎？子曰："圣人立

象以尽意，设卦以尽情伪，系辞焉以尽其言，变而通之以尽利，鼓之舞之以尽神。"

这里说文字不能尽言，言不能尽意，象倒比文字、语言优越，可以尽意，因此"圣人立象以尽意，设卦以尽情伪"。《系辞上传》的本意只是强调易象丰富的象征功能，但实际上揭示了文学艺术中一条很重要的创作规律：形象胜于概念。艺术是用形象反映世界的，科学是用概念反映世界的，它们都可以做到"真"，但艺术的"真"与科学的"真"是不同的形态。

《周易》的象、意、言三角关系对文艺家们具有很大的启发性。刘勰在《文心雕龙》中就用类似《系辞上传》的话来阐释艺术的特征："观夫兴之托喻，婉而成章，称名也小，取类也大。"

可见，《周易》的模式化思维对中国古代的文学艺术创作的确产生过深远的影响，下举二例以明之。

（一）诗歌创作

诗歌创作中有一个"兴"的理论。"兴"的基本意义是"因物喻志"（钟嵘：《诗品·序》）。"兴"有形象，这形象有两个作用：其一是议论、抒情的发端，"先言他物以引起所咏之词也。"（朱熹：《诗集传》卷一）其二是"志""意""理""义"等寄寓所在。"兴者，托事于物"也（陈奂：《诗毛氏传疏》）。闻一多先生说：《易》中的象与《诗》中的兴……本是一回事，所以后世批评家也称诗中的兴为'兴象'。"[①] 也就是说，所谓诗中的"兴"，也就是周易模式化思维中的"象"。试举《诗经》的两个例子来说明"兴"与"象"的关系：

关雎（国风）

关关雎鸠，在河之洲。窈窕淑女，君子好逑。
参差荇菜，左右流之。窈窕淑女，寤寐求之。
求之不得，寤寐思服。悠哉悠哉，辗转反侧。
参差荇菜，左右采之。窈窕淑女，琴瑟友之。
参差荇菜，左右芼之。窈窕淑女，钟鼓乐之。

这首诗是"《诗》三百篇"的第一首。全诗共分五章，每章四句，皆为四言。第一章兴而有比，以雎鸠之鸣声起兴，以雎鸠和鸣来比喻男女唱和之意，这是比。以"窈窕淑女"点题，再转入主题"君子好逑"，申述男女之当匹配。第二章再以"参差荇菜"点明是在水边，而"左右流之"则是用有人想捞荇菜再一次作比，和下文铺写"窈窕淑女，寤寐求之"相映照，显得景美，人美。第三章则引申求淑女而不可得的相思。"求之不得，寤寐思服。悠哉悠哉，辗转反侧。"

《易经·中孚》的九二爻辞与此诗颇有些相似：

[①]《闻一多全集》甲集．第118～119页，湖北人民出版社，1993。

鸣鹤在阴，其子和之。我有好爵，吾与尔靡之。

鸿　雁（小雅）

鸿雁于飞，肃肃其羽。之子于征，劬劳于野。爰及矜人，哀此鳏寡。
鸿雁于飞，集于中泽。之子于垣，百堵皆作。虽则劬劳，其究安宅。
鸿雁于飞，哀鸣嗷嗷。维此哲人，谓我劬劳。维彼愚人，谓我宣骄。

第一章的头两句是起兴，以大雁肃肃飞行无所安集，比喻流民浪迹四方。第二章写组织游民筑墙重建家室的情形。头两句也是起兴，以大雁聚居沼泽中，找到栖息之所，比喻流民自己动手建房，得到安定的生活。第三章自诉辛劳不被理解的牢骚。头两句同样是起兴，以大雁的哀鸣比喻流民痛苦的呻吟。诗人正是出于对流民的同情，才不辞辛劳组织流民重建家室的，但是他的勤苦却招来了不公正的非议。"只有明智的哲人才能理解我的苦心，现在却只是一群'愚人'指责我逞强好胜。"

同样，《易经·明夷》的初九爻辞也与此诗有些相似：

明夷于飞，垂其翼；君子于行，三日不食。有攸往，主人有言。

（二）绘画艺术

构成中国画的最基本要素是：黑白、黑白间的变易、黑白的对立和依存。

《易经》把复杂的宇宙、社会和人生的变化演绎归结为阴和阳的关系，并通过阴阳关系去演绎复杂的宇宙社会和人生的变化。中国画抽象到哲学层面，就是黑与白的关系，也就是《易经》中的阴阳关系。正是这看似简单的黑与白，千百年来演绎出不同的画派和画风。

不同年代不同风格的画家，其作品都有其特定的绘画语言符号，特有的用笔用墨及构图规律。黑因白而显，白因黑而彰。中国绘画中的黑白、虚实、疏密、开合、刚柔、远近、静动、呼应，形成互映互衬、相互依存的关系。中国绘画中的黑白阴阳两极之间的变化是一个大千世界的变化。面对同一座山，不同的画家会画出不同的画作。墨采在纸上的黑白、阴阳、静动变化，显现着画家对宇宙、对生命变化的思考，是画家精神世界的静与动的变化。

不易是指永恒的自然法则。黑夜与白昼、山阴与山阳、雌性与雄性，阴阳既对立又统一。这种自然变化是不以人的意志为转移的。中国绘画中的黑与白、虚与实、疏与密、开与合、呼与应、静与动、刚与柔等等，矛盾的双方对立统一，相争相存，是中国画永恒的规律，众多矛盾构成了中国画丰富的内涵。不易是自然的规律，也是中国画的规律。

因此，对于中国的水墨画来说，画面上阴阳明暗的处理非常重要，何处用浓墨，何处留白地，对画面上阴阳明暗的处理手法，形成不同的风格流派。这些都能借助周易模式化思维反映出来。

把一个矩形分成若干竖条，每一竖条矩形再分成六等份，每一等份代表一个爻，用白色代表阳爻,阴影代表阴爻,则爻位高低、阴阳变化反映出图面上黑白空间的分割与变化(图7-4-1)。

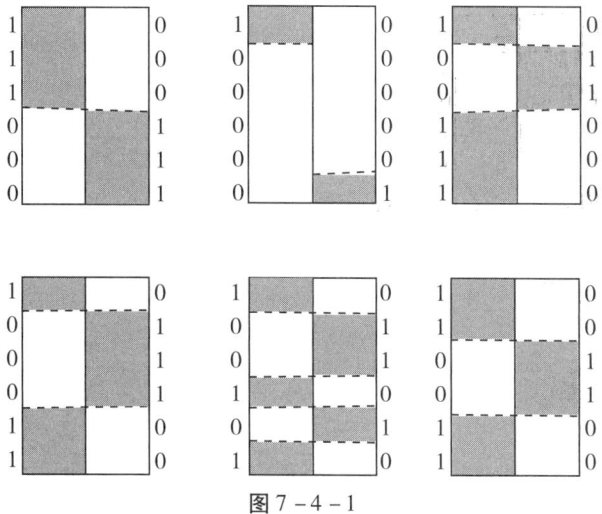

图7-4-1

每一幅中国画的布局,便与图7-4-1中某一格式相对应,不同的画家有不同的分割方式和习惯,如图7-4-2所示(图中"×"表示介于黑白之间的灰色地段)。

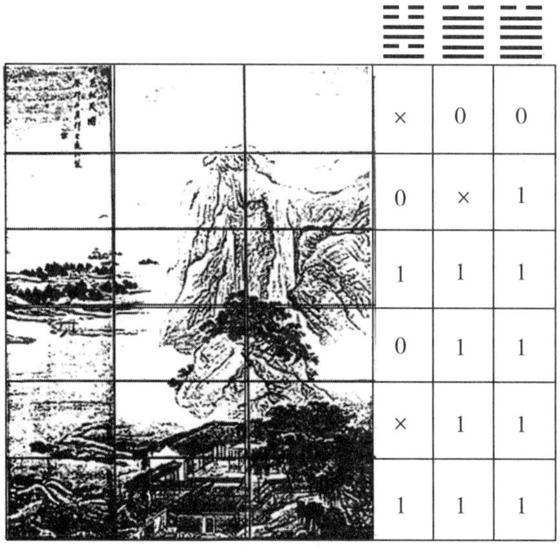

图7-4-2

如果用太极阴阳鱼的符号去表述中国绘画的符号,白代表"阳鱼",即"太阳";黑代表"阴鱼",即"太阴";"少阴"代表白中的淡墨,即"以黑破白";"少阳"代表黑中的淡墨,即"以淡破黑"。太极阴阳鱼正好演绎出中国画的原理和核心。"黑鱼"即"太阴"体现在绘画中就是"密不透风"的大密;"黑鱼"的眼睛即"少阳"体现在绘画里就是"疏可走马"的真疏。"疏可走马"是在"密不透风"中的"疏可走马"。它表示着中国画用墨的真谛;"白鱼"即太阳体现在绘画中就是"天网恢恢"的大疏,"白鱼"的眼睛即"少阴"体现在绘画中就是"疏而不漏"的真密。"疏而不漏"是"天网恢恢"中的"疏而不漏"。"少阴"和"少阳"又如围棋中黑白双方各自做活的"气孔",没有这些气孔,再多的子粒也是死棋。同样中国画中没有"少阳"的黑是死墨,没有"少阴"的白是没有生命的白。这就是太极图中的太阴、少阳、太阳、少阴四象与中国绘画中黑、白、灰的关系。

《系辞上传》说:

易有圣人之道四焉:以言者尚其辞,以动者尚其变,以制器者尚其象,以卜筮者尚其占。

这里不仅明确指出:说话、写文章的人崇尚《周易》的言辞;还提出了观象制器的问题,制造器具就会涉及工艺美术。中国古代的装饰图案非常重视对称,这一思想同样来自周易的模式化思维。易卦是对称的,不仅是图形的对称,而且也是思想、行为、作用、情感等方面的对称,如阴与阳、柔与刚、明与暗、动与静、粗与细、直与曲方面的对称。设想把一个卦写成布尔代数的形式,取其分量对称,如下:

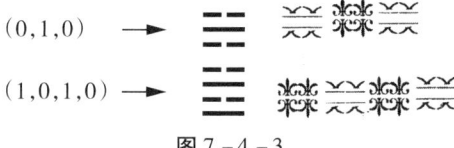

图 7-4-3

然后用图案元来代替布尔向量中的元素,就得到一类对称图案。如应用很多的饕餮纹(图 7-4-3),这些图案或者一左一右在中轴两边对称,给人以一种张力,有强烈的动感;或者阴阳交错,使人有朝不同方向运动的感觉。

第八章
周易思维对中国古代科学的影响

在本书的前面各章中,论述了周易思维有其显著的特色与优势,不失为一种科学的思维模式,但是这种对当时社会有些超前的、早熟的思维模式也给中国古代自然科学的发展带来了一些负面的影响。

1. 周易思维立足于一种早熟的哲学思想——天人合一论

这个混沌笼统而又无所不包的天人合一的宇宙图式,具有巨大的应变能力与稳定性,成为整个中国封建时代解释自然现象的基本理论框架,致使中国的传统哲学始终未能将主观的自我与客观的自然作明确的划分。正如冯友兰先生所指出的:"中国哲学迄未显著地将个人与宇宙分离为二也。西洋近代史中,一最重要的事,即是'我'之自觉。'我'已自觉之后,'我'之世界即中分为二:'我'与'非我'。'我'是主观的,'我'以外之客观的世界,皆'非我'也。"① 天人合一的宇宙观是不能适应自然科学深入发展的要求的,如果在以后历史的发展中未能及时让步于精深细致的自然哲学,就会出现阻碍自然科学发展的历史曲折。

第一,天人合一的思想,将人与自然统一在一种有机网络之中,充分肯定人与自然的相互联系与相互作用。但是,在科学技术发展水平很低的古代,人与自然的相互作用中,人始终只能处于被动的地位,所谓"裁成天地之象,辅相天地之宜""先天而天弗违"等思想事实上是办不到的,在更多的情况下只能听命由天。这样就容易造成人们既坚信人与自然的合一,不可能将自然现象与人分离而单独研究,又感到自然难以深入理解,认为掌握自然规律是超越人类的能力的。《系辞上传》虽然主张"刚柔相推而生变化",但又认为"阴阳不测之谓神"。孔颖达解释说:"天下万物,皆由阴阳,或生或灭,本其所由之理,不可测量,之谓神也。"直到宋朝的朱熹在研究"大衍之数"中遇到困难时,仍然无可奈何地宣称,那是"出于理势之自然,而非人之知力所能损益也"。甚至到了明朝的数学家程大位,他明知圆周率"径一周三"只是约数,其精确值带有小数。他却认为,整数和小数的接合处,正是"阴阳交错而万物化生"的地方,并据此得出结论,圆周率的小数部分是"上智不能测"的。正是这种天人合一的哲学思想造成人们对自然现象知其然而不知其所以然的恶性循环。

---

① 冯友兰:《中国哲学史》,上册,第 10 页,中华书局,1961 年。

第二，天人合一的思想把自然现象和人事关系纠结在一起，统治者便常常为了人事的需要，假天命以行人事，用行政的力量强调尊崇某种思想，并把它推广到自然科学的研究中，希望科学研究与政治人事服从统一的模式。他们希望某种模式能"范围天地之化而不过，曲成万物而不遗"。盛唐时期有一次预测的日食未能出现，当时的宰相张九龄并不是先追查天文官员测算的错误，而认为是皇上的圣明引起天人感化的结果，因而上表祝贺。张九龄这样做的原因也许是为部下推卸责任或者奉承皇帝，但是不管出于什么原因，像张九龄那样敢于犯颜直谏的一代名臣，竟然能以它作为堂而皇之的理由来解释日食未能出现的原因，必定是以深刻的思想文化根源，即天经地义的"天人感应"的哲学思想为背景的。

第三，天人合一的说法在实践中并不完全符合科学，将这一观点指导科学研究，往往引出十分荒谬的结论。试看崇尚天人合一、天人感应的汉朝人，是怎样研究动物分类学的。董仲舒在《春秋繁露》中说："天有三百六十日，人有三百六十节（指骨节）。"编定于东汉的《大戴礼记》中《本命》一篇更说："有羽之虫三百六十，而凤凰为之长；有毛之虫三百六十，而麒麟为之长；有甲之虫三百六十，而神龟为之长；有鳞之虫三百六十，而蛟龙为之长；倮之虫三百六十，而圣人为之长。此乾坤之美类，禽兽万物之数也。"这是当时的动物分类学，它把所有的动物分为羽虫、毛虫、甲虫、鳞虫、倮（即裸，无羽、毛、甲、鳞者）虫五大类，每一类又都分为三百六十种。这种滑天下之大稽的做法，正是天人合一思想的反映。

由此可见，天人合一的思想长期占据中国古代哲学的主流，无疑是影响中国古代自然科学发展的重要因素之一。

2. 周易思维借以推理的工具是易卦

易卦固然是思维决策的数学模型，但它的推理方法有些超前，不容易为一般人理解和掌握。它的使用过程类似于今天人们常用的综合评价模型，对于评价因素的选择和评估，依赖于专家组的水平和结构，不同的专家组可能得出不同的评价。在科学技术还不发达的古代，人们在使用易卦模型时，对各爻因素的确定在很大程度上依赖于使用者的经验和能力，推理的方式主要又是归纳与类比，缺乏示范性的演绎型深层理论模式所得的结论完全可能因人而异。如果对所研究的问题涉及的因素不是太多，对每一因素"情伪"的判定，也只是对定性的要求较高，而对定量的要求较低的时候，周易思维模式无疑是非常有效的。但对涉及因素太多，定量要求较高的自然科学研究的时候，就显得力不从心了（不过，有幸的是在电脑普遍使用，人类进入数字化时代之后，这一缺点容易克服）。对经验的高度要求，容易导致后人更多运用前人成功的经验而不敢大胆创新，不少中国古代学者用毕生精力为前人的著作作注而不敢自己创新。这无疑是影响中国古代自然科学发展的又一因素。

中国古代数学发展的道路是周易思维的一个典型案例。中国古代数学没有走向公理化的道路，却走上了模式化的道路，最重要的原因就是周易思维对它的影响。

所以本章对它进行专门的论述，使读者看到周易思维对中国古代自然科学发展的影响的一个缩影。

一、中国古代数学模式化的形成

古代没有社会科学与自然科学的分野。我国古代士人幼年受教育都是从读经开始，《周易》长期被儒家尊为群经之首，中国学子很早就受到《周易》思想的熏陶。不仅中国古代数学家大都精通易学，许多知名的易学家也对数学有相当的造诣，如郑玄、虞翻等易学家都有数学论著。三国时吴人陆绩做过太守，还领过兵，但他"博学多识，星历算数无不该览"。他"著述不废，作《浑天图》，注《易》释《玄》，皆传于世"。① 这些数学家和易学家们，常常自觉或不自觉地把《周易》的模式化思维带进了对数学的认识和研究之中。

中国最早的数学专著是《周髀算经》和《九章算术》。数学史家认为，这是中国历史上的两部天算官书，在官府增补、完善和利用长达数百年之久，最终从官府流出，走向社会。官府掌握这两部数学著作，自然是为朝廷的天文历算服务的。古代天文历算官员与卜祝官员在职位和职务上都非常接近，有的还可能是兼职。司马迁在《报任安书》中说，他的祖先"文史星历，近乎卜祝之间"。这两类官员有可能经常相互交流学术思想和工作经验，他们的易学与数学思想也会相互渗透。

《周髀算经》和《九章算术》这两部书中涉及的数学思想在很大程度上确定了中国传统数学的范式。从而也使中国古代数学的范式带上了周易思维的烙印。

（一）《周髀算经》的周易思维

《周髀算经》的成书年代尚难确定，一般认为在公元前1世纪左右。数学史家李迪认为：

从商代以来，中国数学的积累和发展在很大程度上具有官方性质，民间总结出来的数学知识也会被官方有选择地掌握起来。需要大量数学知识的天文历法更是由国家的专门机构管理，由国家直接控制。现传最早、影响极大的《周髀算经》为早期官方天文历法著作的代表。但是《周髀算经》这个书名直到唐代才出现，在长时间里叫作"周髀"，同时很难说是固定的书名……由于书中的数学内容丰富，也就成为历代数学史家必须研究的重要著作。

"周髀"一词迟至东汉末才有记载，然而它所代表的天文学内容则是从西周初开始的，甚至更早。在1000多年里不见于历史文献，所以使人们感到不好理解。实际上，它是一部官书，收藏在国家天文机构里，外人不可窥见，况且又没有专用书

---

①《二十五史精华》（四），第562页，岳麓书社，1989年。

名，文献上无法表达，即使说到其中的内容，也不易知其来源。①

李迪这段话的观点是：《周髀算经》的书名虽然出现较晚，但它的数学内容却很丰富，有的可能很早就有了，只是长期收藏在官方，未能及早在民间流传。

《周髀算经》流到社会上之后，第一个对它进行认真而全面研究的人是赵爽（约生活于公元3世纪），他给《周髀算经》作了很详细的注释，并写了一篇简短而精彩的序言：

夫高而大者莫大于天，厚而广者莫广于地。体恢洪而廓落，形修广而幽清。可以玄象课其进退，然而宏远不可指掌也。可以晷仪验其长短，然其巨阔不可度量也。虽穷神知化不能极其妙，探赜索隐不能尽其微。是以诡异之说出，则两端之理生，遂有浑天、盖天兼而并之。故能弥纶天地之道，有以见天地之赜。则浑天有《灵宪》之文，盖天有《周髀》之法。累代存之，官司是掌。所以钦若昊天，恭授民时。爽以暗蔽，才学浅昧。领高山之仰止，慕景行之轨辙。负薪余日，聊观《周髀》。其旨约而远，其言曲而中。将恐废替，濡滞不通，使谈天者无所取则。辄以经为图，诚冀颓毁重刜之墙，披露堂室之奥。庶博物君子时迥思焉。②

序言中包括了赵爽一些主要的思想、观点，赵爽的注是了解《周髀算经》的最直接和最可靠的材料。

《周髀算经》一开始就记载了周公和商高一段关于数学的对话：

昔者，周公问于商高曰："窃闻乎大夫善数也，请问古者包牺氏立周天历度，夫天不可阶而升，地不可得尺寸而度，请问数安从出？"商高曰："数之法出于圆方，圆出于方，方出于矩，矩出于九九八十一。故折矩，以为勾广三，股修四，径隅五。既方其外，半之一矩，环而共盘，得成三、四、五，两矩共长二十有五，是谓积矩。故禹之所以治天下者，此数之所以生也。"周公曰："大哉言数。请问用矩之道？"商高曰："平矩以正绳，偃矩以望高。覆矩以测深，卧矩以知远。环矩以为圆，合矩以为方。方属地，圆属天，天圆地方。方数为典，以方为圆。"③（关于这段话的句读问题，后面还要专门讨论）

周公问商高："我听说大夫是位擅长数学的人，请问古代伏羲氏是怎样测量天文和制定历法的？天没有供攀登的阶梯，地又不能用尺寸去测量，请问那些数据是从哪里得来的呢？"商高回答说："数是根据圆形和方形的数学原理计算得来的。"

这段话肯定了"数之法出于圆方"，说明了圆、方在中国数学中的地位，为什么"数之法出于圆方"呢？显然是受了《周易》思维的影响。中国古代有"天圆地方"之说，最早可能是古人"仰则观象于天，俯则观法于地"时的直观感觉，而其本质则应归于《周易》阴阳的思想体系。事物都分阴分阳，数有奇偶，奇数为阳，

---

① 《周髀算经·九章算术》，第2页，上海古籍出版社，1990年。
② 《周髀算经·九章算术》，第2页，上海古籍出版社，1990年。
③ 《周髀算经·九章算术》，第3页，上海古籍出版社，1990年。

偶数为阴。《系辞上传》说"天三地四",三为奇数,为阳,因而天也为阳;四为偶数,为阴,因而地也为阴。物有方圆,圆为阳,方为阴。《系辞上传》又说"蓍之德圆而神,卦之德方以知"。韩康伯注:"圆者运而不穷,方者止而有分。言蓍以圆象神,卦以方象知也。"揲蓍成卦是变化不定的,像圆形滚而易动;积爻成卦便已定格,像方形稳固难移。古人看到的天是风云变幻,天是动的;但没有看见地动山摇,地是静的。动为圆,静为方,所以天为圆,地为方。

天圆地方之说,不仅现代人不会相信,就是古人也是不相信的。赵爽本人在物理观念上就不相信天圆地方之说,他写道:

天不可穷而见,地不可尽而观,安能定其圆方乎?

物有圆方,数有奇偶。天动为圆,其数奇;地静为方,其数偶。此配阴阳之义,非实天地之体也。

赵爽在注《周髀算经》时还为"数之法出于圆方"作了如下的注释:

圆径一而周三,方径一而匝四,伸圆之周而为勾,展方之匝而为股,共结一角,邪适弦五,政圆方斜径相通之率。故"数之法出于圆方"。圆方者,天地之形,阴阳之数。然则周公之所问天地也,是以商高陈圆方之形以见其象,因奇偶之数以制其法。所谓言约旨远,微妙幽通矣。

这就是说:商高为了向周公讲述勾股定理,先用圆方之形给出"象",再分别用圆与方的周长给出"数",然后"言约旨远"地说"理",最终做出"径隅五"的"占"(论断)。赵爽还特别强调,这个论断是可以推广到一般的,这里只先陈述其计算的法则("将以施于万事,而此先呈其率也")。

由此可见,赵爽虽然不相信天圆地方的说法,但他却赞成数学的解释与论证采用"象、数、理、占"的表述模式,周易思维在论述问题时的主要程序是按"象、数、理、占"的模式展开的,可以说,《周髀算经》关于勾股定理的论述正是按象、数、理、占的模式表述数学问题的典型范例。

直角三角形两直角边的平方和等于斜边的平方。

这一定理称为勾股定理,在西方把它称为"毕达哥拉斯定理",他们认为这一定理是古希腊的毕达哥拉斯学派首先发现并证明的。它不能由经验获得,是人类最早的理性认识的成果。当毕达哥拉斯学派发现勾股定理的时候,便认识到了这一定理的重要意义,曾经杀了100头牛来祭祀神祇,庆祝成功。毕达哥拉斯学派是怎样证明勾股定理的,已无从查考了。其实,不少数学史家认为勾股定理并非毕达哥拉斯首先发现的,也不是由他们首先证明的。那么,勾股定理的最早证明究竟应该归功于谁呢?

笔者认为,要回答这个问题,必须从《周髀算经》谈起。

在天文历法的计算中离不开勾股定理,知道了勾股定理,就能利用它来测量天地；没有勾股定理，就无法测量天地。中国古代数学强调实际应用，又深受周易思维的影响，所以《周髀算经》开篇就出现了周公与商高关于勾股定理的一段对话。在那一段对话中，商高是否证明了普遍意义下的勾股定理呢？一些数学史家认为，商高可能只是从经验中归纳出了"勾三股四弦五"的结论，并没有从理论上证明普遍意义下的勾股定理。

事实真的如此吗？数学史家之所以认为商高并没有证明普遍意义下的勾股定理，可能有两个原因，一是他们没有注意到商高的那段话是按象、数、理、占的模式展开的，不是按一般中国古代数学典籍的方式论述的；二是对那段话的文字句读和诠释出了问题。

第一，《周髀算经》中的论述是按象、数、理、占的程式展开的。赵爽在为《周髀算经》作注中已经指出：

商高为了向周公讲述勾股定理，先用圆与方之形给出"象"，再分别用圆与方的周长给出"数"，然后说明其"理"，并做出"径隅五"的"占"。从《周髀算经》的原文和赵爽的注看，象、数、占都十分明显，只有"理"似乎没有凸现出来。其实这个"理"在商高的对话中也已经说得很清楚了，不过由于它"言约旨远"，没有被人们充分理解罢了。

第二，古人写文章不加标点符号，后人阅读时有时很难断句。今人阅读古籍，一般要依赖专家的点校，如果点校者出现了失误，就会使读者跟着误读，从而以讹传讹，积非为是。我们有必要重新分析一下商高与周公的那一段对话。

在商高与周公的对话中，有这样43个连续的字：

故折矩以为勾广三股修四径隅五既方其外半之一矩环而共盘得成三四五两矩共长二十有五是谓积矩

它可能不是商高所说的话，而是对商高一些实际操作的描述。但是后世的研究者都把它当作了商高所说的话，同时将其中"既方其外半之一矩环而共盘"破读为："既方其外，半之一矩，环而共盘。"并且将"半"字诠释为二分之一，因而使得商高的话难以理解。例如李约瑟在《中国科学技术史》中就是这样解读的，该书把这句话翻译成：

设把一个矩形沿对角线切开，让宽等于3单位，长等于4单位。这样，两个对角之间的对角线的长度就等于5单位。现在用这条对角线作为边长画一个正方形，再用几个同外面那个半矩形相似的半矩形把这个正方形围起来，形成一个方形盘。这样，外面那四个宽为3、长为4、对角线为5的半矩形，合在一起便构成两个矩形，总面积等于24；然后从方形盘的总面积49减去这24，便得到余数25。这种方法称为"积矩"。①

---

① （英）李约瑟：《中国科学技术史》（第三卷），中译本，第50页，科学出版社，1978年。

将这段翻译与《周髀算经》的原文对比，不能文从字顺，因而难于理解。

笔者认为，那43个字不是引用商高所说的话，而是《周髀算经》的作者描述商高向周公演示勾股定理原理的操作，不然，那个"故"字就无法理解。那43个字应该这样断句：

故折矩以为勾广三，股修四，径隅五。既方，其外半之一矩环而共盘，得成三四五。两矩共长二十有五，是谓积矩。

现在我们试将商高的话根据上面的断句另作诠释：

故——所以。

折——折断、弯折。

矩——指直角三角形而不是长方形，在这里它不是抽象的名词，而是实际演示时用的"教具"。

既方——指把几个直角三角形合成正方形。商高在回答周公用矩之道时就提到了"环矩以为圆，合矩以为方"，所以商高知道怎样用直角三角形合成正方形。

其外半之一矩——它外围部分的一个直角三角形。半：部分。

长——增加。

这段话的意思是说：于是商高用一根长条弯折为直角三角形做了如何判断一个"勾三、股四的直角三角形其径为五"的演示，他用（四个）直角三角形合成一个正方形，（正方形的）外部是由直角三角形环绕成的方形盘，便得到了三、四、五的数据，（因为内部的）两个直角三角形（即围成的正方形）所增加的面积为25。

用几个非等腰的（例如勾三、股四）直角三角形合成一个正方形，至少要用四个直角三角形。如果恰好用四个，合成的方法只有图8-1-1所示的两种。

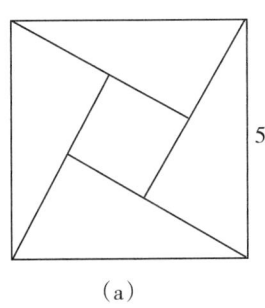
(a)

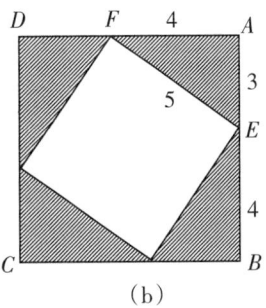
(b)

图 8-1-1

图8-1-1a所示的正是赵爽注《周髀算经》时所用的弦图。而商高演示时做的可能是图8-1-1b的形式。"外半"，指图8-1-1b中外围（附有阴影）的部分，是由同一个直角三角形AEF环绕而成的方形盘（其外半之一矩环而共盘）。

在图8-1-1b中，四个直角三角形的面积为$4 \times \frac{3 \times 4}{2} = 24$，整个方形盘ABCD

的面积是 $(3+4)^2 =49$，所以内部的正方形的面积为 $49-24=25$（两矩共长二十有五），即直角三角形斜边 EF 的长为 5。

于是，《周髀算经》中证明勾股定理的"理"出来了。

由此可见，《周髀算经》关于勾股定理的论述，象、数、理、占的脉络是多么清晰而完备。

当我们把直角三角形 AEF 的勾三股四换成勾 a 股 b 时，通过类似的计算知道：

正方形盘 ABCD 的面积 $=(a+b)^2 = a^2+b^2+2ab$；

外围部分的面积 $=4 \times \frac{1}{2} \times a \times b = 2ab$；

内部正方形的面积 $= a^2 + b^2 + 2ab - 2ab = a^2 + b^2$；

所以，斜边 EF 的长为 $\sqrt{a^2+b^2}$。

当一个数学定理的证明从特殊过渡到一般的时候，如果不需要做实质上的修改，只在同一计算公式中变换数据的话，用特殊情况的证明来代替一般的证明，即使在今天严格意义下的数学证明，也是允许的。这一证明是多么简捷巧妙，据说已有人收集了三百多种关于勾股定理的各种证明，商高的这个证明与我们见到的各种证明相比毫不逊色。因此，商高虽然在论述中只用了"勾三股四"的直角三角形，但他的论证方法，可以毫无改变地推广到一般，所以说商高已经证明了勾股定理。商高为什么只讨论了"勾三、股四、弦五"的直角三角形呢？赵爽在为《周髀算经》作注时对此作了解释，那只是为了配合天地方圆的需要而特别选定的。

因此我们有理由认为，商高实际上已经证明了一般条件下的勾股定理，将"毕达哥拉斯定理"重新正名为"商高定理"，是符合历史的实际情况的。

（二）《九章算术》中的周易思维

《九章算术》从官府流向民间比《周髀算经》略早一些，对中国传统数学发展模式的形成比《周髀算经》影响更大。《九章算术》不是一人一时的著作，内容涵盖了当今初等数学中算术、代数和几何的大部分内容，长期成为传播数学知识的教材。自从《九章算术》流传到民间以后，人们便用它学习数学，成为最重要的数学教科书。汉魏时的易学家马融、郑玄等都读过这部书，三国时期魏人刘徽为之作注。我国当代著名数学家吴文俊曾经这样评价此书：

《九章算术》是我国数学方面流传至今最早也是最重要的一部经典著作。它承前启后，一方面，总结了秦汉以前的数学成就，另一方面又成为汉代以来达两千年之久数学研究与创造的源泉，特别是三国时期魏刘徽的《九章算术注》，对数学理论多有阐发，影响深远。总之，《九章算术》与刘徽《九章算术注》，对数学发展在历史上的崇高地位，足可与古希腊欧几里得的《几何原本》东西辉映，各具特色。①

《九章算术》对中国古代数学的发展的影响是全面而深远的，它表现在以下一些方面。

1. 《九章算术》的写作格式

我们在前面曾经论述，《周易》是一部由思维决策的模型与例题结集而成的书。这部书的结构是：一例一卦，说明一种思想，一种方法，每卦有卦名、卦画、卦辞和爻辞。《九章算术》的写作方式，与《周易》极为相似，由若干例题组成；一书若干题，每题有答案，答案之后是解题方法的"术"。将《周易》的卦与《九章算术》的题相比，可得下面的对应关系：

易经	卦	卦名	卦画	卦辞	爻辞
算经	题	题名	题型	答案	解题术

积64卦而成《周易》，积246题而成《九章算术》，这种在结构上的极端相似，不可能只是一种偶然的、形式上的巧合，而是周易思维对中国古代数学影响深远的一种表现。

中国古代数学著作不仅形式上模仿《周易》，写作思想和研究方法上也按周易思维的模式展开。不但在著作中吸收《周易》的思想，还直接用《周易》的言辞来说明道理。

自从《九章算术》问世之后，它的写作方式便成了中国古代数学著作的典型范本。后世的许多数学著作都以《九章算术》为蓝本，其结构都是算题、解法、答案。不过卷数可能不是九卷。有些数学书在写法上有了很大变化，内容与《九章算术》也有所不同，可是书名仍加上"九章"二字，如宋人秦九韶的《数书九章》，明人吴敬的《九章算法比类大全》等，可见《九章算术》的模式影响之深远。

2. 《九章算术》的数学观

刘徽在他的《九章算术注》中写道：

昔者包牺氏始画八卦，以通神明之德，以类万物之情，作九九之术以合六爻之变。暨于黄帝神而化之，引而伸之，于是建历纪，协律吕，用稽道原，然后两仪四象精微之气可得而效焉……

徽幼习九章，长再详览，观阴阳之割裂，总算术之根源，探赜之暇，遂悟其意。是以敢揭顽鲁，采其所见，为之作注。②

序言中直接谈到数学与《周易》的关系。他认为，数学（九九之术）是为了合

---

① 吴文俊主编：《〈九章算术〉与刘徽》，第1页，北京师范大学出版社，1982年。
②《周髀算经·九章算术》，第3页，上海古籍出版社，1990年。

六爻之变（周易）而作的，黄帝再加以引申和变化，就可以用于天文历算等实际问题，然后《周易》中"两仪""四象"等精微的思想，逐步在数学中得到体现。刘徽还认为，指导数学研究的思想是《周易》阴阳对立的思想，即"一阴一阳之谓道"是数学研究的基本思想。他强调数学的根源在于阴阳的割裂，《周易》的阴阳变化是数学研究的基础。如果说这还只是文化意识的一种表现，那么他的"出入相补原理"的数学方法，则是对《周易》的阴阳互补原理在几何学中的一种创造性发展。

数学肇源于《周易》的思想长期影响中国古代的数学家。直到宋朝，数学家秦九韶仍然强调"数与道非二本"。他所说的道也就是"一阴一阳"的易道。他发明了一次同余式组的解法，那是数学史上一项极为重要的成果。国际上称它为"中国剩余定理"或"孙子定理"，秦九韶却认为它是《周易》的产物，宣称他的重要发明是研究《周易》中的"大衍术"而获得的，今人不能推导出这个方法，是因为《九章算术》没有记载，失传了。因而他把自己发明的方法称为"大衍求一术"。他在自序中两度提到：

独大衍法不载《九章》，未有能推之者。

昆仑旁礴，道本虚一，圣有大衍，微寓于易。奇余取策，群数皆捐。衍而究之，探隐知原。数术之传，以实为体。其书《九章》，惟兹弗纪。①

河图洛书只是一种简单的数字排列，杨辉早已阐明其构造方法，并不神秘。但由于《周易》中有"天生神物，圣人则之……"一类的话，到了宋代，易学家们仍在河图、洛书上大做文章。邵雍写道："盖圆者河图之数，方者洛书之文，故牺文因之而造易，禹箕叙之而作范也。"② 数学家秦九韶也把数学起源同河图洛书挂钩："爰自河图洛书，阐发秘奥；八卦九畴，错综精微，极而至于大衍、皇极之用。"③ 明代的数学家程大位也认为数学起源于河图洛书，他把河图洛书的图案放在他的数学著作《直指算法统宗》的封面上，坚持认为："数何肇？其肇自图书乎？伏羲得之以画卦，大禹得之以序畴……故今推明直指算法，辄揭河图洛书于首，见数有本原云。"④

《九章算术》的数学起源的观点，长期影响着中国古代的数学家。

3.《九章算术》的思想方法

《九章算术》中的许多内容和方法，都可能来自周易思维，兹撮其要者略述于下。

阴阳思想 在西方，直到19世纪以前，都认为"自然界是按数学方式安排设计的"，因此，凡是不能在自然界直接找到真实对象的概念都是不能接受的。负数

---

① 秦九韶：《数书九章·序》。
② 邵雍：《观物外篇·中上卷》。
③ 秦九韶：《数书九章·序》。
④ 程大位：《直指算法统宗·总论》。

概念曾受到许多数学家的非难，被认为是完全不能接受的。因此直到16世纪，欧洲大多数数学家都还不承认负数，把它称为幽灵。德国数学家史蒂费尔说：负数是"无稽之零下"，仅仅是些记号而已。法国数学家帕斯卡则认为，"从0减去4是胡说八道。"甚至到了近代数学已蓬勃发展的18世纪，英国数学家梅琴莱斯还声称"代数里决不允许有负根，或者说再一次把它们从代数里驱逐出去"。因为"负数只会把方程的整个理论搞糊涂，而且把一些就其本质来说是出奇的简单明白的东西搞得玄妙莫测"。

可是在中国，由于阴阳学说的影响，很早就提出和使用了负数。在《九章算术》的《方程》一章中，明确提出：以卖（收入钱）为正，则买（付出钱）为负；余钱为正，亏钱为负，并且给出了正负数的运算法则。刘徽注《九章算术》时说："今两算得失相反，要令正负以名之。"我国汉代在使用算筹计算时，就已经能用黑筹表示正数，用赤筹表示负数，畅通无阻地进行计算。为什么《九章算术》能很早地接受负数的观点呢？肯定是得益于周易的阴阳观念。

分类思想　《周易》主张"方以类聚，物以群分"。我国古代数学在解决一些应用问题时，并不用解方程的方法，而是使用一种模式化的方法。"方以类聚，物以群分"的思想在《九章算术》中得到了体现，《九章算术》把当时社会生活中的实际问题分为九大类：

"方田"（研究各种形状的田地面积计算方法）、"粟米"（研究各种物资交换中的比例问题）、"衰分"（研究当时社会生活中的一些比例分配问题）、"少广"（平面图形的面积与立体图形的体积计算）、"商功"（土石方工程计算问题）、"均输"（交纳赋税或摊派徭役的计算方法）、"盈不足"（盈亏问题的数学模型）、"方程"（相当于今天列线性方程组求解）、"勾股"（继承和发展了商高定理与天文算法和大地测量中的各种测量问题）。

《九章算术》之后中国封建社会的各种数学著述，基本上都以它为范本，而且大都采取了它的体例，即结合一类应用问题的解法，改善提高有关的算法，发明创造新的数学理论，在中国古代封建社会里，取得了辉煌的成就，在世界上长期处于领先地位。

盈不足术　盈不足术是中国古代数学园地里独具魅力的奇葩。《九章算术》专设一章对这类问题进行了详尽的讨论，可见它在中国古代数学中占有相当重要的地位。这种算法，后来在欧洲被称为"双设法"。"十六、七世纪时期，当欧洲人的代数学还没有发展到充分利用符号的阶段，这种万能的算法便长期统治了他们的数学王国。"①

"盈不足术"的算法模型，一般表述为下面的"共买物"问题：

---

① 钱宝琮：《中国数学史话》，"盈不足术"一章，中国青年出版社，1957年。

若干人凑钱买一物品，若每人出钱 a_1，则剩钱 b_1；若每人出钱 a_2，则不足钱 b_2。问物价、人数各是多少？

例如《九章算术》"盈不足术"章的第一题就是：

今有共买物，人出八，盈三；人出七，不足四。问人数、物价各几何？

在今天看来，"盈不足术"这个模型，也许没有用列方程求解的简便，但从数学方法论的角度看，"盈不足术"蕴含了模型化方法、化归方法，以及近似、逼近的方法。这些方法对数学的发展乃至当今数学教学都有很好的借鉴意义。

"盈不足术"的思想可能来自《周易》的阴阳对立思想，把"盈"当作"阳"，"不足"就是"阴"。更具体地说，它来自《易经》的损、益二卦，"盈"是"益"，"不足"就是损。

出入相补原理 我国古代的几何学有自己独特风格的体系，《九章算术》中使用了一种"出入相补原理"，书中虽然没有明确提出，但在刘徽的注中曾经多处用这些关系来解决各种具体问题。刘徽自己的著作《海岛算经》（这本书的篇幅相当于《九章算术》的一章，经常附印在《九章算术》的末尾），也使用这一原理。所谓"出入相补原理"，就是下面的明显事实：

（1）一个平面图形从一个地方移到另一个地方，面积不变。

（2）把一个图形分割为若干块，各块面积的总和等于原来图形的面积。因此若把其中的若干块移到该图中另外的地方组成一个新图形，则新图形的面积与原来图形的面积相等。

（3）对于立体图形也有相应的结论。

利用"出入相补原理"解决几何问题的方法，也就是通常所说的割补法。一个几何图形如果不是标准图形（例如正方形），将它与标准的图形相比较，可能这里多了一块，那里则少了一块，损有余而益不足，割下多余的部分（损），填补缺少的地方（益），转化为另一个标准图形，达到阴阳互补的目的。在转化的过程中，会出现某些数量上的相等关系，通过一些计算，最后得出所要的结论。刘徽在为《九章算术》作注时，曾在序言中写道："观阴阳之割裂，总算术之根源。"他所说的阴与阳，在出入相补法中，可以理解为"多余"与"不足"，"阴阳之割裂"可理解为损有余而益不足的过程。

如图8-1-2，在求一些简单的几何图形的面积时，我们首先确认长方形的面积是底与高（即长与宽）的乘积，在求平行四边形的面积时，就利用出入相补原理，把平行四边形 $ABCD$ 中的 $\triangle CDF$ 切下来，搬到 $\triangle ABE'$ 处，与 $\triangle ABE$ 配对，合成一个长方形 $BCFE'$，从而得出平行四边形的面积也等于底与高的乘积。进一步在求三角形的面积时，则将一个与 $\triangle ABC$ 全等的 $\triangle AB'C$ 与它配对，合成一个平行四边形，从而根据出入相补原理得出：三角形的面积等于它的底与高乘积的一半。

综上所述，《周髀算经》与《九章算术》两书是中国古代数学的奠基之作，这

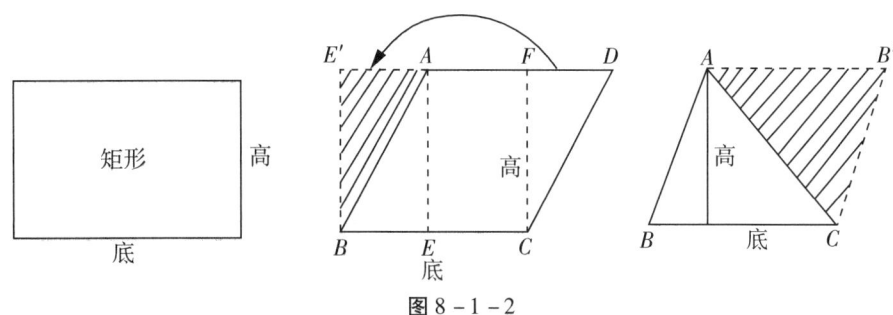

图 8-1-2

两部书与周易模式化思维结下了不解之缘，它们造成了中国古代数学的初始状态。以逻辑体系为初始状态发展为西方数学，以模型体系为初始状态则发展为中国古代数学。

二、中国古代数学模式化的特点

根据数学史家们的研究，由《九章算术》所确立的中国古代数学的范式可以归结为三方面：

一是从实际问题出发，提出并解决问题的数学观；

二是以计算为中心，形数结合的数学理论体式；

三是"析理以辞，解体用图"，逻辑与直观相结合的数学推理方法。

中国古代数学发展的道路可简单地概括为：方法的模式化和内容的算法化。它的思想大体表现如下：

第一步，从实际中提取各种需要解决的问题；

第二步，把实际问题转化各种数学模型；

第三步，为数学模型设计一种程序化的算法（包括最初设计、推导和以后的逐步改进）。

用框图可以表示为图 8-1-3。

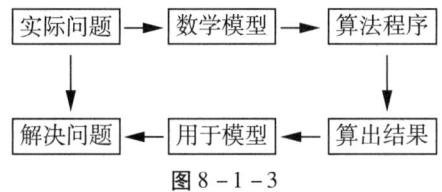

图 8-1-3

这一模式化的方法表现出下面一些特点。

1. 开放的归纳体系

由于中国古代数学是把当时社会实践中所需要解决的问题分门别类，提出若干数学模型，然后对每一种模型给出算法，所以是一种从个别到一般的归纳体系。由于社会不断地发展，社会实践必然会提出需要解决的新问题，为了解决新问题，又必然提出新的模型，研究出新的算法，所以是一种开放的体系。《九章算术》中体现了社会发展过程对数学的需要，要求当时的数学解决这些问题。由于实际问题不是一种逻辑体系，它的内容不是依次向前推进的，因而与原有内容无关的、跳跃的内容都可以随时加进来。如刘徽在《九章算术注》中提出的极限思想方法，显然与书中其他内容是脱节的、游离的。

模式化的方法、开放性的归纳体系、算法化的内容三者是互相适应、不可分离的。算法化的内容与模式化的方法也是分不开的，只有采用了数学模型才能用模式化方法研究数学。模型从哪里来？只有从现实的问题中去提炼，才不会产生封闭式的演绎体系。提取模型之后需要解决，但是实际问题不是按逻辑方式出现的，解决问题的办法也不可能使用逻辑的方法一步一步地向前推进，只能就具体问题设计具体算法。对模式化的方法来说，计算的结果还有一种检验算法是否正确的功能。

2. 寓理于算的表述方式

中国古代数学的目标是得到好的算法，因而对得到这些算法的推理过程就被大量省略，以致被人误认为中国古代数学全凭经验而不重推理。这种看法是不符合实际情况的。中国古代数学中的一些算法虽然没有明白地讲清算法是怎样得出的，但是那些算法是那样准确、复杂、抽象，没有严密推理过程是不可能凭经验就能归纳出来的。例如，前面谈到的《周髀算经》中关于勾股定理的证明，其推理之严密，思路之巧妙，与我们今天见到的数以百计的关于勾股定理的证明相比，仍然是最出色的。又例如《九章算术》中关于约分的"更相减损"原理，即使在今天，也没有比《九章算术》的约分术更好的、有本质区别的约分方法。所有这些，没有相对（也只是相对）严谨的逻辑推理过程是不可能做到的。

即使在按公理化方法发展的数学体系中，这种现象也一再地出现。例如在17世纪微积分建立之初，就不是靠逻辑的严密性取得其"存在价值"的，而是靠其计算的结果在实际应用中的成功才取得其合法地位的。

3. 构造性与机械化的特色

以模式化为其发展道路的中国古代数学在方法论方面的最大特色是构造性与机械化。吴文俊教授在《从〈数书九章〉看中国传统数学的构造性与机械化的特色》一文中指出：

不妨把构造性与机械化的数学看作是可以直接施用于现代计算机的数学。我国古代数学，总的说来就是这样一种数学，构造性与机械化是其两大特色，算筹算盘，即是当时施用没有存储器的计算机。①

最早为数学提出构造性与机械化的典型范例，可以说就是《周易》中揲蓍成卦的方法。随着计算机科学的发展，数学的构造性与机械化得到了质的飞跃，今天，匪夷所思的数学机械证明更显示出无比巨大的威力。

三、中国古代数学模式化的成就

古代数学思想分为两大体系，一个是以欧几里得的《几何原本》为代表的西方数学思想体系。这个体系以抽象化的内容、公理化的方法、封闭的演绎体系为其特色。另一个则是以中国的《九章算术》为代表的东方数学思想体系，这个体系以算法化的内容、模式化的方法、开放的归纳体系为其特色。这两种不同的数学体系，在数学的发展上都起过并将继续发挥重要的作用。

数学的模式化方法曾使中国古代数学取得了光辉的成就。在16世纪以前，东方数学与西方数学大体处于同一水平线上，在漫长的中世纪，虽然整个欧洲处于暗淡无光的时代，包括数学在内的自然科学处于停滞的状态，但是，西方不亮东方亮，数学在中国却得到了长足的进步。

中世纪大致相当于我国从南北朝到明朝中叶，文艺复兴时期大致相当于明朝。从魏晋南北朝至隋唐，即由220—907年，这一时期，中国古代数学进入了稳步发展的时期。在这一历史时期出现了不少有成就的数学家，最杰出的有刘徽、祖冲之、祖暅、僧一行等。

刘徽的主要成就是为《九章算术》作注，并提出了计算圆周率的方法"割圆术"，首次在数学上将极限概念用于近似计算。他还著有《海岛算经》一书，书中利用直角三角形的相似原理和勾股定理解决有关的测量问题。

祖冲之计算圆周率的精确值到小数点后六位：
$3.1415926 < \pi < 3.1415927$

这一成果在世界数学史上保持冠军记录近1000年之久。

祖冲之的儿子祖暅提出了计算体积的祖暅公理："凡幂势既同则积不容异。"比意大利人卡瓦利里（Cavalieri，1598—1647）提出类似的原理早1000多年。

僧一行是世界上第一个用科学方法实测地球子午线的人，在他编制的"大衍历"中使用了"不等间距二次内插法"。

王孝通在《辑古算经》中利用"开带从立方法"解决了土石方工程中提出的求解三次方程的正根问题。

这一时期出现了很多的数学著作。唐代数学家李淳风编辑、注释了《算经十

---

① 吴文俊主编：《秦九韶与数书九章》，第75页，北京师范大学出版社，1987年。

书》，它包括《周髀算经》《九章算术》《孙子算经》《五曹算经》《夏侯阳算经》《张丘建算经》《海岛算经》《五经算书》《缀术》和《辑古算经》。除《周髀算经》和《九章算术》外，上述算经都是这一时期的著作。

宋元时期，960—1368 年，是我国古代数学发展的鼎盛时期。这一时期出现了沈括、秦九韶、李冶、杨辉、朱世杰等人，他们的数学成果把中国古代数学推向了时代的顶峰。

秦九韶（1202—1261）于 1247 年著《数书九章》，书中推广了"增乘开方法"，给出了任意高次方程的数值解法，其内容与英国数学家霍纳提出的"霍纳法"相同，但比霍纳法早了近 700 年。秦九韶提出的"大衍求一术"解决了解一次同余式组的问题，是数学史上一项极为重要的成果，国外称为"中国剩余定理"或"孙子定理"。

李冶（1192—1279）一生隐居不仕，潜心研究数学。1248 年写成《测圆海镜》一书，系统地介绍了"天元术"（列方程与解方程的方法），给出了建立方程的表述符号，使我国古代数学的发展前进了一大步。

宋元数学家还在"天元术"的基础上建立了世界上最早的多项式代数运算，并用于布列方程。

杨辉编撰的数学著作很多，虽已散失，但流传至今的还有 5 种 21 卷。他在整理开发古算经方面做了大量工作，对高次方程的数值解法、高阶等差级数的求和、纵横图（幻方）都有杰出的贡献。《开方作法本源》一书中开发的"贾宪三角"比西方的"帕斯卡三角"要早半个世纪。

朱世杰（1249—1314）在《四元玉鉴》（1303 年）中提出"四元术"来解四元方程，可称中国算筹代数学的顶峰。这一成就超过了当时先进的阿拉伯代数，更远远超过西方数学约 500 年。

"宋元四杰"所取得的光辉成就，把中国古代数学推向了时代的顶峰。但令人遗憾的是，"风流总被雨打风吹去"，中国古代数学竟然从此后继乏人，"四杰"的成就，宛如落日余晖，很快便隐入地平面下，从此中国古代数学堕入"衰歇期"，从元到清初前后 400 多年，宋元数学几成"绝学"，无人知晓，从而导致了中国近代数学远远落后于后来居上的西方。与西方数学发展道路形成巨大反差的是：当西方陷入"黑暗年代"时期，中国的数学不断地取得成就；但是当西方进入"文艺复兴"时期，数学得到了空前的进步，中国的数学反而急转直下，一蹶不振了。原因在哪里呢？

于是便出现了所谓的"李约瑟之谜"。

四、从中国古代数学的发展道路看李约瑟之谜

李约瑟博士在 20 世纪 30 年代末期酝酿写作《中国科学技术史》时提出了一个

发人深思的问题：

中国古代有杰出的科学成就，何以近代科学却崛起于西方而不是在中国？

这就是著名的所谓"李约瑟之谜"。

这个问题触及了中国人民的伤心之处，数十年来，不少学者对它进行了见仁见智的研究，迄今众说纷纭。其中一种有代表性的看法认为，这是由于中国古代学者没有建立起公理化思维方式的缘故。笔者认为，事情似乎没有这么简单，其中还有一个不容忽视的原因，就是周易思维对中国古代科技（特别是数学）的影响。我们试从数学的角度来分析一下李约瑟问题。周易思维对中国古代数学的影响又应该分成两个方面：一是周易思维对数学发展本身的直接影响；二是由周易思维影响而形成的中国古代文化的大背景对中国古代数学发展的间接影响。

（一）两种数学发展模式的比较

（1）前面谈到，以《九章算术》为范式而发展起来的中国古代数学体系的特点之一，是从实际问题出发，提出并解决问题的数学观。

数学本来是从人类生产生活的实际问题中产生的，恩格斯有两条论断：

数学是从人的需要中产生的：是从丈量土地和测量容积，从计算时间和制造器皿产生的。[①]

首先是天文学——游牧民族为了定季节，就已经绝对需要它。天文学只有借助于数学才能发展。因此也开始了数学的研究。[②]

从解决实际问题中获得的数学知识不能只是简单的积累，除了量的增加，还需要质的改善。中国古代数学家将它归纳分类，总结为若干数学模型，并设计出优良的算法，并没有什么不对；西方的公理化数学体系最初也是以实际问题为出发点的。所以，在16世纪以前，由于东西方生产水平的发展都比较缓慢，中国古代数学与西方数学，无论是前进的速度或研究的成果，基本上处于相同的水平，在许多方面，中国还处于领先的地位。例如中国与西方都知道解一元二次方程之后，按模式化推进的中国数学，早在7世纪，唐朝的数学家王孝通的《缉古算经》中已经出现了一元三次方程；而以公理化模式推进的西方数学，直到16世纪意大利数学家卡当和塔塔利亚发生那场关于三次方程解法的著名纠纷，才真正知道解三次方程。

可是直到14至16世纪，欧洲进入了文艺复兴时期，随着商业的发展，城市的兴起，资本主义的萌芽，个人主义的新兴资产阶级的诞生，生产力得到了突飞猛进的发展，生产提出了许多必须使用新的、更高深的数学才能解决的问题，微积分等近代数学才应运而生。

反观中国，这一时期仍处于漫长的封建社会中，社会生产力发展缓慢，很少有

[①] 恩格斯：《反杜林论》，第35页，人民出版社，1970年。
[②] 恩格斯：《自然辩证法》，第162页，人民出版社，1971年。

新的实践问题提出,也缺乏深度,因此为解决它们而需要研究的数学模型很少,相应的算法也发展缓慢。许多数学家不得不人为地编造一些"实际"问题来解决这个矛盾。秦九韶的《数书九章》中有一道名为"遥度圆城"的问题,本来只要用到三次方程就足够了,而秦九韶在解法中却故意设直径的平方根为未知数,从而导出10次方程。后人对此颇有微词,认为秦九韶是"哗众取宠""好高骛远"。其实,秦九韶这样做也是不得已而为之,是为了"设为问答以拟于用"而故意"揠苗助长"的。

《孙子算经》明显地继承《九章算术》的风格,以解决实际问题为其特色,其中的一些几何问题比《九章算术》更接近实际。但是其中却有一个"物不知数"问题,这个不联系生产、不联系生活的"物不知数"问题怎么会出现在以实用问题为主的《孙子算经》中呢?一种可能的解释是它来源于占筮。取一把蓍草,三三数之得一余数,如为奇数则取阳爻,如为偶数则取阴爻;再五五数之又得一爻,七七数之再得一爻,最后便得到一个三爻卦。占筮在古代很盛行,是一种公开的、合法的社会行业,也算得上实际的需要,符合经世致用的原则。因此这个问题既是实际的应用问题,又提出了不定分析的新数学模型,从而为秦九韶进一步研究、发明蜚声中外的"孙子定理"打下了基础。

(2)以《九章算术》为范式而发展起来的中国古代数学体系的特点之二,是以计算为中心、形数结合的数学理论体系。

形数结合的思想早在毕达哥拉斯时代就萌芽了。毕达哥拉斯学派对数与形的关系有特殊的理解,他们把单位1想象为一个点,由点的各种不同排列可以组合成各种图形,而各种不同的图形就与相应的数对应,这个学派关于许多数的性质的发现,都是以数形结合的方法为出发点得出的。

毕达哥拉斯学派形成了"万物皆数"的世界观。他们认为既然数字是一些点的组合,而且是不可分的单位,因此,只有能表示成整数或整数之比的数才是合理的,否则就是不合理的。但是具有讽刺意义的是,他们发现有不能表示为整数或整数之比的量,也是通过几何图形发现的。

但是毕达哥拉斯学派没有像中国古代数学家那样将勾股数与圆方联系起来,从图形关系去研究勾股数,也没有得出那么多关系式,他们是从数量关系研究勾股数的,以数出数;中国古代数学则是以形出数。以勾股圆方为线索而发展数学,无论从几何,还是代数的角度来看都成体系,是中国数学的一大特点。

形数结合思想发展到了笛卡儿时代,就发生了质的飞跃。笛卡儿曾提出了一种解决各类问题的万能的模式:

①把任何问题转化为数学问题;
②把任何一个数学问题化为一个代数问题;
③把任何一个代数问题归结为求解一个方程式。

他的计划过于庞大，自然无法实现，但却在解决几何问题中得到了成功的运用。根据他的模式，他创立了解析几何学，开辟了数形结合的新纪元。正是由于解析几何学的建立，变量进入了数学，近代数学的发展是以变量的引入为标志的。恩格斯指出：

> 数学中的转折点是笛卡尔的变数。有了变数，运动进入了数学；有了变数，辩证法进入了数学；有了变数，微分和积分立刻成为必要的了。①

可以说，17世纪以后的各种数学的发展都和变数联系在一起，变量思想进入数学使得数学能较好地解决工程技术及其他自然科学学科向数学提出的各种问题——主要是与运动变化有关的问题。变量思想已成为近代和现代数学中最重要、最基本的思想之一。

我国古代数学的发展恰恰是在从常量到变量、从离散到连续这个基本环节上出了问题。早在三国时代，那位"观阴阳之割裂，总算术之根源"的刘徽就注意到了，阴阳学说虽有其合理因素，对离散数学能起作用，但对连续的量做定量分析就不适用了。刘徽在推算球的体积时就曾经批评过张衡以阴阳附会数学的错误。他写道："衡说之自然，欲协其阴阳奇偶之说而不顾疏密矣。虽有文辞，斯乱道破义，病也。"② 并且身体力行，创造了割圆术的科学方法。祖冲之更利用割圆术把圆周率近似值计算的精确度推到了时代的顶峰。

易卦虽然是古人思维决策的数学模型，但它是一个离散的模型，不能适应连续变化的数量关系问题，要使它适用于连续变化的量，必须有更高维的布尔向量（多爻卦）来逼近，这需要技术上的突破，只有在计算机出现以后才能做到。所以进入变量数学时代以后，限于离散模型的数学方法就很难再前进了。但是在计算机问世以后，离散模型的数学方法又获得了新生。几何定理的机械化证明最早在中国取得突破性的进展并不是偶然的。

（3）以《九章算术》为范式而发展起来的中国古代数学体系的特点之三，是"析理以辞，解体用图"，逻辑与直观相结合的数学推理方法。

刘徽在《九章算术注》的序言中说："又所析理以辞，解体用图，亦约而能周，通而不黩，览之者思过半矣。"其中"析理以辞"一语相当于逻辑推理；"解体用图"则是直观推理，两者结合起来就形成了非常有效的数学推理方法。

"析理以辞，解体用图"作为一种数学推理方法，是非常重要的，是完全有效的，欧几里得的《几何原本》也是采用这一方法向前推进的。《几何原本》在证明一个定理时，一般也是先画出图形，然后借助于图形的直观帮助进行推理。不同的只是《几何原本》不以图形的直观性质作为推理的依据，每步推理都有一定义、公理或已证明的定理为依据。而《九章算术注》有时即以图形的直观性质为推理依

---

① 恩格斯：《自然辩证法》，人民出版社，1971年。
② 钱宝琮校点：《算经十书》，第156页，中华书局，1963年。

据,而且它的推理又常常是通过计算来进行的,表面上逻辑性不强,以致使人误解,认为以《九章算术》为代表的中国古代数学只有经验归纳,缺少理性思维。事实上,从我们在前面关于勾股定理的论述中已经看到,那样深刻的结论,没有严密的推理过程,是不可能仅凭直观经验就能得出的。在数学表述中过多地省略推理固然是一种缺陷,但未必就一定会影响数学本身的发展。微积分始建之时,到处都是逻辑漏洞,但是它却能飞速发展,而且逐渐地弥补、消除那些漏洞。在文艺复兴以前,西方数学早就是公理化了,但与模式化的东方数学比较,也不见得有较大的领先优势。

西方数学能够顺利地利用演绎法向前发展,也与他们使用了较好的符号体系有很大关系。美国数学史家 M. 克莱因说:

代数上的进步是引用了较好的符号体系,这对它本身和分析的发展比十六世纪技术的进展远为重要。事实上,采取了这一步,才使代数有可能成为一门科学。①

克莱因认为,因为有了较好的符号体系才使代数成为一门科学,这话并不过分。中国古代数学家虽然深受易卦符号系统形成的模式化思维的影响,但却没有继续创造像卦、爻那样神奇有用的符号,而长期局限于"析理以辞,解体用图"的方式。例如,简单的乘法 78×56=4368 的筹算布局写出来是:

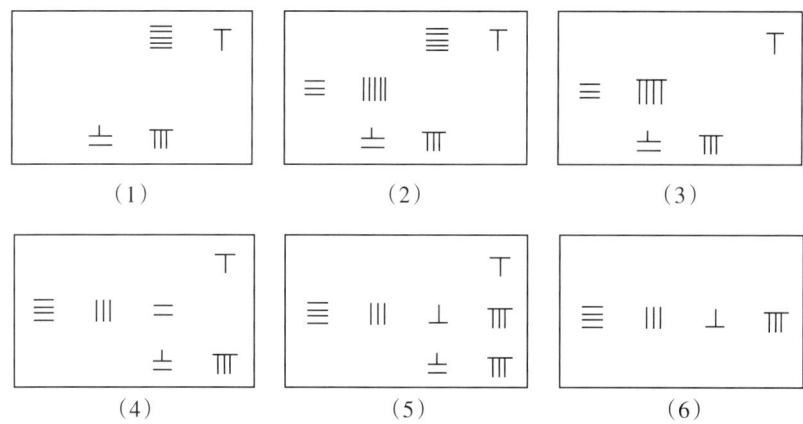

这一书写方式何等麻烦,要用言辞来说明其推理过程就更麻烦,因而古人不得不省略推理过程。直到 19 世纪,晚清的数学家李善兰(1811—1882)在翻译《代微积拾级》时,仍将 A、B、C、D 译成甲、乙、丙、丁;x、y、z 译成天、地、人。毫无疑问,停步于"析理以辞,解体用图",而不去创造更好的数学符号的做法,阻碍了中国古代数学的进一步发展。

这种抱残守缺的思想也反映在对待外来文化的态度上。西方数学曾多次传入中国而受到抵制。清代数学史家黄钟骏还认为,《几何原本》原是中国的冉子所造,

---

① (美) M. 克莱因:《古今数学思想》,中译本,第一册,上海科学技术出版社,1978 年。

后来才"流传海外，西人得之，出其精思，以成此书。"① 不过是将中国人的东西做了一些精巧的加工而已。言下之意，外来的东西都是中国古已有之的，吾人的模型早已"范围天地之化而不过"，还用得着向外人学习吗！天朝大国的优越感，固步自封的保守性，一至于此，又怎能不影响中国古代数学的发展呢？

（二）大文化的影响

中国古代文化的形成，深受周易思维的影响，它对中国古代学术思想的影响，最突出的表现在下列三个方面。

1."天人合一"的哲学理念

中国古代文化一个显著的特色是"天人合一"的宇宙本体哲学，此一思想即发源于《周易》。《周易》提出了与"天地合德"的思想："夫大人者，与天地合其德，与日月合其明，与四时合其序，与鬼神合其吉凶。"汉代的董仲舒进一步发挥了这一思想："以类合之，天人一也。"又说："天人之际，合而为一。"到宋代，天人合一思想又有进一步的发展。张载明确提出"天人合一"的命题，主张把天之"用"与人之"用"统一起来。程颢也强调"一天人"，不过他更主张"天人本无二，不必言合"。

在我国古代长期的封建社会中，常常将人事和自然现象搅在一起，一方面，不能将自然现象与人分离而单独研究，认为掌握自然规律是超越人类能力的；另一方面，封建王朝常常把某种思维模式尊为至上，而排斥压制别的思想。周易思维把自然现象和人事纠合在一起，统治者便常常为了人事的需要，假天命以行人事，用行政的力量强调尊崇某种模式，并把它推广到自然科学的研究中。要求学术研究为政治服务，希望科学研究与政治人事服从统一的模式。他们希望某种模式能"范围天地之化而不过，曲成万物而不遗"，对于某些无法"范围"的事物，甚至不惜加以扭曲，以造成"不遗"的假象。我国历史上出现汉代的"罢黜百家，独尊儒术"，元初的抬高"程朱理学"，排除异端等现象，都与"天人合一"的思想紧密相关。在13世纪下半叶，我国宋元时期数学史上的"四杰"——李冶、杨辉、秦九韶、朱世杰曾经把中国古代数学成就推上了时代的高峰，但在元朝因蒙古奴隶主贵族入主中原，统治者出于巩固皇权的需要，把孔子的经学和程朱理学抬到吓人的高度，钦定为"范围天地"的模式，自然科学的研究也必须与之"同归""一致"，从而陷入僵死的模式。明代思想家李贽（1527—1602）曾经讽刺这一时期的读书人是"儒先亿度而言之，父师沿袭而诵之，小儿朦胧而听之，万口一词不可破也，千年一律不自知也"。② 从此我国的科学技术（包括数学）便陷入了长期停滞的悲惨境地。

---

① 黄钟骏：《畴人传四篇》，第5页，商务印书馆，1955年。
② 李贽：《续焚书》，第100页，中华书局，1975年。

天人合一思想还容易造成包括数学家在内的科学工作者的思维定式，使他们在研究数学问题时，始终跳不出周易思维。如宋代理学家朱熹曾从数学的角度研究过"大衍之数"，显示出相当的数学功底。但由于受到周易思维的影响，始终未能跳出"天地数""河洛数""天圆地方"等限制，绕来绕去得不到任何要领。最后只好无可奈何地说是"出于理势之自然，而非人之知力所能损益也。"①

前面说过，早在三国时代，那位"观阴阳之割裂，总算术之根源"的刘徽就注意到了，阴阳学说虽有其合理因素，对离散数学能起作用，但对连续的量作定量分析就不适用了。但在1000多年后，程大位反而认为："窃尝思之，天地之道，阴阳而已。方圆，天地也。方象法地，静而有质，故可以象数求之；圆象法天，动而无形，故不可以象数求之。"他明知"径一周三"只是约数，其精确值带有小数。他却认为，整数和小数的接合处，正是"阴阳交错而万物化生"的地方，并据此得出结论，圆周率的小数部分是"上智不能测"的。如果可以用有限逼近无限的话，则"化机有尽而不能生万物矣！"较之刘徽、祖冲之一退千里，重新回到《周髀算经》的时代了。

2. 经世致用的功利思想

中国古代儒家思想的一大特色是经世致用，这一思想的形成也与《周易》有密切的关系。《系辞上传》说"备物致用，立成器以为天下利，莫大乎圣人"。故"易有圣人之道四焉：以言者尚其辞，以动者尚其变，以制器者尚其象，以卜筮者尚其占。"在《系辞下传》的第二章中，连续用12个"盖取诸"阐明易卦在人类生产生活中全方位的应用。折衷于《周易》的中国古代数学也以能否直接服务于社会作为研究的立足点。《孙子算经》序言中特别强调，数学是"立规矩、准方圆、谨法度、约尺寸、立权衡、平重轻、剖毫厘、折黍参，历亿载而不朽，施八权而无疆。"而且，这种观点一直是中国古代数学思想的主流。

必须指出的是：中国古代封建社会的所谓经世致用，主要还是"治国平天下"之类政治上的"用"，至于用于生产的数学，只是一种不能登大雅之堂的应用技术，居于"六艺之末"，从来得不到社会的重视。赵爽、刘徽这些伟大的数学家，连一个生平简历都没有留下，就足以说明这个问题。宋代程朱理学盛行，在理学家看来，数学毫无用处，李焘曾公开反对国家建立算学馆，他说："将来建学之后，养士设科，徒有烦费，实于国家无补。"② 唐朝的最高学府——国子监虽然设有明算科，把数学作为一个专业，但算学博士的官秩才是"从九品下"，算学助教则没有品秩。而国子监的经学博士官秩为正五品上，连助教也是从六品上。③ 两者的地位相差悬殊，因此出现了"士族所趋惟明经、进士二科而已"的局面。北齐颜之推在他的

---

① 朱熹：《周易本义》，载《易学精华》，第1075页，齐鲁书社，1990年。
② 《续资治通鉴长编》，第26页，浙江书局，1881年。
③ 《旧唐书》，卷44，职官志。

《颜氏家训》中说："算术亦是六艺要事,自古儒士论天道,定律历者皆学通之;然可以兼明,不可以专业。"①

综上所述,在经世致用的文化思想下,中国古代数学始终没有成为一个独立的学科,国家不会投资培养专业的数学家,数学家的社会地位低下,赵爽在"负薪之余"为《周髀算经》作注,李冶在"人所不能堪"的条件下设帐授徒。在宋代最伟大的数学家中,除沈括、秦九韶外,大多数是小官吏或流浪的平民。很难设想,一门没有专业队伍、没有独立地位的学科,能长期取得长足的进步。

想要数学成为一门独立的学科,就必须有一批又一批在纯思维领域为其辛苦耕耘的研究者。在这一点上,古希腊的教育目的比较满足这种条件。古希腊的贵族化数学教育的目的在于追求思维、理智的训练。认为算术是为了认识数的本质,并非为了做买卖,而是为了纯粹真理;几何学是为了对思维进行训练,为了培养哲学思想;天文学则是为了思索宇宙的无穷。他们把实用目的仅仅作为数学教育的一个微不足道的方面,而注重于逻辑推理能力、抽象思维能力的培养。

3. 述而不作的研究方法

"述而不作"一语出自《论语·学而》,子曰:"述而不作,信而好古,窃比于我老彭。"朱熹注曰:"述,传旧而已,作则创始。"这可能只是孔子自谦之词,孔子未必是述而不作,但这述而不作的思想,却影响了中国历代的许多学人。

中国古代数学家以根据实际问题提炼模型、给出算法为己任,因而数学家的研究工作就侧重于两个方面:

第一是研究、改进、完善前人的算法。不少数学家竭毕生精力直接为《九章算术》一书作注,自己的著作也以"九章"命名,如《数书九章》《详解九章算法》等等。

第二是根据社会实践提出的新问题归纳建立新的数学模型。新的数学模型如能归于某一已有的类则归于该类补充其内容,不能归于已有类中去的,则增加一个新类。新类仍尽可能与原有的类纳于统一的模型中。

这种述而不作的研究方法,束缚了数学家对从数学本身中提出和探索新思想、新理论的努力。虽然对算法的改进也可在一定程度上促进数学的进展,但忽视了对理论的研究,忽视了对各种算法之间内部逻辑联系的研究。

由于受周易思维的影响,还把新的数学内容牵强附会地纳入已有模式,使得它由"作"变为"述"。更有甚者,中国古代数学家为了数学的生存和发展,甚至不得不把自己的数学成果附会为经学的内容,使它和经学一样,得到社会的重视和同等对待。如《数书九章》中增加了"大衍类",秦九韶明知"大衍法"是一种新数学,却仍然声称"大衍求一术"是《周易》中早已有的内容。唐代的僧一行编制

---

① 《诸子集成·颜氏家训》,第43页,上海书店影印版,1985年。

"大衍历"时，使用了不等间距二次插值法的新数学方法，是对数学的一大贡献。但是他却使用《周易》的一些术语，硬凑出一套神秘的计算公式来，使之纳入《周易》的模型思维的范畴。因为在重要的儒家经典中，只有《周易》才能附会数学的内容。这就造成了数学思想受控于周易思维的恶性循环。

综上所述，中国古代数学在周易思维的影响下，走上了模式化的道路。模式化本身并不是使中国近代数学落后的原因，相反地，由于周易思维的某些先进性、合理性，还曾使中国古代数学取得过辉煌的成就。但在继续发展的道路上，因受到"天人合一"的哲学理念、经世致用的功利思想、述而不作的研究方法的影响，使中国古代数学长期受控于周易思维，未能走上自身独立发展的道路，才导致中国近代数学的落后。中国古代数学的成就和近代数学的落后出于同一原因，即周易思维影响下形成的模式化道路。正是：

成也于斯，败也于斯。

第九章

思维模式视野下的《易经》选读

根据太极三角形的思路，便可得出研读《易经》的一种方式。

第一步，通过"模型论"和"法象说"两种方法分析卦画，初步认定这一卦所表示的思维模型。对它的卦爻辞可能讲些什么，先有一个初步的看法。

第二步，在确定了一个卦的思维模型之后，卦爻辞就是解释这一思维模型的例题，它的中心思想就会凸现出来。

第三步，根据一个卦的思维模型和中心思想，逐字逐句地训释卦爻辞。

确定思维模型（象）—了解中心思想（意）—训释卦、爻辞（言）

这三点一线之间，有一个相反相成的过程。只有对卦爻辞的大致含义和中心思想有基本的理解之后，才能确定思维模型。只有在确定思维模型之后，才能真正了解中心思想。也只有在确定思维模型和了解中心思想之后，才能真正理解卦爻辞的含义。反过来，在真正读懂了卦爻辞之后，又能进一步对卦的思维模型和卦爻辞的中心思想有更明确的认识。在研读的时候要注意充分利用前贤们的研究成果，诸如象数派学者对易象的研究，义理派学者对哲理的发挥，特别是训诂派学者对卦爻辞的训释成果。

在这一章中，笔者选择了几个卦，试按照上述方式进行解读。

一、乾（☰）第一

（一）说卦

象数学家分析乾卦时认为：乾卦的上、下卦都是经卦乾"☰"，经卦乾的象为天。《说卦传》："乾，天也。"又说："乾，健也。"乾卦有"天行健"之象。或者说，乾卦之象为"天"，乾卦之义为"健"。但是上、下卦都是天，则是"天外有天"之象，所以也应该谦虚谨慎，"终日乾乾，夕惕若厉"。

乾卦的六个爻都是阳爻，根据"模型论"的观点，它表示的是这样一种事物的数学模型：它的各个因素都处于有利的地位，是一个全方位、全过程都有利的系统。

什么样的系统，它的所有条件都是有利的呢？不妨接纳象数学的观点，只有主宰一切的天，才有这样的条件；但有利中也可能包含着不利，同样要居安思危，自强不息。

对于乾卦，象数学与模型论是统一的。乾卦的卦爻辞是用"天行健"为喻，以发扬自强不息、刚健进取的精神为例，来阐明乾卦这个表示各方面条件都有利的思维模型的。

（二）解经

☰乾（乾上乾下）元亨利贞。

探求事物的本源，加以融会贯通，因势利导把事物引向正确发展的道路。

乾：卦名。乾是刚健、旺盛、向上的形态。《说卦传》："乾，健也。"《系辞上传》："夫乾，天下之至健也。"

元亨利贞：李鼎祚《周易集解》引《子夏传》："元，始也。亨，通也。利，和也。贞，正也。"朱熹《周易本义》："元，大也。亨，通也。利，宜也。贞，正而固也。"在此取其综合：元，始也。亨，通也。利，宜也。贞，正也。详见本书第五章第三节。

"元亨利贞"四字是《易经》最先出现的文字，是全书立论的基础。

人们要决定一件事物的发展过程的吉凶，首先必须要抓住事物的本质（元），然后用融会贯通的办法（亨），了解事物的各种性质。做了这两步之后，不能无所作为，让其自由地、盲目地发展，而要从最适宜事物发展的方向进行引导（利），使其按正道常规决定其结果（贞）。

乾卦的主题是用龙的活动做比喻，告诉人们如何正确地运用有利条件。龙是我国古代最受人崇敬的神物，是力量无穷、刚健向上的化身。以龙为象来比喻人事，说明人的条件优越，前程远大。但乾卦也告诉人们，当一个人处于顺境的时候，一定要保持清醒的头脑，谦虚谨慎，自强不息，居安思危。懂得有利中也包含着不利、盛极必衰的道理，正确运用有利条件。

初九　潜龙勿用。

一条潜伏的龙静待时机，尚不宜行动。

潜：潜伏。《说文》："潜，藏也。"李鼎祚《周易集解》引崔憬语："潜，隐也。"

勿用：不要行动。用，施行。《说文》："用，可施行也。"

初九爻辞说，一个人的事业刚开始的时候像一条潜伏的龙，有得天独厚的条件、光明远大的前程，但毕竟羽毛未丰，根基尚浅，还不一定马上能得到人群的赏识，社会的公认。所以，不宜轻举妄动，锋芒毕露，要谦虚谨慎，静待时机。

本爻辞说人具有优良的潜质，自应奋发图强，积极向上，属于"阳"的性质，所以本爻用阳爻。

九二　见龙在田，利见大人。

龙出现在田野里了，见到大人有利。

见龙在田：龙出现在田野。见，或作出现，或作看见。田，田野。王弼注："出潜离隐，故曰见龙，外于地上，故曰在田。"

大人：一般指有道德有作为的人，或有道德并居于高位的人。中国古代哲学认为"大人"是沟通天与人之间关系的圣人。《文言》："夫大人者，与天地合其德，与日月合其明，与四时合其序，与鬼神合其吉凶。先天而天弗违，后天而奉天时。"意谓"大人"与"天意"是相互协调一致的，因而对人的吉凶祸福有决定性的意义。

九二爻辞比喻一个条件优越的人已经初露头角，脱颖而出，事业取得了初步成就。龙的天性是活跃在水中，但田野水浅，如龙在田，比喻虽然取得了一些成就，但根基还不太深。不过人们毕竟发现了龙的存在，感到了龙的价值。如果这时能见到赏识自己的大人就更有利了，因为一个人取得初步成就的时候，如果能得到伯乐的赏识、权威的引荐，就更有利于进一步的发展。所以说"利见大人"。

潜龙已经初露头角，是有利形势，故本爻宜记阳爻。

九三　君子终日乾乾，夕惕若厉，无咎。

君子白天自强不息，晚上反省警惕，就不会有灾祸。

君子：指有地位、有道德或有成就的人。

乾乾：自强不息。《吕氏春秋·士容》："乾乾乎取舍不悦而心甚素朴。"高锈注："乾乾，进不倦也。"《汉书·王莽传》："《易》曰：'终日乾乾，夕惕若厉，公之谓矣！'"颜师古注："乾乾，自强之意。"

夕惕若厉：晚上警惕反省，时刻感到危险。《说文》："惕，敬也。"《广雅·释诂》："惕，惧也。"敬、惧意义相近，警惕、畏惧的意思。若，好像；厉：危险。

无咎：没有灾祸。咎，灾殃。

九三爻辞揭示了一个重要的人生哲理。人生事业在有利的客观条件下却得不到顺利的发展，大抵有两种原因：一是骄傲自满，固步自封，经不起胜利的考验；另一是"木秀于林，风必摧之"，为周围的嫉妒、诽谤所扼杀。所以，爻辞告诫那些条件优越的人们，在初露头角之后，更要自强不息，谦虚警惕。《文选·思玄赋》："夕惕若厉以省愆（qian，过失，错误）兮，惧余身之未敕（chi，正，严谨）。"用今天的话说，就是在顺境中也要有危机感，不断检点自己的言行，这样就能避免灾祸。

九三爻是全卦最关键的一爻。乾卦被分为上、下两经卦，九三爻到了两卦的分界线，又是下卦的最后一爻。上卦和下卦把人生分成了两个阶段，下卦讲的是成功以前的阶段，上卦讲的是成功以后的阶段，九三爻则是人生的转折点。

在人生的转折点，保持"终日乾乾"的精神，是有利的因素，故本爻为阳爻。

九四　或跃在渊，无咎。

（龙）在深渊中跳跃，没有灾祸。

或跃在渊：高亨《周易古经今注》："龙跃于渊，得其所之象。"或，无定代词。宋祚胤《周易译注与考辨》："或，无定代词。这里指某种有利时机。"

九四爻辞（主语龙省略）说，龙由潜伏到出现，由在田到在渊，已经不再是龙游浅水了，比喻人的事业经过前段的努力，已经取得了更大的成就。六个爻已到了第四爻，用来比喻人，已相当于人到中年，早已羽毛丰满，根基牢固；用来比喻事，已到高峰时期，成熟阶段；事业自然得心应手，左右逢源，好像龙在深渊中跳跃那样自由自在，一切都"无咎"了。

"龙跃在渊"已是十分有利的条件，本爻当用阳爻。

九五　飞龙在天，利见大人。

龙在高天飞腾，见到这样的大人物有利。

《易经》中的乾卦提出事物发展的几个阶段，因而对天象或人事都是适用的。九五爻辞是全卦的高潮，用龙在高天飞腾来比喻事业的兴旺发达到了登峰造极的地步。这一爻里的"利见大人"与九二爻辞中的"利见大人"词同义异。九二爻辞是指还处于"在田"阶段的龙见到了别的大人有利；九五爻辞则是指龙上了天，本身成为大人，别人见到他有利。高亨《周易大传今注》："飞龙在天，大人居高贵之位，有所作为。人见之则有利。"

"飞龙在天"自然是十分有利的条件，本爻理所当然地要用阳爻。

上九　亢龙有悔。

龙已飞得太高，恐有不利。

亢：王肃注："穷高曰亢。"

悔：不吉利。《系辞上传》："悔吝者，言乎其小疵也。"悔的不利程度低于凶、吝，是较轻度的不利。

最后上九爻辞指明了另一个哲理：盛极必衰，事物发展到了顶峰就必然往下衰落。《象传》："亢龙有悔，盈不可久也。"程颐《易传》："上九至于亢极，故有悔也。"都正确地指出了本爻含义。

"亢龙有悔"已经是不利条件，本爻似乎应用阴爻。但是"亢龙有悔"是自然的规律，只要能正确认识和适当地处理可以尽可能地降低其不利的程度，"亢龙"不"亢"，因而无"悔"，仍为有利因素，故本爻仍宜用阳爻。

用九　见群龙无首，吉。

一群龙分不清谁在头，谁在尾，就吉利。

《易经》六十四卦中只有乾卦和坤卦比较特殊，六个爻之后还分别附有"用九"和"用六"，其余各卦都没有。乾卦是六个阳爻，表示一切都顺利；坤卦是六个阴爻，表示一切都不顺利。前者易使人骄傲懈怠，后者易使人沮丧消沉。故作《易》者特别在两卦之后分别加上"用九"和"用六"。九代表阳爻，指强大、有利、成功的因素。用九即如何利用有利的条件。用九告诉人们即使在有利的条件下，也要自强不息，居安思危，随时随地以零为起点。无论是潜龙、田龙、渊龙、飞龙、亢龙都要永不停息，首尾如一，善始善终，才能吉利。

（三）析理

乾卦用龙来比喻一个资质优秀的人，在各方面的条件都是有利的情况下，如何因势利导，争取最大成功的思维模型。

在这一模型中，阐明了三个深刻的思想：

（1）阶段论。事物的发展都有一定的阶段性，即使在一切都有利的条件下，办事也不可能一蹴而就，有一个萌芽、发展、成熟的过程。乾卦用龙的潜伏、出现、跳跃、飞腾等过程，形象地描述了事物的发展变化。

（2）两点论。乾卦告诉人们，事物总是一分为二的。事物没有绝对的有利或不利，有利中包含着不利，胜利中孕育着失败。所以特别强调，即使处于有利的条件下，也要"终日乾乾，夕惕若厉"，才能使自己立于不败之地，无往而不胜。

（3）转化论。乾卦告诉人们，事物发展到了一定的阶段就有可能向相反的方向转化。一方面是客观的规律：最丰富的矿藏，也有资源枯竭的时候；最强壮的大汉，也有力不从心的时候。更重要的是主观的原因，如果人贪得无厌，得意忘形，"知进而不知退，知存而不知亡，知得而不知丧"，最后必将有悔。物极必反，过犹不及。上九爻辞用"亢龙有悔"来引起人们的警惕。

乾卦用龙的潜伏、出现、自强、活跃、飞腾五种状态描述了事物发展的五个阶段，总结了事物发展的普遍规律。一切事物的发展变化都可以看成是一个以时间为变量的向量值函数。事物的变化，无非是向量的各个分量的变化，即数的变化——增加或减少。一般地说，自然界与社会上的一切现象，常可借一个解析函数来描述。在数学中描绘函数的图象（特别地，例如抛物线）时，有一种常用的简便方法，叫作"五点作图法"，即找出曲线上五个关键性的点，然后通过这五个点描绘出整个图象的基本形状。因此，以乾卦提供的五个发展阶段为基本点，就有可能描绘出一切成功事物变化的图象。这些抽象的模型，可以解析现实世界的风云变幻，沧海桑田，人事代谢，天下兴亡。

（四）案例

西汉时期，河南洛阳出了一位著名的政论家、文学家，名叫贾谊。他18岁时就善于吟诗作文，才气横溢，名声传遍郡中。当时的河南郡守吴公非常欣赏他。汉文帝即位之初，吴太守升为廷尉，便向汉文帝极力推荐贾谊。汉文帝便把贾谊召来，立为博士。贾谊到了朝廷，表现出色。每逢皇上向大家提出问题时，许多老先生无法答复的问题，贾谊却能应对如流，说出人人想说而说不出的道理。汉文帝很赏识他，一年之内，就把他破格提拔为太中大夫。这时，贾谊认为汉朝已经夺取天下二十多年，还基本上"汉承秦制"是不行的，早该改制立法。他便给皇帝上《治安策》，指出当时的朝政有"可为痛哭者一，可为流涕者二，可为长太息者六"，必须立即进行改革，并提出了许多改革的建议。当时，汉文帝初即位，力求国事的稳定，社会盛行黄老之学，主张无为而治。因此汉文帝认为改革的时机尚未成熟，但是还是采纳了贾谊的部分意见，如制定了"诸侯全须赴任封国"的法令等。由于贾谊的主张触犯了一些开国元勋如周勃、灌婴等大臣的既得利益，他们很害怕贾谊进一步得到皇帝的信任，便纷纷诽谤贾谊，说了他许多坏话。汉文帝出于稳定的考虑，被迫向大臣们让步，从此疏远了贾谊，不再采纳他的意见，并把他贬为长沙王太傅。贾谊被贬到长沙以后，从此一蹶不振。一年多后，汉文帝把贾谊召回了京师，但是"不问苍生问鬼神"，并非为了采纳他的政见，只是派他做了自己小儿子梁王的太傅。不久梁王在骑马时不小心坠马而死，贾谊感到自己没有尽到一个老师的责任，非常自责，不久，便抑郁而死了。

宋朝的苏轼写过一篇《贾谊论》，他批评贾谊是"王者之佐，而不能自用其才""志大而量小，才有余而识不足"。苏轼在他的论文中指出：

夫绛侯亲握天子玺而授之文帝，灌婴连兵数十万，以决刘、吕之雌雄，又皆高帝之旧将，此其君臣相得之分，岂特父子骨肉手足哉？贾生，洛阳之少年，欲使其一朝之间，尽弃其旧而谋其新，亦已难矣。为贾生者，上得其君，下得其大臣，如绛、灌之属，优游浸渍而深交之，使天子不疑，大臣不忌，然后卷天下而唯吾之所欲为，不过十年，可以得志。安有立谈之间，而遽为人痛哭哉！

苏轼就是根据乾卦说的"五个阶段"为贾谊设计了一条发展计划。苏轼的设计是否合理，能否实现，可以见仁见智地讨论，但他的设计，却是符合乾卦的思维模式的。

贾谊被贬到长沙以后，曾经面对湘江作赋以吊屈原，笔者也曾模仿贾谊，写过一首诗以吊贾生：

无奈潜龙早亢翔，终承佳惠贬潇湘。少年有策公卿妒，天子无为黄老扬。

论过难除秦政制，问神谁解汉文章。临江我吊长沙傅，乾卦重温倍觉伤。

二、师（☷☵）第七

（一）说卦

象数学家在分析师卦时认为：师卦的上卦坤☷为地，下卦坎☵为水，全卦有地下聚水之象。《象传》："地中有水，师。君子以容民畜众。"意思是说：师卦之象为地中聚水，君子观察师卦之象，认为应当聚民为众。众，即军队。古代兵民合一，寓兵于民。老百姓平时使犁锄躬耕陇亩，战时执干戈保卫社稷。兵与民密不可分，蓄兵必须保民，容民足以养兵。又因为坤，顺也；坎，险也。朱熹《周易本义》说："古者寓兵于农，伏至险于大顺，藏不测于至静之中。又，卦唯九二一阳居下卦之中，为将之象。"程颐《易传》也说："为卦坤上坎下，以二体言之，内险外顺，险道而以顺行，师之义也。以爻言之，一阳而为众阴之主。统众之象也。"程、朱二子都认为师卦有"执一统众"之象。

从"模型论"的观点分析，师卦的六个爻中，只有九二一个阳爻，有利因素太少而不利因素太多。一般地说，用师卦的数学模型刻画的系统，总的格局是一个困难很大，相当不利的系统。如果接受象数之学的观点，把这个模型用于出师论战的话，就应该这样理解，总的格局是阴爻多而阳爻少，不利因素多于有利因素，因此不能主动、积极地发动战争，四面出击。"古来兵者是凶器，圣人不得已而用之。"但是战争一旦发生，就应该重视行军用兵之道。师卦毕竟还有一个阳爻是有利因素，在下卦中又占据"得中"之势，应不遗余力使它特别强大，出类拔萃，兵在精而不在多，将在谋而不在勇。当九二阳爻的力量特别强大时，就可以积极主动地控制、削弱直至消除上下两个阴爻的影响，使下卦成为一个强大有力的子系统，足以与上卦的不利子系统抗衡，全卦的不利格局就可能发生变化，关键是九二阳爻能否发挥执一统众的作用。

综合以上两种观点对师卦的分析，可以认为：师卦以军队问题为例，来解释师卦的数学模型，全卦论述的多半是如何对待不利因素，关键是使唯一的九二阳爻如何发挥中流砥柱的作用。

（二）解经

䷆师（坤上坎下）贞，丈人吉，无咎。

行军用兵的正道是统帅优秀，足智多谋，便没有灾祸。

师：卦名。古称军队为师。李鼎祚《周易集解》引何晏语："师者，军旅之名。"朱熹《周易本义》："师，兵众也。"

贞：正道。这里指正确的行军用兵之道。

丈人：足智多谋的长者。朱熹《周易本义》："丈人，长者之称。"陆德明《经典释文》："丈人，严庄之称，郑云：'能以法度长于人'。"王夫之《周易内传》："为壮猷之元老。"李镜池《周易通义》："丈人又引作老人之称，能做总指挥的，也往往是年长而有作战经验的。"

师卦是一个论述军事思想的卦。古代兵民合一，众就是军队。师卦的卦爻辞论述了军队的组织管理、战争谋略、战后安排等问题，是一篇很有见地的军事论文。

它的全部思想，都为《孙子兵法》所吸收。卦辞特别强调，战争的正道，是要任用足智多谋的人才为统帅。《孙子兵法》则指出：研究战争要从五个方面着手，第一就是"道"。所谓道，便是使民众与君主同心同德的政治道义。强调"故知兵之将，民之司命，国家安危之主也""将者，智、信、仁、勇、严也"。为将之道，必须足智多谋，以德服众，威严执法。

初六　师出以律。否臧，凶！

行军打仗要有纪律，纪律不好是很凶险的！

律：纪律，法令。孔颖达《周易本义》："律，法也。"否臧：不好。"否臧，谓不善也。"朱彬《经传考证》："否臧即不善之谓也。"汉帛书《周易》作"不臧"。

初六爻辞指出，军队必须有铁的纪律。《孙子兵法》指出：在混乱的情况中战斗，要能统一队伍不致军心涣散。也就是说，只有训练有素、纪律严明的军队，才能在遇到任何意外情况时，协调一致，保持战斗力而不致混乱。

纪律不好就凶险，故本爻用阴爻。表示不能轻举妄动，草率行事。

九二　在师中，吉，无咎，王三锡命。

大将在军中，有成绩而无过失。君王多方嘉奖，委以重任。

在师中：指军队中的统帅。李镜池《周易通义》："师中，犹中师，即中军，主帅所在。"《重定费氏学》："'在'，读'在视'之'在'，'在师'者，'视师，也'。""视师"义同"率师"。

吉：吉利。军中的吉利就是有战绩。

王三锡命：王多次给以嘉奖。锡，赏赐。陆德明《经典释文》："锡，郑本通赐。"高亨《周易古经今注》引朱骏声言："《周礼》一命受职，二命受服，三命受位。"《曲礼》："一命受爵，再命受服，三命受车马。"

九二爻辞提出的是治军的一个根本原则。所有军队的管理，一切策略的运用，都是靠杰出的将帅来执行的。所以，爻辞强调，军队中发现有战功而无过失的杰出将帅，君王就要多方嘉奖，以资鼓励，使这些优秀的将帅励精图治，为王前驱。《孙子兵法》说："要使军队勇敢杀敌，就要激励部队，要军队勇于夺取敌人的辎重，就应奖励士兵。"

这一爻是本卦的关键，全卦的安危系于此爻，应该积极主动、雷厉风行地执行，所以是全卦唯一的阳爻。

六三　师或舆尸，凶。

军队在战斗中用大车运载尸体，凶险！

或：有时候，不定代词。

舆尸：用车子运送尸体。李鼎祚《周易集解》引卢氏语："尸在车上。"舆是车子，在这里作动词用；尸是士卒战死的尸体。舆尸指用大车运载尸体。《重定费氏学》引梁锡玛言："古者兵虽败，不忍弃死者，故'载尸'。"舆尸形容战斗中伤亡惨重。

六三爻辞提出了一个重要的战略思想。作战要以消灭敌人的有生力量、保存自己的有生力量为原则，反对与敌人拼消耗。不要斤斤计较一城一地的得失，要避免那种伤亡过大，得不偿失的消耗战。《孙子兵法》认为：战争的上策是挫败敌人的战略计谋；其次是挫败敌人的外交；再次是攻击敌人的军队；下策是攻城。如果士兵损失了三分之一，而城还攻不下来，那就是灾难。所以善于指挥战争的人在于"不战而屈人之兵"。

出师作战，应力求避免伤亡过大的消耗战，不要积极去做"舆尸"之类的蠢事，故用阴爻。

六四　师左次，无咎。

军队有时向后退一段驻扎，并无害处。

左次：后退一段驻扎。李鼎祚《周易集解》引荀爽语："次，舍也。"《广雅·释诂》："次，舍也。"程颐《易传》："左次者，退舍也。"丁寿昌《读易会通》引吴澄语："按兵家尚右。右为前，左为后。"

六四爻辞提出了又一重要的战略思想：在敌强我弱的时候，应该采取敌进我退的策略，暂避其锋，以保存有生力量。审时度势，知己知彼，能进则进，宜退则退，是兵家的常事。《孙子兵法》强调，用兵的法则是：有十倍于敌人的兵力时就包围敌人；有五倍于敌人的兵力时就进攻敌人；有两倍于敌人的兵力时就要设法分散敌人；兵力比敌人少时就要退却，实力比敌人弱时就要避免决战。

退却当然不是积极争取的事情，本爻依爻辞意，理应用阴爻。

六五　田有禽，利执言，无咎。长子帅师，弟子舆尸。贞凶。

抓住俘虏，有利于审讯中得到敌方的情报，可避免灾殃。大儿子出兵作战，小儿子准备车子收尸。战争中有凶险是正常的。

田有禽：打猎获得鸟兽。田，打猎。李鼎祚《周易集解》引荀爽语："田，猎也。"禽，鸟兽的总名。《白虎通·田猎篇》："禽者何？鸟兽之总名，明为人所禽制也。"古代田猎征战常常是一回事，此处用田猎中捕获了鸟兽，比喻抓住了俘虏。

执言：审讯战俘。《尔雅·释言》："讯，言也。"闻一多《周易义证类纂》："执言，犹执讯也。"丁寿昌《读易会通》："尝考执言，即执讯也。"陈奂《诗毛氏传疏》："执讯"是"生得敌人，听断其辞"。

长子帅师，弟子舆尸：长子，大儿子。弟子，小儿子。高亨《周易古经今注》："《吕氏春秋·原乱篇》：'乱必有弟'。"高注："弟，次也。"长子、次子在这里借指两支兄弟部队，一支军队出兵作战，另一支部队要准备接应收尸。

六五爻辞提出了行军作战的另外两个策略思想：第一，战争中要注重收集敌方情报。《孙子兵法》说："知己知彼，百战不殆。"在古代，抓俘虏审讯是获取敌方情报的最有效的手段。所以说："田有禽，利执言。"第二，胜败乃兵家常事，战争中，或高歌奏凯，或舆尸而还，两种可能性都是存在的。为主帅的，在命将出征之前，就要作最坏的打算：如果在战争中失败，如何撤退？即俗话所说的"未曾行军，先寻退路"。

战争无必胜之算，有舆尸之虞，故用阴爻。

上六　大君有命，开国承家，小人勿用。

君王颁布命令：封建诸侯，任命大夫，小人不能重用。

大君：国君。孔颖达《周易正义》："大君，谓天子也。"

开国承家：程颐《易传》："大君以爵命赏有功也。开国，封之为诸侯也。承家，以为卿大夫也。承，受也。"宋祚胤《周易译注与考辨》："按《孟子·梁惠王章句上》王曰：'何以利吾国？'大夫曰：'何以利吾家？'这是诸侯称'国'，大夫称'家'的证明。"

小人勿用：小人不能提拔重用。程颐《易传》："小人有功不可用也。赏之以金帛禄位可也。不可使有国家而为政也。"但是朱熹《语类》却对此有一段辨析："'开国承家，小人勿用'，旧时说只作论功行赏之时，不可及小人。今思量看理，去不得他。既一例有功，如何不及他得？看来'开国承家'一句，是公共得的，未分别君子与小人在。'小人勿用'，则是勿更用他与之谋议经画耳。汉光武能用此义，自定天下之后，一例论功行封；其所以用之在左右者，则邓禹，耿弇，贾复数人，他不与焉。"此说可供参考。

上六爻辞提出了又一重要的治军思想，即在战争中要论功行赏。对战功卓著的人，无论君子小人，该封侯的封侯，该任命为大夫的任命为大夫。但对军中的小人则不能提拔为将帅而重用之，为选拔、培养将帅之才埋下了伏笔。

论功行赏最容易引发军队内部的矛盾，有其不利的一面，应该从容细致，故本爻仍用阴爻。

（三）析理

师卦是一个治军模型，它提出了治军的三个原则：严明军纪（初六）、重用将才（九二）、赏罚分明（上六）。同时提出了四条作战的策略：保存有生力量（六三）；善于以退为进，以逸待劳（六四）；重视军事情报（六五）；做好两手准备（六五）。全卦仅有64个字，已经包含了治军的主要思想，可以说是一篇杰出的治军经验总结。

把师卦论述治军的例子运用到师卦模型描述的系统中，给我们的启发是：

因为这种系统只有唯一的有利因素处于下卦之中，必须充分发掘、利用、保护、延续这一有利因素的功能，发挥其以一持万的作用，使下卦变成强大有利的局面，然后利用下卦的强大消除上卦的不利局面，使全卦最终有利。至于如何发挥唯一有利因素的作用，可参考卦爻辞中主帅的做法。师卦在下卦中特别强调了九二阳爻的作用，即要重用有功劳而无过失的将帅。初六爻辞用严明军纪来树立九二爻作为统帅的权威；六三爻辞用保存有生力量来保证主帅的实力。这样就使下卦保持有利的大好局势。

上卦的三个不利因素是：六四说的是敌强我弱的不利；六五说的是情报不明的不利；特别是上六讲的赏罚不公的不利。但这三个不利因素，都能被公正、贤明的主帅所控制和化解，对于敌强我弱、情报不明两个不利因素，相应的爻辞中已经提出了办法。对于战后可能因为赏罚不公所造成的不利因素，也能依靠优秀的主帅防止。因为君主"开国承家"的命令，一般也是根据主帅的报告做出的。只要主帅能出以公心，不为亲戚贪佞之辈、投机钻营之徒所包围，能做到"外举不避仇，内举不避亲"，就能防止、消除这种不利。

（四）案例

李广是汉朝的一位名将，参与抗击匈奴大小七十余战，骁勇善战，使匈奴闻风丧胆，号为"汉飞将军"。李广不仅声威显赫，临危不惧，而且清正廉洁，爱护士兵，深受士兵爱戴。和李广一道出征的将领包括李广的一些部下，许多都因功封了侯，可是李广却始终没有得到爵位和封邑，最大的官只做到卫尉、郎中。这是为什么呢？对此有许多不同的说法。李广自认为是命运不好，他的朋友王朔认为是李广屠杀了800个投降的人而导致的因果报应。还有人认为是嫉贤妒能的人对李广进行了诬蔑陷害。

《史记》中详细地记述了李广指挥的几次战役：

汉景帝时，一次匈奴大举入侵上郡，汉景帝派李广去抗击。随军协理的一个宦官带了几十名骑兵，纵马在前线溜达。碰到了三个匈奴人，双方发生战斗，宦官带的几十名骑兵几乎被杀光，宦官本人也被射伤，逃回来报告李广。李广便带了百多名骑兵去追杀，虽然射杀其中二人，活捉一人，但已深入匈奴阵地，结果与几千名匈奴兵遭遇。这时李广既不能战，也不能逃。他毫无畏惧，反而令士兵都下马卸鞍，解甲休息。匈奴兵以为李广是诱敌之计，可能有大军在近旁埋伏，因而不敢进击，连夜撤离了。李广第二天天亮才回到大营。因为李广的部队不知道李广的去向，所以也无法支援。

汉武帝元光六年，李广率领军队出雁门关讨伐匈奴，李广不顾敌众我寡的劣势，与敌对抗，结果受伤被俘。在押解途中李广装死躺在两匹马拉着的网袋里，趁敌人不备，一跃而起，跳上行伍中一名匈奴少年兵的马上，把少年推到地下，并夺了他的弓，快马加鞭，幸而逃脱。

汉武帝元狩三年，李广与博望侯张骞领兵从右北平出塞，分路进发抗击匈奴。李广只带领了四千骑兵，孤军奋进，被匈奴左贤王的四万骑兵包围，李广的军士都非常害怕。但李广却镇定自若，毫无惧色，多次组织反击，奋力作战。汉军死伤过半，矢尽粮绝，但仍坚持战斗。后来张骞的军队赶到，匈奴才撤除包围。李广的军队几乎全军覆没。

汉武帝元狩四年，李广随大将军卫青出征匈奴，卫青命令李广的部队和右将军赵食其的军队合并从东路出发。李广的部队由于军无向导，粗心大意而迷了路，结果因未能与卫青如期会师而贻误了军机，使得这次战争没有取得预期的结果。李广为了给部下承担责任，便拔剑自杀了。他死后，天下的人都深深地为他哀悼。

从这些记载中我们不难看到，一方面，李广虽然爱护部属却治军不严，虽然骁勇善战却不懂兵法，仅凭一股勇猛精神及超群武艺与敌人硬拼，因而多次处于被动挨打的地位；不是战而无功，就是得失两抵，这大概是"李广难封"的一个重要原因吧。李广的一切行动都是与"师卦"的思想相违背的。另一方面，也不难看到，汉家皇帝对李广缺乏信任，如在上郡之战时，竟派一个视战争如儿戏、无知而又无能、成事不足、败事有余的宦官随军协理，名为协理，实为监军，给李广造成掣肘，招惹麻烦。用人则不疑，疑人则不用，汉皇违背了师卦中"王三锡命"的精神，这也许是"李广难封"的又一个重要原因吧！

对此，笔者有诗曰：
百战边关一剑驰，威名显赫朔方知。汉家有命偏恩薄，李广无功宁数奇？
宦竖协军疑已见，将军失道咎难辞。易经解说难封事，戎马匆忙未读师。

三、同人（☰）第十三

（一）说卦

同人卦有五个阳爻、一个阴爻，唯一的阴爻是第二爻。此卦阳多阴少，有利因素多于不利因素。从"模型论"的观点分析，同人卦是一个描述有利因素多于不利因素的系统的数学模型。它的总体格局是有利的，不过仍然值得注意的是，下卦中夹着一个不利的阴爻，如果让其发展壮大，则有可能波及、削弱其上下两个有利因素，使下卦基础不稳，先天不足，从而处于不利的局面，便有可能影响全局。因此，慎重处理不利的六二阴爻，是保持这一系统有利格局的关键所在。

象数学家认为：同人卦的上卦乾☰之象为天，下卦离☲之象为火，同人卦的象是火在天下，火的性格是炎热向上，与天合同。程颐《易传》说："为卦乾上离下。以二象言之，天在上者也。火之性炎上，与天同也。故为同人。"同人的意义又是什么呢？孔颖达《周易正义》说："同人谓和同于人。"程颐《易传》说："天地不交则为否，上下相同则为同人，与否义相反。"朱熹《周易本义》说："同人，与人同也。"根据以上说法，所谓同人，即人与人志同道合之意。同人卦的象为"天下有火"，同人卦的义是"和同于人"。这两者之间似乎远不相干。

笔者认为："火"也可以为战火，"天下有火"，则可理解为满天战火，同人卦有战争之象。同人卦的卦爻辞是以军事问题为例，来解释同人卦的数学模型的。除第二爻外，它的五个爻讲的都是有利条件，并且第二爻讲的事情是决定战争胜负的关键。

（二）解经

☰☲ 同人（乾上离下）同人于野，亨。利涉大川，利君子贞。

在郊外聚集民众，事业亨通。利于渡过大江河，利于君子的正确引导。

同人：聚集。李镜池《周易通义》："《诗·七月》：'二之日其同，载缵武功'，同即聚众。"古代寓兵于民，聚众也就是聚集军队。

野：郊外。《毛传》："邑外曰郊，郊外曰野。"

利涉大川：比喻能克服大的困难。

君子贞：君子的正确主张。这里指动员全国民众。

卦辞的意思是，在敌人入侵的时候，君子坚持正确的主张：在全国范围内动员民众去抵抗。如果民众能支持战争，那就是一种战无不胜、攻无不克的力量，故为吉利。程颐《易传》："于郊野旷远之地，既不系所私。乃至公大同之道，无远不同也，其亨可知。能与天下大同，是天下皆同之也。天下皆同，何险阻之不可济？何艰危之不可亨？故利涉大川，利君子贞。"程颐的解释虽然是从"合同于人"的观点出发的，但却正确地指出了，只有实行"至公大同之道"的君子，才能有在郊野聚集民众的能力。能够聚集民众，则何坚不摧，何险不克？

初九　同人于门，无咎。

在王门发出聚集民众的号召，没有灾祸。

门：王门。古代遇敌人入侵时，则在王门召集民众去抵抗。《周礼·司徒》："若国有大故，则致万民于王门。"大故，大事情。古代的大事情指祭祀和战争。

初九爻辞说，国家遭到了敌人的侵略，君王号召民众起来抵抗。"同人于门"是君王的号召，"同人于野"是行动的落实；"同人于门"是君王的决策，"同人于野"是民兵的响应。

能在战前动员全民抗战，是有利因素，故用阳爻。

六二　同人于宗，吝。

只在宗庙内聚集人员，那就有灾祸了。

宗：宗庙。《说文》："宗，尊祖庙也。"

六二爻辞说，如果局限在宗庙内征集人员，换句话说，只限于在王室内部动员谋划，则不利于抗战。因为宗族人数少，得不到全国民众的支持，战争就难以取胜；而且王族养尊处优，"肉食者鄙，未能远谋"，不能集中民众的智慧，也很难战胜敌人。

是"同人于门"还是"同人于宗",不仅是两种战略思想的斗争,也是全国人心向背的反映,前者利而后者凶。所以前一爻用阳爻,而本爻却用阴爻,是一个很不利的因素。

九三　伏戎于莽,升其高陵,三岁不兴。

军队埋伏在草野之中,抢占有利的高地,但长期不出击。

伏戎于莽:军队埋伏在草丛中。伏,埋伏;戎,军队;莽,草丛。

升其高陵:登上高山。升,登;高陵,高地,高山。此处泛指有利于军事行动的制高点。

三岁:指长时间。三,虚言其多。

兴:起也。此处借指出击。

九三爻辞提出了一个非常正确的战术思想。敌人远道来侵略,要求速战。我方应该暂避其锋,埋伏军队,抢占地形,以逸待劳,不主动出击。敌人欲攻不克,欲战不能,难免不一鼓作气,再衰三竭,终将不战自溃,到那时彼竭我盈,一定能一举歼灭入侵之敌。

此卦的下卦三爻形成了一个有利的完整的体系:初九爻广泛地动员民众,采取了正确的政策;六二爻批判了"同人于宗"的错误思想,排除了不利的干扰;九三爻则制定了正确的作战方案。

初九、九三两爻的大利遏制了六二爻的小吝,前三爻来势甚好,为全卦奠定吉利的基础。故九三爻用阳爻。

九四　乘其墉,弗克攻。吉。

敌人冲上城头,但终于未能攻下而退走。大吉利。

乘其墉:登上城墙。乘,登;墉,城墙。《说文》:"墉,城垣也。"

弗克攻:弗,不;克,能;攻,攻占。

这一爻历代解易大师都讲成是攻敌人的城。如高亨《周易古经今注》:"攻城者已登其墉,而守者未退,城犹未克,则亟攻之,必拔矣。若止而不攻,予守者以缮修之暇矣。故曰乘其墉,弗克,攻,吉。"宋祚胤《周易译注与考辨》:"登上了敌人的城头,即使暂时不能攻下来,也是吉利的。"既然已经冲上城头,最后却攻不进去,必然伤亡惨重,还有何吉利可言?其实,这里是说敌人攻我之城。本卦是描述动员民众,抵御外敌入侵者的卦,自然是守而不是攻。敌人敢于来侵犯,说明敌强我弱。所以,敌军乘势而来,先头部队能冲上城垣,但由于守军早有准备,而且以逸待劳,敌人不利久战,攻而弗克,终于退走,所以对我吉利。

敌军攻而弗克,败象已现,对我有利,故用阳爻。

九五　同人先号咷而后笑,大师克相遇。

民众先前失声痛哭,后来开怀大笑。军队胜利会师了。

号咷：大哭。

大师克相遇：大军胜利会师。大师，大军。这里指召集民众组成的抗敌大军。克，能，完成；遇，相遇，会合。

九五爻辞概括了这一场保家卫国的战争的实况。敌人入侵，举国震惊。幸亏君王能最广泛地动员民众，才勉强可以一战。更由于采取了以逸待劳的正确战术，终于克敌制胜。在当初出征的时候，敌强我弱，广大军民告别父母妻儿奔赴前线，胜负难卜，凶多吉少。恐有生离死别之痛，国破家亡之忧；英雄气短，儿女情长，能不失声痛哭？战争中不可避免地有牺牲，有人为国捐躯，有人毁家纾难，更是长歌当哭。如今抗敌大军胜利会师，高歌奏凯之时，要注意做好善后工作，论功行赏、吊死扶伤，让民众开怀大笑。

胜利会师，高歌奏凯，理应用阳爻。

上九　同人于郊，无悔。

在郊外聚集民众，祭祀天地，庆祝胜利，没有悔恨。

同人于郊：集合军民在郊外祭祀。李镜池《周易通义》："这是班师致祭。《诗·皇矣》说在杀敌后'是类是杩'。类、杩都是师祭名。"此说可从。

上九爻辞描写军队胜利归来，君王在郊外聚集民众，举行盛大的庆典，祭祀天地，总结经验。

胜利的庆祝大典，本爻当然用阳爻。

（三）析理

同人卦讲的可能是一次战争的实例。其内容可以分为三部分：

战前决策——全民战争的思想（初九、六二）；

战中智谋——以逸待劳的战术（九三、九四）；

战后总结——庆功行赏，处理善后（九五、上九）。

同人卦论述这场战争的思维模型，可以简单地归结为两点：

（1）在战略上采用"同人于门"的思想，打一场民众战争；

（2）在战术上积极防御，正确地运用以逸待劳的智谋。

《孙子兵法》开宗明义就指出，决定战争胜负有五项基本要素：①政治；②天时；③地利；④将帅；⑤法制。政治就是讲民众要与君王"上下相同"。君主能与民众"上下相同"，就可以让民众为君主生，为君主死，而不会违抗。象数学家认为同人卦的卦义是"和同于人"，从这一角度看，象数学家的分析有其可取之处。

把同人卦讲的战争例子迁移到同人卦思维模型描述的其他事物上，同样可以归结为两个要点：

（1）决定正确的路线；

(2) 制定有效的策略。

初九阳爻与六二阴爻的斗争，决定路线的正确与否。如果一开始让六二阴爻占了上风，意味着决策的错误，以后的一切就不言而喻了。条件越好，也许损失越大。有了正确的决策，还要有九三阳爻提出的措施，没有有效的措施，正确的决策无法落实，后面的有利条件难以发挥作用。全卦的形势不利。只有在（1）、（2）两点都做好了之后，以后的一切，由于条件都是有利的，自然可以计日程功了。

（四）案例

我国历史上有许多以弱胜强的著名战例，齐鲁长勺之战就是其中脍炙人口的故事。

鲁庄公十年（公元前684年），齐国大举进攻鲁国，鲁庄公准备应战，曹刿求见鲁庄公。他的乡亲劝他说："国家大事自有那些高官厚禄的大员们出谋划策，你又何必去参与呢？"曹刿回答他们说："那些大员们目光短浅，未必能深谋远虑。"终于见了鲁庄公。曹刿问鲁庄公凭什么条件来进行这场战争。鲁庄公说："衣食所安，从来不敢独自享受，必定分与众人。"曹刿说："这种小恩小惠，未能遍及全国，老百姓不会跟从您的。"鲁庄公又说："祭祀用的猪牛羊和玉器、丝织品等祭品，我从来不敢增加或减少，一定用诚心去祭祀神。"曹刿却说："小信很难得到神的信任，神不会保佑您的。"最后鲁庄公说："国内大大小小的案件，虽然不能一一查清，但一定要根据实情去处理。"曹刿说："这倒是为百姓办实事的表现，百姓会真心拥护您，凭这条可以对齐一战。作战时请让我随同前往。"

鲁庄公便和曹刿同坐一辆战车，在长勺与齐军展开战斗。两军刚相遇，鲁庄公就要鸣鼓进攻。曹刿说："不行。"直到齐军三次击鼓冲锋之后，曹刿才说："可以了"。结果齐军大败而逃。鲁庄公正要下令追赶，曹刿却说："不可。"他跳下车去仔细察看齐军车轮的痕迹，又爬上战车的横木观望齐军的旗仗，终于说："可以了！"于是鲁庄公下令追击齐军，齐军大败。胜利之后，鲁庄公问曹刿为什么这次战斗要采用这种打法？曹刿回答说："作战全靠勇气，一鼓作气，再而衰，三而竭。齐军远来，急于求战，我军则以逸待劳。敌人三次擂鼓冲锋，未能得势之后，勇气消失了，我军则士气正旺，因此打败了齐军。但大国的情况难以捉摸，怕它后面还有埋伏。我观察到他们的车迹混乱，旗帜披靡，判断他们是真败了，因此才敢追击他们。"

曹刿论战与同人卦有异曲同工之妙。

考察曹刿论战中曹刿的"远谋"不外乎两点：一是认真考察鲁庄公有没有"同人于门"的政治基础，能否动员民众打一场全民战争；二是正确地运用了以逸待劳的战术，齐人三鼓都未能打乱鲁军的阵脚，肯定曹刿等采取了"伏戎于莽，升其高陵"等办法，齐军求战不能，急攻不下，终于落得败绩的命运。

曹刿论战的思想，很有可能就来自《周易》的同人卦。笔者有诗曰：

肉食从来拙事功，乡翁论战胜元戎。难因小惠民从命，莫望丰仪鬼佑公。

鲁国人和堪一战，齐军气尽累三通。神机哪得高如许？原在同人一卦中。

四、临（☷☱）第十九

（一）说卦

临卦的前两爻是阳爻，后四爻是阴爻，不仅阴爻多而阳爻少，而且阴阳爻的分布也很不理想。初爻与第二爻是阳爻，说明开始比较有利，但后来阴爻接踵而至，如果听其自然发展，必然每况愈下，一蹶不振，形成一种虎头蛇尾、有始无终的局势。

但若将六个爻分成两组，下卦"☱"二阳一阴，是一个利多弊少的子系统；上卦"☷"三爻皆阴，是一个极为不利的子系统。在上、下两卦的较量中，下卦组的两个阳爻如果不是特别强大，在经过与六三阴爻的一番搏斗之后，有利的形势有所削弱，而上卦三个阴爻则挟六三的余威以压顶之势而来，下卦占优的可能性极小，全卦仍然是不利的形势。只有初九、九二两个阳爻力量特别强大，六三阴爻可以略而不计的情况下，使下卦形成牢不可破的优势，在这个基础上，再与上卦的不利局面对抗，取得胜利使全卦也成为有利。因此，用"模型论"的观点分析，临卦的数学模型描述的系统的特点是：在这个系统中，开始会出现一些有利的局面，但潜伏着巨大的危机，不久就会逐渐地暴露出来。因此一开始必须紧紧抓住有利条件，打下牢固基础；防微杜渐，尽力减轻不利因素的连番冲击。

按象数学的观点分析，临卦的下卦为兑"☱"，上卦为坤"☷"。兑为泽，坤为地，临卦之象为泽在地下。从地上看深渊，有临高视下之象。李鼎祚《周易集解》引荀爽语："泽卑地高，高下相临之象也。"《象传》："泽上有地，临。君子以教思无穷，容保民无疆。"意思是说，泽上有地，象征临。君子花费无穷思虑教育民众，用无边的恩泽容纳民众，保护民众。所以，临有由上视下，管理人民之意。程颐《易传》："临者，临民临事，凡所临皆是。在卦取自上临下，临民之义。"总之，据诸家之说，临卦之象是"泽上有地"，临卦之义是"临高视下"，引申为管理人民。

以临卦提出的治理国家的方法为例，来说明临卦的一种思维模式：临卦之象为泽在地下，从地上看深渊，有临高视下之象。继而人们想到，治理国家也是一种临高视下的行为。"泽"只是地的一部分，"地"的动态可以使它扩大或缩小，甚至干涸。泽中之水，平静而柔顺，可以行舟，但也可以覆舟。治理国家也应该如此。民为邦本，本固邦宁；载舟覆舟，所宜深慎。

（二）解经

☷☱ 临（坤上兑下）元亨利贞。至于八月，有凶。

了解原始的民情，综合通盘地考虑，因势利导至正确的方向。到了八月会出现艰难的局面。

临：卦名。临的意义是从高视下，引申为上对下之称。此卦有执政者治理人民之意。李镜池《周易通义》："《国语·周语》：'受职于王，以临其民。'临有治义，卦中讲治民之术。"李说甚确。

元：始也。这里指国计民生最原始的资料。

亨：通也。融会贯通，通盘考虑。

利：宜也。用适宜的办法因势利导。

贞：正也。正确的方向。

至于八月，有凶：周历八月相当于夏历六月，正是烈日似火，禾稻枯焦之时。《礼记·玉藻》："至于八月，不雨，君不举。"《孟子·梁惠王章句上》："七八月之间旱。"这里用八月出现旱灾，比喻不久政治局势会遇到困难，用农民在大旱中之望云雨来比喻在乱离中人民之望治。临卦的六个爻中，从第三爻起都是阴爻，出现不利局面。用一卦比喻一年，第三爻相当于夏历六月，即周历八月，所以说"至于八月，有凶"。

临卦是一个讲治民之术的卦。

初九　咸临，贞吉。

用感化政策治民，合乎正道而吉利。

咸：感。《广雅·释言》："咸，感也。"历代易学家都训咸为感。王弼注："咸，感也。"李鼎祚《周易集解》引虞翻语："咸，感也。"陆德明《经典释文》："咸，本作感。"高亨《周易古经今注》："咸训感，即借为感。"

初九爻辞说，用感化政策治民合乎正道而吉利，故用阳爻。

九二　咸临，吉。无不利。

用刑威治理人民，吉利而没有什么不利。

咸：高亨《周易杂论》："刑杀为咸。"又认为咸"也可能是威字之误"。又在其《周易古经今注》中云："疑此爻咸当借作威，形近而讹。威临者，以威临民也。"总之，这一爻的意思是用刑杀威猛的手段统治人民。高氏的"威临"说很有见地，可从。其理由如下：

（1）《易经》言简意深，惜墨如金。卦名与卦辞开头重一字尚且省去，又怎能重复一句呢？凡同一卦中的爻辞，其文字有相同的，其旨趣必异。如"谦卦"中的两个"鸣谦"，蛊卦中的三个"干父之蛊"，其下接之文义都不相同。

(2)《象传》解释"初九"的"咸临"为"志行正也"。志行正才可以感人，所以"初九"宜训咸为感。《象传》解释"九二"的"咸临"则为"未顺民也"。民未顺命，故必须施之以威。所以"九二"宜读咸为威。

(3) 自古以来，崇尚治民要恩威并用，宽猛相济。《书·吕刑》："德威惟畏。德明惟明。"《左传·文公七年》引《夏书》曰："戒之用休，董之用威"。《左传·昭公二十年》郑子产论政宽猛时说："唯有德者能以宽服民，其次莫如猛。"都同时提到恩威并用。《周易》的思想也一贯主张恩威并用，宽猛相济。如在蒙卦中就主张教育与惩办相结合，噬嗑卦也主张对犯罪要防微杜渐。如果在这里只强调"咸临"，而绝口不提"威临"，就与《周易》的思想不合。

(4) 汉帛书《周易》的"咸"写作"禁"，禁是禁止，无威何能禁？治理国家必须令行禁止。用明德来感化人民，就可以做到令行；用刑威来治理国家，才能够做到禁止。

根据以上理由，高亨先生读"咸"为"威"，是可以信从的。

初九和九二爻辞讲治理国家要宽严相济，恩威并用。既要教育感化，更要严于立法。《诗·商颂·长发》："不竞不絿，不刚不柔，布政优优，百禄是遒。"

这两条是施政的根本，做好了会出现有利的局面，故都用阳爻。

六三　甘临，无攸利。既忧之，无咎。

用甜言蜜语管理人民，毫无所利；已经忧虑到此，就不致有灾祸。

甘：甘言，即甜言蜜语。王弼《周易注》："佞邪说媚，不正之名。"

忧：忧虑。程颐《易传》："既知危惧而忧之，若能持谦守正，至诚以自处，则无忧也。"

六三爻辞说，在人民有了困难，希望得到政府帮助的时候，不能用甜言蜜语欺骗他们，开一些空头支票，轻诺寡信，一时办不到的事要耐心说明情况。

甘临是不利的。故本爻用阴爻。

六四　至临，无咎。

躬亲政事以治理人民，没有害处。

至临：躬亲政治。高亨《周易大传今注》："至临犹亲临，君上亲自理政以临民。亲临则朝无废事，臣无窃权，可以无咎。"李镜池《周易通义》："至临，躬亲政治，即统治者要亲自过问国事。"《诗·节南山》："弗躬弗亲，庶民弗信。不自为政，卒（瘁）劳百姓。"如果躬亲政治，则可无咎。

"至临"是有利的，理应本爻取阳爻。但人的精力有限，治民者如果事必躬亲，也不是办法。晁错《论贵粟疏》："圣王在上，而民不冻饥者，非能耕而食之，织而衣之也。"魏徵《谏太宗十思疏》："何必劳神苦思，代百司之职役哉。"可见，"至临"虽然是临民的好办法，但是难以大力施行，故用阴爻。

六五　知临，大君之宜。吉。

"知"通"智"，"知临"，运用智慧治理国家，雄才大略的君王是适宜的，吉利。

大君：君王。引申为雄才大略的君王。

宜：适合。

"知临"是好事，本爻按理应用阳爻。但治理国家主要靠法治，君王的智慧固然重要，还不是最本质的东西，这是对人治与法治的正确认识。所以，与"至临"一样，"知临"也难以大力施行。本爻仍只用阴爻而不用阳爻。

上六　敦临，吉。无咎。

用敦厚的态度去治理国家，吉利而没有害处。

敦：敦厚。惠栋《周易述》："敦，厚也。"焦循《易章句》："敦，厚也。"高亨《周易大传今注》："君子敦厚以道临民，则民悦服。"李镜池《周易通义》："统治者要惇厚诚实，才能得民心。"说法都正确。

与六四、六五一样，"敦临"是好事，理应用阳爻，但"敦临"并不能解决治国的根本问题，故与六四、六五一样，本爻仍只用阴爻。

（三）析理

临卦提出了治理国家的一个思维模型：

（1）用恩德感化人民（咸临）；

（2）用刑威治理国家（咸（威）临）；

（3）不要用甜言蜜语欺骗人民，少说空话，多做实事（甘临）；

（4）躬亲政治（至临）；

（5）善用智慧处理问题（知临）；

（6）以人为本，用敦厚的态度去治理人民（敦临）。

作《易》者的"六临"政治思想对临民之术的分析是相当全面而深刻的，即使在今天，也还有值得参考的地方。

临卦讲的虽然只是治理国家的一个思维模型，但它的基本思想可以迁移到一般适用临卦模型的其他系统上去。这类事物的特点是：开始时有良好的条件，慢慢地出现了不利的因素，而且此伏彼起，越来越多。对于这类事物，应当怎样来对待呢？参照临卦的思维模式是：

（1）在条件还有利的时候，抓住时机，做好那些最基本最重要的工作（咸临与威临）。

（2）当不利因素出现的时候，要区分情况正确对待：

①对不利因素，要实事求是，不要自欺欺人（甘临）。

②要调查研究，掌握第一手资料（至临）。

③调动大家的聪明才智，寻求解决问题的最佳策略（知临）。

④心存敦厚，用"以人为本"的精神处理一切问题（敦临）。

例如，我们兴办一家企业，当开始的时候，有广阔的市场、雄厚的资金、先进的技术力量等有利条件，企业的领导者必须抓住机遇，做好两件事情：

（1）抓住时机，树立品牌；

（2）赚取利润，积累资金。

树立品牌和赚取利润之间，像管理人民的"咸临"与"威临"一样，有相辅相成的作用，也有互相矛盾的地方，要争取做到两利、双赢。

一个企业到了一定的时期就会出现许多不利的因素，如市场渐趋饱和，同行竞争加剧，原有设备老化，技术落后等问题。这时就应学习临卦的方法，逐一加以化解，以保持可持续发展的优势。

（四）案例

汉文帝是封建社会中一位比较能体贴民间疾苦的皇帝。他即位的第一年十二月，就召集大臣们商量道："法律是治国的根本，其作用是禁止残暴而表扬好人，现在对犯法的本人治了罪，还要惩罚他没有罪的父母妻儿和与他共产业的人，使他们被罚连坐，甚至被降为奴隶。我意欲废止这种法律，请大家讨论讨论。"大臣们都认为：老百姓不能够自治，所以要用法律禁止，连坐的法律使民众心理上有所恐惧，不敢轻易犯法。还是维持旧法，便于治理。文帝说："我听说法律正，则人民老实，惩罚得当，则民众服从。而且管理民众负责教导他们向善的是官吏……官吏既不能教导民众，又用不公正的法律加罪于他们，这是先加害于民众然后又施以暴虐，又怎能禁止民众不犯罪呢？我看不出这种法律有什么好处。"于是，他废除了连坐的法律。

汉文帝在位时连续几年农业欠收。汉文帝感到忧虑，就下了一道诏书说："最近几年农业屡屡欠收，又有旱涝疾病瘟疫等灾害，对此我非常忧虑。我愚钝而不明智，不明白根源在哪里？是我的政令失误，行为不当呢？还是天时不顺，人事失和呢？为什么到了这种地步？是无用的事情办得太多了吗？为什么老百姓这样贫困？统计人口比过去没有增加，丈量土地比过去还略有多余，可是吃的粮食不足，造成这种状况的过失究竟是什么原因呢？……我将与丞相、列侯、享禄二千石以上的官吏和博士们讨论这件事，凡是有可用来帮助百姓的办法，请大家放开思想，大胆陈词，不要有所保留。"

有一次，汉文帝出巡经过长安城北的渭桥，有一个人从桥下跑出来，惊吓了文帝御驾的马，于是便把那人抓起来交给廷尉张释之问罪。那人称："我是长安人，来到这里，听说清道禁止人行，便躲在桥下，躲了很久，以为皇帝的车队早已过去，就走出来，却撞上皇帝的御驾，害怕而逃跑罢了。"于是，张释之根据触犯了清道的禁令应该罚款的法律判那人罚金。文帝大怒，要求张释之判那人死罪。张释之说："法律是天子与天下人共同制定的，现在法律规定如此，而再加重判刑，那法律就不能取信于民了。如果当时就将他杀了也还罢了，现在既然交下来由廷尉治罪，廷尉应是天下最公正的执法者。若稍有偏差，则天下的法律都可轻可重而没有一定的标准了。这样人民岂不是手足无措了吗？"汉文帝沉思良久，说："廷尉的判决是对的。"

汉文帝执政的一些做法，与临卦的思想颇多吻合之处：如主张刑罚要与教化相结合，废除连坐、高压的政策。又如亲自过问农业，既躬亲政事，又不自以为是迷信个人的智慧。接受张释之的意见，不因个人的喜怒而滥施刑罚，用较为敦厚的思想管理人民，等等。对此笔者有诗曰：

汉承秦制本刑苛，况复因循丞相何。连坐无辜天理丧，陈词有道人谋多。

沉舟也惧行舟水，兴国当除旧国疴。试看古今长治者，无非临卦谱新歌。

五、无妄（☴）第二十五

（一）说卦

无妄卦有四个阳爻、两个阴爻。阴爻分布在第二、第三两个爻位。不仅有利因素多于不利因素，且开头就是阳爻，起了良好的奠基作用，以后六二、六三虽然连续遭到一些挫折，但从第四爻开始即一帆风顺，这几乎是一切成功事物的正常现象。只要初九能坚持，守住正道，不要太出格，不要太有失众望，全卦就会吉利。把六个爻分为两组，上卦由三个阳爻组成极为有利的子系统。下卦阴多阳少，但初九阳爻来势强盛，如雷惊天，下卦即使总的来说是一个不利的子系统，但不利的程度远低于上卦的有利程度，全卦就显得总体吉利。

象数学派认为：无妄卦的上卦乾"☰"象征天。下卦震"☳"象征雷，全卦的象征就是天下雷声震行，因而万物敬畏，不敢妄为。《象传》说："天下雷行，物与无妄。"指明了这一意义，所以无妄卦的卦象是天下雷行，卦义是不敢妄为。程颐《易传》："无妄者，至诚也。"

"无妄"卦，《史记》作"无望"，李光地《周易折中》引邱富国语："惟其'无妄'，所以'无望'也。"认为不妄为的人，必然不存奢望。把"无望"视为"无妄"的引申义，亦通。

综合两种分析可知，无妄卦的卦爻辞讲的是与"诚实""守法"有关的问题，作《易》者以此为例来解释无妄卦数学模型。它的第二、第三两爻讲的事情有不利的一面，其余四爻讲的多是有利的一面。

（二）解经

☴无妄（乾上震下）元亨利贞。其匪正，有眚。不利有攸往。

掌握原始资料，组织流通，引向有利的正道。如果不按正道，盲目行动，出门不利。

无妄：卦名。妄的意思是乱。《说文》："妄，乱也。"《广雅·释诂》："妄，乱也。"《左传·哀公二十五年》："彼好专利而妄。"杜预注："妄，不法。"

元亨利贞：元，原始（资料）；亨，通，（商品）流通；利，（按正道）求利；贞，正道。全句的意义是掌握原始资料，组织流通，引向有利可图的正道。

其：如果。《左传·僖公九年》："其济，君之灵也；不济则以死继之。"

匪正：不按正道。匪，非，正，正道。

历来解易，大家都认为无妄卦是讲思想修养的卦。如果这样，对接下去的六二、六三爻辞就无法解释。无妄卦似乎是一个讲商业问题的卦。在《周易》成书的时代，我国社会已完成了第三次社会大分工，出现了商业和专门从事商品交换的人。《周易》中有多处涉及商旅的论述，《系辞下传》："日中为市，致天下之民，聚天下之货，交易而退，各得其所。"古代重农抑商，看不起商人。"无商不奸"几乎是人们带有的普遍性观念。所以，卦辞用"无妄"来要求商人，做生意要公平诚实，童叟无欺，不要弄虚作假，损人利己。因此，也就用"无妄"两字来指代商人。汉帛书《周易》"无妄"作"无孟"，"孟"的意义是勤勉和努力。班固《幽通赋》："盍孟晋以迨群兮，辰倐忽而不再。"因此"无孟"就是"不努力""不勤劳"的意思，与"无妄"的意义相去甚远，显然是沿《周易》的初衷，易"妄"为"孟"以借代商人。西汉初期，社会上重农轻商之风尤炽，甚至在法律上还规定了对商人的限制。晁错《论贵粟疏》："今法律贱商人，商人已富贵矣；尊农夫，农夫已贫贱矣。"商人成了被攻击的重要目标。《论贵粟疏》还指出："故其（指商人）男不耕耘，女不蚕织，衣必文彩，食必粱肉。亡农夫之苦，有阡陌之得。"商人完全被看成不劳而获者。所以汉人改"无妄"为"无孟"，当是表示其对商人的轻视之意。

初九　无妄，往，吉。

公平诚实地去（经商），必然吉利。

初九爻辞基本上重复卦辞，总起下文。依爻辞意应用阳爻。

六二　不耕获，不菑畲。则利有攸往。

不耕耘而望收获，不开荒而想得到熟地，因为有别的作为而得到好处。

菑：新开的荒地。畲：熟地。《尔雅·释地》："一岁曰菑，三岁曰畲。"可见，菑是新荒地，畲是熟地。

有攸往：有所作为。这里指从事种地以外的其他职业。

这一爻历来都不得其解，都把它讲成"不耕耘就想收获，不开荒就想熟地，只是一种妄想而已"。唯有高亨《周易古经今注》有正确的解释："不耕而获，不菑而畲，唯有营利于外而后可，唯有不为农而为商而为宦而后可，故曰不耕获，不菑畲，则利有攸往。"但他所说的"为商""为宦"，似乎更应该从"为商"方面去理解。

因为当时宗周洛邑一带的风俗是"好为商贾，不喜为宦"（《汉书·地理志》）。这是其一。古人认为为宦者不耕而获是天经地义的事，用不着在此专门辩论。只有为商者不耕而获才引起人们的质疑。这是其二。如《孟子·滕文公》中记载孟子与许行辩论的故事。许行认为农民拿粮食去换衣帽、换铁锅是正当的，而商人拿铁锅、衣帽去换农民的粮食就是坑害农民，是"妄行"。孟子批判了许行的观点。本爻实际上是先于孟子对古代重农抑商思想的批判。这在当时还不能为多数人所接受，处于萌芽状态，故用阴爻。

六三　无妄之灾，或系之牛，行人之得，邑人之灾。

商人的耕地，就系在他们的牛车上，行商的收益，就是百姓的耕耘。

无妄：公平诚实地去经商，这里指商人。

灾：借为菑。菑本为灾的异体字。汉帛书《周易》作兹。兹与菑音同，义、形亦相近。故灾在此指耕地或耕耘。

牛：牛车，商人以牛运货。《系辞下传》："服牛乘马，引重致远，以利天下。"

行人：指行商。

六三爻辞进一步肯定了为商与为农是平等互利的，都是有益于社会的事业，商人的货车有如农人的耕地。

本爻也历来不得其解。《象传》："行人之得，邑人之灾也。"只是重复爻辞，等于没有解释。有些人则讲成意外之灾。如孔颖达《周易正义》："无故而有灾，如行人牵牛而去，而居者反遭诘捕之扰也。"高亨《周易大传今注》："邑人因粗心大意，致失其牛，即所谓'无妄之灾'。"李镜池《周易通义》："邑人得到了意外之灾。"等等。宋祚胤在《周易译注与考辨》中则把它讲成："有诚的人不会有灾难，如果要说有灾难，那就像有人拴一头牛，为行人偷去，罪责又加于另外的某些人，而与有诚的人却不相干。"这些解释都似乎十分勉强。至于汉人的"象数之学"更是远离爻意。如李鼎祚《周易集解》引虞翻对此爻的解释说："上动体坎，故称灾也。四动之正，坤为牛，艮为鼻为止，巽为桑为绳，系牛鼻而止桑下，故或系之牛也。乾为行人，坤为邑人，乾四据三，故行人之得；三系于四，故邑人之灾。"这些解释除了给《易经》的卦爻辞无端加上一层神秘莫测的迷雾之外，完全无助于我们对爻辞的理解。

本爻也是商品经济思想的萌芽，在当时难于被人接受，和六二一样，也用阴爻。

九四　可贞，无咎。

可以合乎正道，没有坏处。

可贞：可以合乎正道。

这一爻总结前三爻，进一步肯定经商可以合乎正道，没有什么坏处。故用阳爻。

九五　无妄之疾，勿药有喜。

公平诚实（地去经商）也可能产生弊病，但不服药也会好。

疾：弊病。《孟子·梁惠王下》："寡人有疾，寡人好色。"

药：作动词，勿药即不服药。

有喜：有好结果，指疾病痊愈。程颐《易传》："有喜，谓疾自亡也。"《周易》中有三个"有喜"，其义皆同。

这一爻指出，诚实公平地去经商，也可能发生某些弊病或失误，但这没有关系，不服药也会好，用不着大惊小怪，故用阳爻。

上九　无妄，行有眚，无攸利。

诚实公平（地去经商），但行动盲目，也无所得利。

眚：过错，灾殃，灾祸。程颐《易传》："灾，天灾，自外来；眚，人祸，由自作。"

这一爻也基本上是重复卦辞，最后指出，经商不能盲目行动，要看准行情。用今天的话来说，就是重视商业信息，否则，就不能得利，与卦辞元亨利贞的"元"相照应，即要了解原始资料。

本爻是指导人们如何行动的有益的话，并非行动本身，故宜用阳爻。

无妄卦是一个论述商业问题的卦，全文仅67个字，但却论述了多层意思。首先指出了经商的正道是公平诚实，童叟无欺，提倡"诚贾"。其次论证了社会分工的合理性，士农工商，各行其事。指出商人贩运获利，农民耕耘收获，都是合理的，互利的，批判了重农抑商的思想。接着，肯定经商是完全可以合乎正道的。承认伴随商业而来的某些消极现象，即"无妄之疾"是客观存在的，但这些都是正常的现象，会"勿药有喜"。最后，还分析了经商可能产生的弊病或失误，强调重视商业信息。在那遥远的古代，先民这些商品经济思想的萌芽，实在是十分难能可贵的。但由于我国古代重农抑商思想的强大，《周易》中关于商业的进步思想，未能适时地发扬光大，又不能不使后人感到惋惜。

（三）析理

无妄卦用经商为例，对那些可以用无妄卦模型来描述的系统提出了一种思维模型：

一个有生命、有前途的事业始创之初，生气蓬勃，方兴未艾（初九爻辞），但由于人们不能理解，不予支持，将会碰到接二连三的困难（六二、六三两个阴爻）。但只要坚定信念，勇往直前，按正道去办事，就一定能发展壮大，变得一帆风顺，合乎正道（九四阳爻）。即使到了正常发展的阶段，也可能会出现这样或那样的小毛病，那是正常的现象，不吃药也会好（九五阳爻）。但在顺利的条件下，更应该谦虚谨慎，不要盲目行动（上九阳爻）。

例如，某企业开发了一个新产品，是很有使用价值和市场竞争力的商品，但由于消费者尚不理解，尚不习惯，要打开市场销路还有极大的困难。必须做许多艰苦的、长期的、细致的宣传工作,前一段时期还可能要折本推销。但这时不要泄气,要树立必定成功的信念,山重水复的背后,终会出现柳暗花明的前景,从此树立品牌,打开销路,一切都会变得顺利。在大好形势下,只要不被胜利冲昏头脑,盲目妄行,而在前进中出现一些小问题,那是无关紧要的。

(四)案例

我国战国时期,学术派别林立,形成百家争鸣的局面。其中最主要的派别,按《汉书·艺文志》的说法有十家九流。其中的农家是战国时期反映农业生产和农民思想的学派,主张"播百谷,劝农桑,以足衣食。"其代表人物是许行。许行是一位研究传说中神农氏学说的学者,楚国人,有门徒数十人。

话说有一天许行带着他的数十名门徒,从楚国跑到滕国,对滕文公说:"我们远方的人,听说您推行古代的井田法仁政,希望您给我们一个安身立命的地方,成为您的百姓。"滕文公便安置了他们。许行与其徒数十人,都穿粗糙的衣服,以种地、打草鞋、织席为生。楚国学者陈良的门徒陈相与其弟陈辛,也带着农具从宋国来到滕国,对滕文公说:"听说您实行圣人的政治,也就是圣人了,我们愿为圣人的百姓。"陈相会见许行之后,高兴万分,完全抛弃了过去的所学而向许行学习。

一次,陈相去见孟子,转述许行的言论说:"滕文公也算得一个贤明的君主了,可惜他还不懂得道理啊!真正贤明的君主应与百姓一起耕种以取得口粮,自己做饭并兼理政事。可是现在滕国的官府有许多大小仓库,这是克损了百姓来养活自己啊!又怎能算是懂得了贤的道理呢?"

孟子听了这话,便与陈相开展了一场大辩论。

孟子问:"许先生一定吃自己种的粮食吗?"

陈相回答说:"是的。"

问:"许先生必定穿用自己织的布所做的衣服吗?"

答:"不是的。不过许先生的衣着很粗糙。"

问:"许先生的帽子是自己织的吗?"

答:"不是的,是用粮食换来的。"

问:"许先生为什么不自织呢?"

答:"妨害耕种。"

问:"许先生用陶釜煮饭,用铁铧耕地吗?"

答:"是的。"

问:"都是自己制造的吗?"

答:"不是,用粮食换来的。"

于是,孟子反问陈相:"用粮食去换各种器用,不算是克损了陶工和铁工;陶工、铁工用他们生产的器用去换粮食,又怎能算克损了农夫呢?而且许先生为什么不去做陶工、铁工，自制各种必需的器用，何以要纷纷去与各行各业交换，难道不怕麻烦？"

陈相回答说："各行各业的事情，是不可能与耕地同时去做的。"

孟子说："既然这样，难道管理天下的大事却独能与耕耘同时去做吗？有官员的事，有百姓的事。一个人的一生需要各行各业为他服务，如果都要自己制造出来的器物才能使用，那么天下的人都不得安然了。按照许先生的逻辑，社会怎能发展进步呢？"

陈相再也无言以对了。

将这个故事与无妄卦联系起来，笔者有诗曰：

农耕社会越千年，终要分工大变迁。孟子批评多正道，农家学说近狂言。
作坊生产如耕地，商品流通即种田。古国迟迟明此理，易经无妄早超前。

六、咸（䷞）第三十一

（一）说卦

咸卦有三个阳爻和三个阴爻，三个阳爻连续出现在第三、第四和第五爻位。有利因素和不利因素各占一半，势均力敌，吉凶参半。用"模型论"的观点分析，咸卦数学模型所描述的系统的特点是：有利因素和不利因素旗鼓相当，没有胜算的实力，也没有必败的机理。开始会出现两个不利因素，给系统的处境带来相当大的困难，但渡过两道难关之后，就会连续出现有利的局面，有后发制人、大器晚成的形象。

象数学家在分析咸卦时认为：上卦兑☱为泽之象，下卦艮☶为山之象。《象传》说："山上有泽，咸。君子以虚受人。"孔颖达《周易正义》："泽性下流，能润于下；山体上承，能受其润；以山感泽，所以为咸。"咸的意义是相互感应，《彖传》说："咸，感也。"天下万事万物都存在互相感应的问题，而最突出最典型的感应，莫过于少男少女之间的互相感应。因此象数学家进一步认为：下卦艮象征少男，上卦兑象征少女，咸卦就象征少男谦虚地追求少女。各家对咸卦的解释基本一致，即认为咸卦之象为"山上有泽"，其义为少男追求少女而"相互感应"。

综合两种分析，咸卦卦爻辞以男女关系问题为例，来解释咸卦的数学模型。其中第三、四、五爻爻辞讲的是积极的一面，其他三爻讲放松的一面。一场激烈对抗性的体育比赛，常常会出现这样的模式。例如足球赛，我们常常会看到这样的局面，如果把比赛时间全场 90 分钟分为六个阶段，每段 15 分钟，那么在前两段时间内，双方都是试探性的，踢得比较稳健和保守，节奏略显缓慢；接着便在第三、四、五这三个时段内，展开激烈的竞争；到了最后一个时段，队员体力消耗严重，而且大局将定，又踢得比较松散，放慢节奏了。

（二）解经

☲咸（兑上艮下）亨，利贞。取女吉。

相互沟通，遵循正道有利。娶女为妻是吉利的。

咸：卦名。咸是感动的意思。《彖传》："咸，感也。"

取：同娶。

咸卦讲的是男女之间的情爱，这种情爱是人人皆然的。少男用诚心去感动少女，终于获得少女的爱情，结为夫妇。同时也用男女之间的相互感应，相互沟通，比喻人际间的沟通。

值得注意的是：咸卦是《周易》中一个涉及性描写的卦，也是我国典籍上最早的有关性描写的材料。唐朝的孔颖达和近人潘光旦等都指出了这一点。《易经》分为上经和下经，咸卦是下经的开头一卦。上经从天道的基础乾坤说起，下经从人伦的基础男女关系开头。《序卦传》说："有天地，然后有万物；有万物，然后有男女；有男女，然后有夫妇；有夫妇，然后有父子；有父子，然后有君臣；有君臣，然后有上下；有上下，然后礼仪有所错。"也明确地指出，咸卦讲的是男女关系问题。

初六　咸其拇。

感应了大脚趾。

拇：大脚趾。陆德明《经典释文》引马融、郑玄等的解释说："拇，足大指也。"

本爻说，感应了人体的最下方大脚趾，形容感应的开始。下一步如何动作，还很难说准。比喻谈情说爱，素不相识，一见钟情的毕竟是少数。本爻还处在条件不成熟的阶段，尚不宜轻举妄动，操之过急。所以用阴爻。

六二　咸其腓，凶；居，吉。

感应了小腿肚，再进一步可能凶险；停一下，较吉利。

腓：小腿。朱熹《周易本义》："腓，足肚也。"程颐《易传》："腓，足肚。"

居：停留。《系辞下传》："变动不居。"

本爻说，双方感应上升到小腿肚，再上一步，就触及男女之大防，会产生质的变化，很难保证不发生不利的后果，所以说有凶险。不如稍停一下，比较保险而吉利。办好事操之过急，往往适得其反，是取凶之道。本爻条件虽有进展，但尚未完全成熟，所以仍然用阴爻。

九三　咸其股，执其随，往吝。

感应到了大腿，牵动其臀部，继续下去也可能有小的不顺利。

股：大腿。

执：牵制、驾驭。《淮南子·主术》："人之所以执下。"高诱注："执，制也。"

第九章 思维模式视野下的《易经》选读

随：宋祚胤《周易译注与考辨》认为是"与大腿相连的部分，向下指小腿，向上指臀部"。解释可取，此处从其说。但小腿已于六二爻辞中提到，故此处指臀部。

本爻说，感应到大腿，并牵动与之相连的臀部，比喻更大的感应行动。作者在上爻"六二"还强调不要盲目躁进，以免陷入被动。但随着事态发展，条件自然成熟，因精诚之所至，使金石之为开。少男与少女的互相爱慕，发生了质的飞跃。"咸其股，执其随"显然是关于男女做爱的描写。这种突然的发展也可能碰到一些小麻烦，诸如生理上的不适，或心理上的后惧，等等，所以爻辞中说"往吝"，点明也可能事后出现小麻烦。本爻顺应自然发展，抓住了有利时机，采取了积极行动，所以用阳爻。

九四　贞吉，悔亡。憧憧往来，朋从尔思。

合乎正道而吉利，悔恨没有了。频繁地往来，朋友顺从你的心愿。

贞：正道。此处指男女之间的关系。

憧憧：陆德明《经典释文》，"憧憧，王肃云：'往来不绝貌。'"

朋：高亨《周易大传今注》，"朋，朋友。"

思：相思。《诗·国风·关雎》："窈窕淑女，寤寐求之。求之不得，寤寐思服。"

九四爻辞肯定饮食男女，是人的常情，完全合乎正道而吉利，所以少女没有悔恨。"憧憧往来"也是做爱的描写。"朋从尔思"是说少女顺从地满足了少男"寤寐求之"的愿望。这时，少男少女已经心心相印，如胶似漆，不可或离。双方的关系完全成熟，一切都"贞吉，悔亡"了。

本爻是全卦高潮，因有利而用阳爻。

九五　咸其脢，无悔。

背肉也感应了，没有后悔。

脢：《说文》："背肉也。"

背肉是人身反应最迟钝的部位，连这种反应最迟钝的地方都感应了，当然是极大的快感，像王实甫《西厢记》里所说的"浑身通泰"，哪里会有什么悔恨？从"咸其股，执其随"到"咸其脢"，包含性爱姿势的转换。

本爻继续高潮，有利而用阳爻。

上六　咸其辅颊舌。

感应表现到口舌上。

咸其辅颊舌：《象传》说，"咸其辅颊舌，滕口舌也。"滕是指水向上翻腾，比喻张口放言。因此，"咸其辅颊舌"大意就是玩弄口舌的意思。黄寿棋、张善文《周易译注》的注释为：辅，在脸颊之上，指上牙床，《说文》："人颊车也；辅、颊、舌三者合称，犹今言'口头言语。'"王弼注："辅、颊、舌者，所以为语之具也。"《来氏易注》："舌动则辅应而颊从之，三者相须用事，皆所以言者。"其说可从。

这一爻是说，做爱之后，喜悦之情，又流露在言语之中。或者互相甜言蜜语，山盟海誓；或者互相调戏，嘲笑对方。

本爻已是高潮之后的进一步放松，故用阴爻。

本卦对性的描写细腻而生动，但并无淫秽之嫌。潘光旦先生在他的译作《性心理学》的注释中提到："有人说起《易经》的咸卦是中国最古老的描写性交的文字，但译者以为与其说是描写性交的本身，毋宁说是描写性交的准备。所谓'咸其拇'，'咸其腓'，'咸其股'，'执其随'，'咸其脢'，'咸其辅颊舌'，都是一些准备性的性戏耍，并且自外而内，步骤分明。孔氏《正义》解释'九四，贞吉悔亡，憧憧往来，朋从尔思'一节，似乎认为二体已入交接状态，窃以为义有未妥。"特录此以备一说。

（三）析理

对于一个可以用咸卦思维模型描述的系统，怎样处理使它变得较为有利呢？咸卦的卦爻辞用少男少女的沟通、做爱的情节为例，提供了可供借鉴的思维模型：

（1）面对开始两个不利因素，不能裹足不前，不能消极等待，要采取一些适当的行动；但又不能操之过急，欲益反损。开始做一些"咸其拇""咸其腓"的小动作观察它的后果（初六、六二）。

（2）一旦前面的小动作取得了进展，就要乘胜追击，加大工作的力度，前驱直入，发挥三个有利因素的集团力量，争取事情的最大成功（九三至九五）。

（3）取得成功之后，不宜马上放弃努力，还要继续巩固、扩大，使取得的有利形势不致发生反复而前功尽弃。

（四）案例

汉朝的大文学家司马相如，蜀郡成都（今四川成都）人，字长卿。年少时好读书击剑，因仰慕蔺相如的为人，便改名"相如"。他擅长辞赋，但早年却用金钱捐了一个郎官，侍奉孝景皇帝，职位是武骑常侍。这原非他的爱好，况且汉景帝也并不喜爱辞赋。这时，恰好梁孝王入京，带着许多游说之士，如山东的邹阳、江苏的枚乘、浙江的庄忌等人。司马相如见了梁孝王后，心里十分羡慕，便借口生病辞去了官职，投奔到梁（开封）地为客，梁孝王让他和那些读书人住在一起，使他得到了与诸生切磋学问的机会，学识大进，写了著名的《子虚赋》。

不久，梁孝王死了，司马相如只好回到老家四川，这时家道已经衰微，也没有谋生之计。

司马相如与临邛县令王吉素来感情很好，王吉曾经说过："如果你的宦游生涯不如意的话，请来找我。"因此，相如就去了临邛，住进了临邛县城的一座亭阁里。临邛县令王吉每天都做出很崇敬的样子去拜访他，起初司马相如还见他，后来干脆装病，叫侍从拒绝了，而王吉反而更加敬肃有礼。

临邛地方财主甚多，例如卓王孙就有家僮800人，程郑亦有家僮数百人。有一天两人商量道："听说县令有一位贵客，我们备桌酒席把他们一并请来如何？"他们计议好了，就在某日大宴宾客，主宾就是司马相如和临邛县令王吉。当县令来到卓家时，已近正午，其余宾客早到了，唯司马相如未到，就派人再去催请，相如却称病谢绝。相如不到，临邛县令不肯开席，还亲自去迎接，相如不得已才勉强赴宴。当相如一到，满座宾客，无不为他的风采所倾倒。

酒至半酣，临邛县令亲自把一张琴送到相如面前说："听说长卿精于此道，愿闻一曲以助兴，如何？"相如虽然口头上辞谢，但手上早拨弄了一两首曲子。当时卓王孙有个女儿叫作文君，死了丈夫没多久，对弹琴也是内行，所以相如假借和县令的交情，暗中的目的则是寄情于琴音来挑动卓文君的寂寞芳心。

司马相如初到临邛时，侍从、车骑成群，雍容闲雅，风度翩翩，卓文君早有所闻。及至宴上弹琴，卓文君躲在窗后偷看，心里非常高兴，对司马相如产生了好感，但又恐怕双方难以见面。宴罢，相如用重金买通了文君的侍者，传达了倾慕的心情。文君深受感动，便趁夜逃出家门，私奔相如，双双回成都去了。卓王孙知道女儿私奔后大为震怒，说："小女太不成材，我虽然不想伤害她，但绝不给她一分钱财产。"左右亲朋也劝过卓王孙，但他始终不改变主意。

卓文君随司马相如到了成都，家徒四壁，生活非常困苦。卓文君实在忍受不下去了，便对相如说："我们还是回临邛去吧！在那里找亲友帮个忙维持生计也容易些！"于是他们又回到临邛，卖掉旧日的车骑，买了一座酒店，卓文君亲自当垆卖酒，招待客人；相如则穿一条"犊鼻裤"与酒保、佣役一同打杂，洗碗端盘。卓王孙感到丢了他的面子，并经亲朋的再三劝说："司马相如虽然穷，但毕竟是个人才，不要看轻他。"卓王孙改变初衷，分给文君一笔财产，使他们夫妇成了富翁。以后，文君与相如夫唱妇随，感情甚笃。因为有了财产，生活无忧，司马相如又能安心创作，终于成了汉朝很有成就的大文豪。

司马相如与卓文君的爱情故事，与咸卦的思维模式极为相似。客居的穷困，家庭的反对，有如咸卦最初的两个阴爻，对他们非常不利。但是，他们连夜私奔，当垆卖酒的一些惊世骇俗的行动，感动了亲朋，亲朋终于说服了卓王孙，使老丈人的态度发生了转变，使他们的处境否极泰来。生活富有，爱情甜蜜，青春作赋，红袖添香，使他们的爱情成为千古流传的佳话。笔者有诗曰：

临邛风采动城区，一曲宫商感丽姝。岂惧私奔甘赴爱，宁辞贫困愿当垆。

承家才子重挥笔，倾国佳人伴著书。深解易经咸卦意，梁园无复病相如。

《易经》的卦爻辞既然是解释易卦模式的例题，因此，卦名、卦辞、爻辞，都不可能是天造地设的文字。对于它的解读，难免有一些主观想象。既然是主观想象，就会随各人的意识兴趣而有所不同，所谓"仁者见之谓之仁，智者见之谓之智"。我们今天读《易》，重点是研究它的思维模式，学习它如何审视问题，认识问题，并对问题做出合理的预测，提出有效的方案，使我们对《周易》的研究，不断地从"未济"走向"既济"，将圣人之意不断发扬光大。

参考文献

[1] 郑玄. 十三经注疏 [M]. 北京：中华书局，1986.
[2] 李鼎祚. 易学精华 [M]. 济南：齐鲁书社，1990.
[3] 陆德明. 经典释文 [M]. 上海：上海古籍出版社，1985.
[4] 来知德. 易经来注图解 [M]. 成都：巴蜀书社，1989.
[5] 王夫之. 周易内传 [M]. 长沙：岳麓书社，1987.
[6] 李光地. 周易折中 [M]. 北京：九州出版社，2002.
[7] 尚秉和. 周易尚氏学 [M]. 北京：中华书局，1980.
[8] 高亨. 周易古经今注 [M]. 北京：中华书局，1984.
[9] 高亨. 周易大传今注 [M]. 济南：齐鲁书社，1976.
[10] 李镜池. 周易通义 [M]. 北京：中华书局，1981.
[11] 宋祚胤. 周易译注与考辨 [M]. 长沙：湖南人民出版社，1987.
[12] 蔡尚思. 十家论易 [M]. 长沙：岳麓书社，1993.
[13] 黄寿祺，张善文. 周易译注 [M]. 上海：上海古籍出版社，1990.
[14] 吕绍纲. 周易辞典 [M]. 长春，吉林大学出版社，1992.
[15] 朱伯崑. 国际易学研究 [M]. 北京：华夏出版社，1997.
[16] 欧阳维诚. 周易新解 [M]. 2版. 北京：中国书店出版社，2006.
[17] 欧阳维诚. 周易的数学原理 [M]. 武汉：湖北教育出版社，1993.

索引

A

阿贝尔群 24，41
爱因斯坦 1，99，142

B

八卦群 42
白马非马 28，29
变而通之以尽利 65，83，100，118，123，163
编码模型 13
    电报编码模型 14
    简单的密码模型 14
辩证法 149，185
并集 26
布尔代数 24，38～40，72，74，125，166
布尔矩阵 37，38
布尔向量 35～38，41，66，72～74，103，144，152，166，185
补集 26，29
不矛盾律 111
不完全归纳推理 99，103，104

C

乘法 11，38，41～46，58，113，186
乘法运算 41，46，113

抽象同一性思维 111

D

大衍数 128，134～136
等概率原理 140
    变爻原理 140
    随机性原理 140
    最小数原理 141
等价关系 32
笛卡儿积 31，108，144，152，153
东方思维 1，99，124，151，160

E

二分法 10
二进制数 4～6，10，13，23，33～36，38，64，72，149
二值代数 39，40
二元关系 31，32

F

法象说 75，191
斐波那契数列 25
非欧几何 101，125
分类模型 10
    比赛日程安排模型 12
    购门票的模型 11

G

感应原理 49, 50
鼓之舞之以尽神 65, 83, 100, 118, 123, 163
卦序 25, 33, 44～46
    帛书《周易》卦序方图 33, 45, 46
    伏羲卦序方图 45
    京房卦变八宫卦次图 44
规范逻辑 119
鬼谋 87, 88
归纳推理 104, 111, 112

H

河洛数 134, 136, 140, 143, 188
合情推理 99, 108, 125
划分 10, 32, 33, 43～46, 155, 167
或然推理 114, 116

J

集
    并集 26
    补集 26, 29
    交集 26, 104, 143
    子集 25～32, 39, 43, 44
集合代数 39
记数模型 3
    猜年龄模型 4
    算盘模型 6
计算模型 7, 34
    百鸡问题模型 8
    分苹果模型 9
    组装产品问题模型 8
计算思维 104
奇字 75～77

交换群 41～43, 57
焦循 57, 58, 210
《九章算术》中的周易思维 174
    数学观 175, 179, 183
    思想方法 99, 176, 180
    写作格式 175
决策模型 24, 66, 67, 71, 91, 94, 95, 99, 146, 147
    俾斯麦海战模型 20
    综合评价模型 21, 168
决策系统 20, 67, 68, 71, 74, 87, 96, 144, 146, 147
    六因素 146
    三因素 68

K

开放性 122, 123, 126, 180
开关代数 40
科学派 51, 57, 64, 65
科学推理 99
科学思维 104, 108, 125
    计算思维 104
    逻辑思维 38, 99, 104, 124
    实证思维 1, 65, 99, 104, 124
控制论 119

L

莱布尼兹 4, 33, 35, 36, 64, 72
类比推理 99, 103, 104, 111, 112, 115
理发师悖论 101, 125
立象模型 15
    参观路线模型 16
    七桥问题模型 16
    演出节目单模型 18
李约瑟之谜 182, 183

量变 113
逻辑代数 40
逻辑思维 38，99，104，124

M

幂集 25～28，39
命题代数 40
模2加群 41，42
模态判断 111
莫尔斯电码 14

P

排中律 111
陪集 43
普通思维 110，111

Q

秦九韶 59，61，141，175，176，181，
　182，184，187，189
群
　交换群 41～43，57
　子群 41，43～46

R

人谋 87，88，212

S

三分法 11
三个世界 102，103
　世界1 102
　世界2 102
　世界3 102
僧一行 58，59，181，189
邵雍 33，35，123，148，150～153，
　176

设卦以尽情伪 65，79，83，100，105，
　118，128，163
揲蓍成卦 59，87，107，113，135～137，
　139，171，181
揲蓍成爻 107
实证思维 1，65，99，104，124
数的进位制 4，33
　四进制 34，35，63
　八进制 6，34，35，63，150
　十六进制 35，150
数学发展道路 182
思维方法 20，89，104，119，122，123，
　154～156
思维决策的数学模型 19，23，66，67，
　69，72，74，75，79，83，91，96，
　99，100，103，105，147，168，185

T

太极图 29，66，148，154，155，166
太极图说 148，154
太极三角形 64，66，67，191
太玄经 148，149
天地数 128，134～136，140，143，188
天人合一 104，106，115，137，167，
　168，187，188，190
田忌赛马 20，70，72
同一律 111
推理 99
　合情推理 99，108，125
　归纳推理 104，111，112
　类比推理 99，103，104，111，112，
　115
　推理方式 101，104，108，126
　演绎推理 101，103，104，111，112，
　125，127

W

万物皆数 25，50，184
五单位电码 14，15
物理世界 102

X

西方思维 1，99，124，125
系辞焉以尽其言 65，83，100，118，163
系统论 119，122
《先天八卦图》 33，35，148，150，151
象的示范功能 101
象数派 51，53，64，66，128，150，191
象数之学 51
象数之学的缺陷 143
象数之学的启示 141
象征指涉理论 16，50
形式逻辑 1，29，101，108，111，122，125
性质判断 111
序偶 31

Y

演绎推理 101，103，104，111，112，125，127
一阴一阳之谓道 3，35，84，106，108，113，142，144，176
遗传密码 24，61，62
以科学治易学 57，58
以易学治科学 57，58
易卦的起源 74
    法象说 75，191
    结绳说 77
    模型论 72，74，75，77～80，83，86，92，105，107，128，143～147，156，191，192，197，202，207，217

数占说 75，76
易卦符号系统的数学原理 24，25
    布尔代数 24，38～40，72，74，125，166
    集合论 24，25，28～30，32
    群论 24，41
    数的进位制 4，33
易卦模型的复杂性 96
    并列式 96
    递进式 96，157
    多层式 97
    分解式 97
易卦结构 57，152，153
易卦群 42～46
    两仪群 42
    四象群 42
    八卦群 42
易数 142
    天地数 128，134～136，140，143，188
    大衍数 128，134～136
    河洛数 134，136，140，143，188
易象 83，84，128，138，139，163，191
    由变所生之象 128，131
    由卦所生之象 128
    由爻所生之象 128，130
义理派 51，53，54，64～66，191
阴阳代数 40
元亨利贞 30，117～120，192，208，212，213，215
元模型 91，96，103，142，147
运算与卦变 46

Z

质变 113

《周易的数学原理》 25，140，141
周易思维的本体论 105
周易思维的标准范式 100
周易思维的方法论 117，120
周易思维的认识论 108
 形象思维 28，108～111
 普通思维 110，111
 辩证思维 112，113
周易思维的科学基础 101
周易思维的哲学基础 104
周易思维的主要特色 122
 开放性 122，123，126，180
 主动性 122，123
 快速性 122，123
 整体性 122
周易思维对中国古代文化的影响 148
 绘画艺术 164
 《孟子》 68，156，159，200，208，214，215
 《孙子兵法》 198，199，205
 《三十六计》 161，162
 《诗经》 96，163
 《周髀算经》 169～174，178，180，182，188，189
 《九章算术》 169，174～186，189
 中医 51，124
 《左传》 69，80，89，107，114，128，160，209，213
周易思维中的辩证思维 112
中国古代数学模式化的特点 179
 开放的归纳体系 179，181
 寓理于算的表述方式 180
 构造性与机械化的特色 180
子集 25～32，39，43，44
自然哲学 49，167
综合评价 21，22，101，103，168